© Roberto Mangano

Roberto Mangano

ANNOTAZIONI DI STORIA E TECNICHE DEL CINEMA D'ANIMAZIONE

*

Chiunque sia dotato della follia necessaria può fare un film con l'animazione e può farlo da solo (e deve farlo), controllando la sua opera fotogramma per fotogramma, pixel dopo pixel. Questo è vero fin dalle origini, a partire dalle strisce di Emile Reynaud, o dal lavoro diretto di Norman McLaren sulla pellicola, fino al video in stop-motion e ai software a basso costo.

*

"*Disney rappresenta il mondo della libertà totale, non fittizia, un mondo liberato dalla necessità.*"
S.M. Ejzenstejn

Nota I - I principi dell'animazione

Le tecniche del cinema di animazione hanno in comune la creazione di un movimento fotogramma per fotogramma. Le differenze tra un'immagine e l'altra creano l'illusione del movimento. L'effetto di percezione del movimento è possibile, stando agli studi fisiologici e neurologici sulla percezione, grazie al meccanismo della *short-range apparent motion*, ossia *movimento apparente a corto raggio*.

La percezione del movimento tramite l'animazione avviene, esattamente come per i film, mediante la rapida successione di immagini che, superando il tempo di percezione dell'occhio umano (circa il valore di 10 Hz, ovvero 10 *fps*), restituisce la percezione di un apparente movimento. In passato il valore minimo accettabile di *fps* era considerato di 12, poi passato a 16, al quale però l'immagine può presentare un effetto non fluido e continuo. Ad oggi i valori standard di *fps* sono: 24 per il Cinema; 25 per i sistemi televisivi europei (PAL), 29,97 per il sistema televisivo americano (NTSC).

Timing e spacing

Prendiamo una pallina: vogliamo che vada dal punto A al punto B in un secondo, ovvero in 24 fotogrammi: si-gnifica che il suo *timing* è di un secondo. Se la velocità è costan-te, la pallina si sposta della stessa distanza in ogni fotogramma; se invece parte e poi accelera, fotogramma dopo fotogramma, la pallina copre uno spazio crescente; se poi frena, riduce progres-sivamente la quantità di spazio percorso in ogni fotogramma. Quindi il tempo impiegato per attraversare il tragitto (*timing*) è sempre di un secondo, ma cambia lo *spacing*, ovvero la disposi-zione della pallina nello spazio. Lo *spacing* pertanto è il modo in cui un oggetto o un personaggio si comporta nello spazio, non solo quando si sposta e dove si sposta, ma anche, nel caso di un personaggio non rigido, quanto cambia la propria postura. Per un'animazione semplice, in cui la pallina dal punto A va al punto B con una velocità costante, le nostre *pose chiavi* sono agli estremi, ovvero la prima e l'ultima posa (1 e 24). Su un'animazione più complessa ci possono essere numerose pose di riferimento, in base appunto allo *spacing* (nella CGI la velocità con cui cambia un valore, come la posizione di un oggetto su un asse, è visualizzata con un grafico che ha il tempo in ascissa e il valore del parametro in ordinata).

Complichiamo la faccenda, aggiungendo una faccia alla pallina. In posa 1 è spaventata, mentre in posa 24 è sorridente. Il cambiamento di espressione non necessariamente coincide con quello di posizione, perché magari la pallina scappa accelerando e solo all'ultimo momento sorride, dunque il tempo della fuga è diverso da quello delle emozioni della faccia, e diverso ancora da quello degli eventuali schiacciamenti dovuti ai rimbalzi. In questo caso sarà l'abilità dell'animatore a rendere credibile il comportamento di un personaggio che scappa, tenendo conto della velocità e delle reazioni che le diverse parti del corpo hanno, fotogramma dopo fotogramma.

Il passo

Si tratta del rapporto tra il numero di fotogrammi e il numero di pose, disegni o foto che siano. Se muoviamo il nostro personaggio in ogni fotogramma, avremo 24 fotogrammi diviso per 24 pose, uguale 1. Avremo cioè un *passo uno*. In realtà possiamo percepire un movimento anche con la metà delle pose. Dunque 24/12=2, passo due, 12 pose al secondo. Con 8 pose al secondo avremo un passo tre, con 6 un passo quattro e così via. In definitiva più pose al secondo abbiamo, più il movimento risulterà fluido; meno ne abbiamo, più andrà a scatti; se lavoriamo con un software d'animazione, questo calcolerà le posizione intermedie (*intercalazioni*) tra due pose chiave.

Bisogna quindi prevedere quali sono le pose chiavi e quante intercalazioni fare tra le due; sarà il nostro occhio, grazie al meccanismo della *short-range apparent motion,* ossia *movimento apparente a corto raggio,* a inserire sempre le intercalazioni che mancano. Bisogna poi variare il passo a seconda delle esigenze: si può per esempio tenere un passo due come media, che diventa passo uno nei movimenti veloci e passo tre o quattro in quelli più lenti. Quindi la definizione delle pose chiavi è più importante del numero di pose: l'animatore deve cogliere la posa giusta al momento giusto.

Andare in scena

Un attore fa bene il suo mestiere non quando "recita", ma quando *vive* in scena le emozioni del suo personaggio e riesce così a esprimere la sua *verità.* Lo stesso principio possiamo applicarlo all'animazione, che rimane in ogni caso un lavoro lento, che richiede pazienza. Quanti secondi di animazione si fanno in un giorno? Dipende dalla complessità della scena, dalla quantità di pose (il passo), dalla qualità che vogliamo ottenere e dalla nostra bravura. Si va dal minuto al giorno per le animazioni semplici ai trenta secondi per una produzione seriale media, a un secondo per un lungometraggio, fino a due secondi a settimana per le scene difficili. Le tecniche digitali consentono di "riciclare" animazioni o di catturare in tempo reale il movimento di un attore (*motion capture*), permettendo di ridurre i tempi di lavorazione.

I principi disneyani

In *The illusion of life* (1981), gli animatori Frank Thomas e Ollie Johnston descrivono i 12 principi dell'animazione definiti negli anni da Walt Disney. Vediamoli in ordine di approccio al lavoro.
1) *Squash and stretch (Schiaccia e allunga).* Gli oggetti e i corpi si deformano per il loro peso, in base alla resistenza del materiale con cui sono fatti e all'interazione con forze interne ed esterne. Il caso più semplice è quello di una pallina che rimbalza: la forza di gravità la attira al suolo e la fisica ci dimostra che è spesso un moto accelerato; l'impatto, che

dura circa due fotogrammi, costringe la pallina a schiacciarsi, a invertire bruscamente la direzione alla massima velocità in una forma oblunga, a rallentare fin quando la forza di gravità l'attira verso il basso. Il primo esercizio che si chiede a un animatore è proprio quello di animare una pallina in diverso modo e far capire dal loro comportamento, rimbalzi e schiacciamenti, di che pallina si tratta. Il principio si applica anche a forme organiche e malleabili, come la faccia e il corpo, e porta una sensazione di realtà e di vitalità ai personaggi e ai loro movimenti.

2) *Anticipation (Anticipazione)*. La reazione di un personaggio per uno spavento, un sorriso, anticipa la comparsa in scena di ciò che l'ha causata e crea un'aspettativa nello spettatore. Strumento narrativo per accompagnare lo spettatore stesso alla scena successiva.

3) *Staging (Messa in scena)*. Abbiamo i personaggi, li sappiamo disegnare, e ora dobbiamo metterli in scena in modo chiaro. Non significa rendere tutto visibile, bensì trasmettere allo spettatore quello che si vuole raccontare, che sia un'azione affinché essa venga pienamente compresa, un comportamento di un personaggio, un'espressione facciale in modo che sia facilmente visibile, un'emozione o uno stato d'animo, in modo che possa colpire lo spettatore.

4) *Straight ahead action and pose to pose (Azione consecutiva e posa per posa)*. Nel primo metodo, si realizza un primo schizzo e poi si va avanti, disegno dopo disegno, improvvisando i movimenti a poco a poco; nel secondo metodo l'animatore ha precedentemente definito l'azione, ha determinato le "pose chiavi" e su queste definirà tutte le intercalazioni, un metodo pianificabile e correggibile, dove c'è meno spazio per l'improvvisazione. Un terzo metodo è dato dalla combinazione dei due, tra la determinazione di alcune pose chiavi e il procedere disegno dopo disegno.

5) *Slow in and slow out (Azione per inerzia e azione conseguente)*. Ci muoviamo in modo incostante, dunque bisogna ragionare su quale tipo di accelerazione o di frenata lavorare; i moti a velocità costante sono tipici dei robot e in natura sono rari. Come ogni regola, una volta padroneggiata, si può infrange-

re: gli *anime* inseriscono azioni senza intercalazioni o senza rallentamenti per esprimere un'emozione in modo umoristico. Williams analizza i diversi tipi di camminata e traccia dei modelli per la corsa e il salto (*skip*).

6) *Follow through and overlapping action (Seguire e sovrapporre l'azione)*. Ci muoviamo e le parti del corpo non si muovono tutte nello stesso momento, alcune partono prima e trascinano le altre: è il concetto del trascinamento. Spesso un movimento parte dal bacino, si propaga nel torso, poi negli arti, quindi nelle mani o nei piedi, e infine nelle parti senza ossa, come capelli e vestiti. Quando si anima un personaggio, le sue parti si devono muovere con tempistiche diverse e le loro azioni sovrapporsi; l'abilità dell'animatore sta nel rendere gli sfasamenti naturali, organici e il movimento sembrerà credibile e non inizierà o terminerà in modo brusco. Williams parla di flessibilità nell'azione sovrapposta e di semplici contrazioni, soprattutto nel viso. Un'attenzione particolare è poi data alla corretta simulazione e gestione dei "pesi" degli oggetti, con modelli di *pressure, touching, pressing, pushing* e *resistance*.

7) *Arc (Archi)*. I movimenti meccanici sono lineari o comunque rigidi nella curvatura; i movimenti naturali invece descrivono nello spazio archi di curvatura mutevole. Quando si anima bisogna che si tengano sotto controllo gli archi descritti dalle parti del corpo, dal bacino alle mani, e se si esce dalla traiettoria naturale avremo un risultato fastidioso. Risulta molto utile disegnare su carta le traiettorie che ci interessa controllare: in una semplice camminata, il corpo si inarca verso l'alto e verso il basso, mentre le braccia e le gambe formano archi separati con il loro movimento. Un personaggio animato deve muoversi secondo questi archi per restituire una naturale rotazione alle sue giunture.

8) *Secondary action (Azione secondaria)*. Facciamo più cose contemporaneamente, come camminare e comunicare con qualcuno, parlando e gesticolando, esprimendo emozioni. Sia per realismo, sia per senso visivo al contrappunto, l'animatore incorpora in una scena livelli di azioni simultanee, grandi o piccole, generalmente con ritmi differenti. Ci sono

casi però in cui bisogna escludere un'azione secondaria se questa rischia di minare l'attenzione di quella primaria, come accade ad esempio nelle scene d'azione, dove il movimento del corpo è talmente veloce, dal non essere leggibili le espressioni facciali. In queste azioni secondarie includiamo i cambi d'espressione, il linguaggio del corpo e quelli degli occhi. Williams, nella gestione della successione delle azioni parla anche di *anticipazione/azione con accento/reazione*.

9) *Timing*. Come si è visto precedentemente, è la velocità di un'azione, o il tempo che impiega per compiersi. In senso più ampio, un buon *timing* significa che il personaggio rispetta le regole della fisica del mondo in cui si trova, ossia si comporta con un tempismo credibile. Ridiamo, o siamo terrorizzati o commossi, solo se la *gag* arriva nell'esatto momento in cui può avere il miglior impatto. E' quindi la costruzione di un ritmo interno di una determinata azione, nel concreto è la giusta distanza tra le *intercalazioni* da una posa chiave all'altra. Il testo di Williams parla di "scaglionare il tempo" con il concetto di *wave* (onda) e *strip* (frusta).

10) *Exaggeration (Enfatizzazione)*. L'animazione non ha bisogno di tanti dettagli, perché interpreta la realtà lavorando di sintesi ed esagerazione. Quanta sintesi e quanta esagerazione dipende dagli stili degli autori: bisogna semplicemente portare la caricatura al livello estremo per renderla chiara ed espressiva. Teniamo conto che il nostro occhio ha bisogno di cinque fotogrammi per leggere una posa, due per percepirla appena. *Speed lines, staggers & vibrations*: "I primi corti erano pieni di azioni rapide, scivolate, personaggi che barcollavano (*stagger*), scontri e ogni animatore ha cercato e sperimentato, per un migliore e divertente stile di disegno, gli effetti necessari per consolidare la sua azione" (W. Disney).

11) *Solid drawing (Disegno dei solidi)*. Un disegno deve ben rappresentare nello spazio volume, peso, luci e ombre di un dato personaggio; occorre essere tecnicamente preparati e padroneggiare l'anatomia, la prospettiva, il disegno dal vero e ricercare una figura che si muova bene, che abbia un volume ma che sia comunque flessibile, che possegga forza ma allo stesso tempo agilità: una forma "plastica".

12) *Appeal (Fascino)*. Un personaggio deve avere carisma, lo spettatore deve sentirlo interessante e che si ami vedere, avere uno stile attraente, la semplicità, la comunicativa, il magnetismo. E ciò dipende dalla sceneggiatura (cosa fa), dalla recitazione (come lo fa) e dall'aspetto fisico. *The Disney Sound*: "Penso che un buon studio della musica sia indispensabile per un animatore, uno studio del ritmo, della danza, dei vari ritmi che fanno parte della nostra vita di tutti i giorni" (W. Disney).

Le principali e più diffuse tecniche dell'animazione

Il disegno animato si ottiene disegnando volta per volta le singole immagini (disegni), che sono poi riprese cinematograficamente e fissate sulla pellicola. Normalmente sono usati fogli di celluloide trasparenti (*rodovetri*) che permettono, per trasparenza, di ricalcare un disegno sul precedente in modo da farne combaciare i contorni e le parti del disegno che devono rimanere fisse per certo tempo; e successivamente disegnare le varianti del disegno stesso, le quali, in fase di proiezione del film, producono il movimento avendo sempre come riferimento grafico il disegno precedente. Gli sfondi sono disegnati o dipinti su un foglio di base, non trasparente, in modo che il movimento che si ottiene con la successione delle riprese cinematografiche dei singoli *rodovetri* - fissati di volta in volta sullo sfondo fisso della scena - non turba né modifica la fissità e la stabilità della scenografia. Con questa tecnica nata agli inizi degli anni '10 e perfezionata sino agli anni '30, si arriva poi all'invenzione della *multiplane camera*, un apparecchio che consente la realizzazione della profondità di campo e l'illusione della terza dimensione, metodo utilizzato a volte anche oggi per fare animazione.

Oltre a questa tecnica esiste un altro modo per realizzare il disegno animato che richiama il lavoro realizzato da precursori, come Emile Reynaud, e da "primitivi", come Emile Cohn e Winsor McCay, in un'epoca in cui non esistevano ancora i *rodovetri* e la tecnica del "trasparente", disegnando non soltanto i personaggi e gli altri elementi mobili del film, ma anche gli sfondi e le scenografie, spesso limitando il disegno a pochi tratti elementari che possono anche non assumere forme "realistiche" e che non abbisognano di precisi riferimenti ai disegni precedenti o susseguenti: n risulta un'animazione antinaturalistica, impressionistica, una rappresentazione della realtà trasfigurata dalla fantasia.

La tecnica dello "scatto singolo", cioè un fotogramma alla volta, è la tecnica dei pupazzi animati o, più in generale, degli oggetti animati (*puppet animation, pixillation, claymation, silhouette, écran d'épingle, sand animation*). Si tratta di composizioni artistiche tridimensionali, dove in ogni quadro i singoli oggetti sono disposti secondo le espressioni volute e tenendo conto ovviamente degli stessi nei quadri precedenti e successivi. Ogni quadro è ripreso dalla macchina da presa a scatto singolo e il movimento è ottenuto dalla successione dei singoli fotogrammi in fase di proiezione. L'autore da un lato ha il dominio assoluto sul materiale artistico, dall'altro deve subire le limitazioni imposte dalla fisicità e staticità degli stessi oggetti impiegati.

Riguardo la particolare tecnica del disegno realizzato direttamente su pellicola cinematografica come supporto del disegno stesso, senza l'impiego della macchina da presa. l'artista disegna sulla pellicola trasparente i suoi disegni usando inchiostri e colori particolari che consentano il passaggio della luce per trasparenza in fase di proiezione del film. Il formato molto piccolo del fotogramma limita le possibilità espressive del disegnatore, che spesso utilizza un tratto semplice ed elementare o crea forme geometriche o astratte. Simile a questa tecnica è quella della manipolazione della pellicola come l'incisione, la graffiatura con punte e lamette, o impressionata per contatto, polarizzata, ecc.

Nota II - Le origini

Fine '700: è il tempo della lanterna magica di Kircher, il *teatro d'ombre* di Séraphin e il *fantascopio* di Robertson. Si trattava di spettacoli basati sulla successione di immagini statiche o solo parzialmente dinamiche, per reiterare il medesimo spettacolo senza la minima variazione, in un numero pressoché infinito di volte. Si era nel campo del teatro, dove al posto dell'attore o della marionetta c'era un'ombra semovente. Qualche decennio dopo, nel 1824, Peter Mark Roget, professore di fisiologia, pubblica il saggio *Persistence of Vision with Regard to Moving Object*, sostenendo che le immagini vengono trattenute dalla retina dell'occhio umano per alcune frazioni di secondo prima di venire rimpiazzate da quelle successive. Se la successione è abbastanza rapida, si ha l'impressione del movimento, anche se si tratta di immagini statiche.

In quegli anni, molti degli apparecchi inventati o adattati per esplorare la vista e le reazioni dell'occhio umano, sono stati semplificati e "riadattati" in dispositivi per l'intrattenimento popolare e infantile; ancora prima della teoria di Roget, David Brewster, fisico che per primo descrisse la patologia nota come daltonismo, nel 1816 inventa il *Caleidoscopio*.

La prima rappresentazione del movimento disegnato arriva con il *Thaumatropio* (1827). Citato in un libro di John Ayrton Paris, è un dischetto di cartone rotante attorno al suo asse che consente, a causa del movimento di rotazione e della persistenza delle immagini, di sovrapporre due figure disegnate su ambedue le facce del disco, così da formare per lo spettatore una sola immagine. Con un semplice movimento dello spago teso e poi rilasciato, si poteva così vedere un uccellino in gabbia o un uomo bere alla bottiglia, ma non siamo ancora alla rappresentazione del movimento, ma semplicemente alla composizione di una terza figura statica più complessa, o completa.

Sarà il *Fenachistoscopio* (1833), del fisico belga Joseph-Antoine Plateau, il primo apparecchio di riproduzione del movimento. Consiste in un cerchio di cartone rotante, su cui sono disegnate un certo numero di figure, da otto a sedici, raffigurate nelle varie fasi del loro movimento. Facendo ruotare il cerchio di cartone attorno al suo centro davanti a uno specchio è possibile vedere attraverso apposite finestrelle praticate sulla superficie del cerchio stesso, la figura disegnata muoversi. Proprio su questo principio, della divisione del movimento in elementi statici e primari e della sua ricomposizione per sovrapposizione, è basato il principio fondante del cinema d'animazione.

Nel corso dell'800 assistiamo a una serie di tentativi, esperimenti, brevetti e ricerche, tutti intenti ad ottenere l'illusione del movimento. Il *Daedalum* di W. G. Horner era simile al *Fenachistoscopio*, ma anziché essere costituito da un disco rotante, era formato da un cilindro con delle fessure esterne e a suo interno erano disegnate le singole figure. L'apparecchio per proiezione (1853) di Franz von Uchatius utilizzava i dischi stroboscopici di Stampfer applicandoli alla lanterna magica, ottenendo delle proiezioni di figure animate. Nel 1884 W. C. Hugues modifica il *Choreutoscopio a dischi* di A. Molteni in un *Choreutoscopio a strisce*: questo permetteva una proiezione di maggior durata, in quanto una singola striscia aveva in generale una lunghezza ben maggiore delle convenzionali "sedici pose" contenute in un disco.

Il passaggio dalla lanterna magica al cinema avviene proprio attraverso questi apparecchi meccanici e procedimenti tecnici. E se il cinema "dal vero" avrà bisogno delle ricerche nel campo fotografico, di Nicéphore Niépce e Louis Daguerre, e i loro esperimenti con varie emulsioni, del primo libro fotografico *The Pencil of Nature* (1844) di William Henry Talbot e degli esperimenti di Eadweard Muybridge e di Etienne-Jules Marey e del suo fucile fotografico, il cinema d'animazione prende le mosse proprio dalla lanterna magica e dai primi giocattoli meccanici, in cui la ricerca del movimento è collegata con il disegno e con l'illustrazione. Il *kinetografo*, più noto come *flipbook*, inventato da Pierre-Hubert Desvignes e brevettato dal tipografo John Barnes Linnett nel 1868, consisteva in una serie di disegni in sequenza che fatti scorrere con una singola legatura, creavano l'illusione ottica del movimento. Sul medesimo principio si basava il *mutoscopio* di Herman Casler, una sorta di *kinetoscopo* (1888-1894) di Thomas Edison a visione singola, ma che invece della pellicola utilizzava una serie di fotogrammi della stessa scena.

Un altro rapporto stretto è possibile stabilirlo con l'illustrazione popolare e la caricatura, che giocavano tutto sulla semplicità del segno e l'evidenza del colore, sull'elementare disposizione delle figure all'interno del quadro per comunicare immediatamente ai lettori gli aspetti della realtà che si volevano mettere in luce. Anche il fumetto pertanto influenzerà il cinema d'animazione e costituirà la base per l'elaborazione contenutistica e formale della maggior parte dei disegni animati di successo, stabilendo uno scambio continuo di influenze a diversi livelli tecnico-espressivi con personaggi dei fumetti che passeranno sullo schermo e viceversa. Come nota storica, il fumetto nella sua forma attuale, nasce alla fine dell'800 a opera di R.F. Outcault, da molti considerato il padre dei *comics,* ma nel senso più ampio di narrazione per immagini e scritte secondo uno sviluppo narrativo si può andare più indietro, fino alle immagini plurime di Epinal, spesso d'argomento sacro ed edificante, che il tipografo J.-C. Pellerin stampava attorno il 1820). Accanto ai fumetti si sviluppa un disegno meno legato alle esigenze della narrazione, ma ricco di dinamismo, di storie fantastiche, come quelle di Grandville. E' un mondo trasfigurato, il cui riflesso lo ritroveremo nei film di George Méliès e nel gusto figurativo *fin-de-siécle* e liberty, così amante delle commissioni formali di elementi floreali e fauneschi. L'influenza di Grandville sul futuro cinema d'animazione è riscontrabile in certi suoi disegni della maturità, come quelli comparsi su "La Magasin Pittoresque" nel 1847, nei quali vediamo la trasformazione degli oggetti ottenuta dalla successione delle figure, una diversa dall'altra ma con alcuni elementi in comune. E a Grandville e a questa visione di un mondo fantastico in continua trasformazione, si richiamerà Emile Cohl nelle *Fantasmagorie* (1908), in cui il disegno si trasforma di continuo in una successione di invenzioni grafiche e umoristiche.

Emile Reynaud

Tra gli artisti che a una rigorosa sperimentazione tecnica uniscono un'autentica necessità poetica, c'è Emile Reynaud considerato a buon diritto il vero ideatore del cinema d'animazione. Partendo dai precedenti apparecchi, come il *Fenachistiscopio* di Joseph Plateau e il successivo cilindro su asse verticale, lo *Zootropio* di William Horner, Reynaud mise a punto il *Prassinoscopio* (1877): un cilindro rotante su cui erano disegnate le figure e al centro era collocato un prisma di piccoli specchi. Le singole immagini, riflesse negli specchietti e illuminante da una lampada schermata, si fondevano quasi perfettamente le une con le altre. Due anni dopo creò il *Prassinoscopio-teatro* che migliorava la rappresentazione del movimento e la fruizione, tanto da consentire la realizzazione di veri e propri spettacoli teatrali. Si trattava di un piccolo palcoscenico, simile a quello del teatro dei burattini, con fondali, quinte, scenografie; al centro appariva per trasparenza il personaggio disegnato nelle strisce del *Prassinoscopio* che si muoveva con sufficiente naturalezza, ripetendosi per un certo numero di pose e costituendo una sorta di ciclo ricorrente. Erano particolarmente adatti dei movimenti di passi di danza o di esercizio acrobatico, movimenti che si potevano ripetere con una certa cadenza ritmica.

Il passaggio allo spettacolo popolare avviene con l'invenzione del *Teatro ottico*, basato sullo stesso principio tecnico del *Prassinoscopio*, ma aggiornato e ampliato sulla base di nuove tecniche, quali la pellicola a scorrimento, opportunamente forata ai margini per consentire lo scorrimento davanti alla fonte luminosa per mezzo di particolari ruote dentate. Le immagini colorate sono dipinte sulla pellicola stessa che può teoricamente contenere un numero infinito di "fotogrammi". La prima rappresentazione delle pantomime luminose ebbe luogo al Museo Grévin il 28 ottobre 1892 con tre soggetti: *Pauvre Pierrot, Clown et ses chiens* e *Un bon bock* accompagnati dalla musica composta da Gaston Paulin. I due nuovi "film" del 1895 furono *Un reve au coin du feu* e *Autor d'une cabine*. Queste piccole favole a disegni animati sono delle storie semplici, con pochissimi personaggi che si muovono con grazia in ambienti colorati, con i toni delicati e leggeri delle illustrazioni per l'infanzia, ricche di una sincera e originale vena poetica. Delle cinque pantomime, soltanto due sono rimaste: *Pauvre Pierrot* con il suo richiamo esplicito al teatro dei mimi e alle maschere della commedia dell'arte, e *Autor d'une cabine* con il suo "triangolo" amoroso, caratteristico si tutta una tradizione di teatro *boulevardier* e narrativa rosa.

Nonostante il successo di pubblico che questi spettacoli pre-cinematografici riscossero, l'invenzione del cinema nel 1895 e le successive pubbliche proiezioni dei film dei fratelli Lumière ne ridussero progressivamente l'interesse, a vantaggio del "realismo" del cinematografo. La possibile lotta tra il *Teatro ottico* e il cinematografo era impari: da un lato c'era una attrezzatura artigianale e uno degli ultimi artigiani-artisti della storia, dall'altro una industria nascente e due imprenditori con alle spalle una solida organizzazione tecnica e commerciale. Reynaud aveva già previsto la possibilità che le immagini disegnate fossero sostituite da fotografie, ma questo non bastava per competere con il cinema e il 28 febbraio 1900 ebbe luogo l'ultima rappresentazione delle pantomime luminose. Si era concluso un periodo eroico di geniali scoperte, sperimentazioni, invenzioni, che hanno portato alla nascita del cinema come nuova forma di spettacolo. Reynaud fu, in questo lungo elenco di inventori e di tecnici, uno degli ultimi, ma certamente uno dei più geniali e forse il solo autentico poeta.

Nota III - Cinema e spettacolo: ha inizio il cinema delle attrazioni

Il primo spettacolo cinematografico pubblico avviene il 28 dicembre 1895. Già nel 1896, non solo in Francia, ma in parecchi altri paesi europei e negli Stati Uniti, le sale cinematografiche aumentano di numero nelle principali città e il cinematografo si afferma come nuovo spettacolo popolare. L'inventore dello spettacolo cinematografico fu George Méliès, che al cinema documentaristico dei Lumière sostituì il cinema fantastico. Méliès aveva intuito che si poteva riprodurre una realtà predisposta, costruita appositamente per lo spettacolo. "Creare" con una serie di effetti, con l'uso geniale e sapiente delle tecniche di ripresa, una nuova realtà, quella del sogno, dell'avventura, della fantasia. Fu proprio lui a scoprire, tra gli altri trucchi, le possibilità dello "scatto singolo", ovvero della ripresa delle immagini una alla volta, in modo da ottenere particolari effetti come quello della sostituzione dei personaggi nella medesima scena, o quello dell'apparizione e sparizione di oggetti, o ancora per realizzare particolari movimenti di oggetti. Ma si tratta di trucchi, cioè di animazione di oggetti all'interno di film in *live action*. Non possiamo ancora parlare di cinema d'animazione.

L'animazione entra in gioco non quando la sua tecnica viene effettivamente usata per la prima o per le prime volte, ma quando diventa la base con cui creare le opere. I primo film d'animazione su pellicola dovrebbe essere considerato, allo stato attuale delle ricerche, *Matches Appeal* (1899) fatto da Arthur Melbourne Cooper con fiammiferi animati per invitare i cittadini a mandare fiammiferi ai soldati impegnati nella guerra dei Boeri. Un altro criterio, enunciato dall'archeologo Ceram nel suo *Archeology of the Cinema, 1965*, suggerisce che, nella storia un procedimento non nasce quando viene per la prima volta posto in essere, ma quando mette in moto una nuova era produttiva. Per questo motivo possiamo affermare che la storia del cinema d'animazione comincia nel 1908 con il lavoro di Emile Cohl, *Fantasmagorie*. Secondo altri *Humorous Phases of Funny Faces*, realizzato a New York nel 1906 dall'inglese James Stuart Blackton, è da considerarsi il primo film d'animazione.

Nasce il cinema d'animazione

Se fino ad adesso possiamo parlare di "preistoria" del cinema d'animazione, in cui non c'è animazione vera e propria, ma "intuizioni" che hanno molte delle caratteristiche che assomigliano a ciò che noi oggi consideriamo animazione, il "secondo periodo" abbraccia l'intera epoca del cinema muto e possiamo farlo iniziare con *Fantasmagorie* (1908) di Emile Cohl e chiuderlo con l'uscita del primo film sonoro d'animazione, *Steamboat Willie* (1928) di Walt Disney. Sono stati Segundo de Chomòn con *El Hotel eléctrico* (1905) e James Stuart Blackton l'anno dopo con *Humorous phases of funny faces*, seguito da *The haunted hotel* (1907), a introdurre le prime tecniche per l'animazione di oggetti facendo scorrere la pellicola fotogramma per fotogramma, dove il movimento è ottenuto con la ripresa a "scatto singolo".

Segundo de Chòmon

L'animazione in *El Hotel eléctrico*, considerato nei suoi valori estetici e spettacolari, si risolve spesso in abilità tecnica fine a se stessa, interessante se si vuole, ma sostanzialmente gratuita. Chòmon non ha quello che in Méliès attrae, ovvero la fantasia, il gusto per lo straordinario, per l'avventuroso. Più che un regista, un autore, Chòmon fu sopratutto un abile tecnico cinematografico e come tale ha un suo posto non trascurabile nella storia del cinema. In *Les ombres chinoises* (1908) utilizzò per la prima volta lo schermo trasparente, facendo così agire contemporaneamente attori e ombre cinesi, con effetti sorprendenti.

La guerra e il sogno di Momi (1916), realizzato in Italia in collaborazione con Giovanni Pastrone, il regista di *Cabiria* (1914), non esce dai limiti di un prodotto di buon mestiere, che si rivolge principalmente a un pubblico di bambini, donne e persone anziane, in un momento storico che vedeva gli uomini più giovani impegnati sul fronte della prima guerra mondiale.

James Stuart Blackton

Humorous Phases of funny Faces (1906) è considerato da alcuni il primo film d'animazione. Blackton aveva già maturato un'esperienza in Inghilterra nel teatro vaudeville come *lightning sketches*, in cui l'artista abbozzava velocemente uno schizzo, spesso la caricatura di uno spettatore, modificando il disegno man mano e intrattenendo la platea con un monologo. I suoi primi disegni animati erano quindi una semplice ripresa di quelle esibizioni, come *The Enchanted Drawing* (1900). Nel 1906, insieme a Albert Smith, fonda la Vitagraph, che nel volgere di pochi anni si affermò tra le più solide ed attive case di produzione americane del cinema. L'anno seguente produce *The haunted hotel*, in un luogo dove tutto sembra prendere vita come fosse infestato da fantasmi. Questo film segnò l'inizio di una produzione di film d'animazione, tanto in America quanto in Europa, sicché il suo significato storico va ben al di là del suo valore artistico o delle sue presunte novità tecniche. Citiamo tra i tanti lavori d'animazione *The Magic Fountain Pen* (1907) e *Humourous Phases of Funny Faces* (1908). Blackton più tardi si indirizzò verso il cinema a soggetto, d'intenti patriottici e sentimentali, conquistandosi una posizione di rilievo nella storia del cinema americano.

Emile Cohl

Da solo Cohl faceva il disegnatore, l'operatore, il regista, e persino si sviluppava la pellicola. Il 17 di agosto del 1908 presentò al Théatre du Gymnase di Parigi il film *Fantasmagorie*, data che indica la nascita del disegno animato cinematografico, come oggi lo si intende. Il suo disegno elementare, col quel limitarsi a pochi tratti o a una linea continua che si anima e si trasforma sullo schermo, non fa che concentrare tutta l'attenzione dello spettatore sul movimento, sulle trasformazioni appunto, che vengono a costituire l'asse estetico della costruzione drammatica. In questa assoluta e quasi infantile semplicità Cohl raggiunse l'essenza del cinema d'animazione e non saranno pochi quelli che successivamente ne terranno conto, apprendendo dalla sua opera una lezione fondamentale. *Fantasmagorie* è costruito sulle mutazioni delle figure dall'una all'altra per variazioni impercettibili di particolari formali. Così *Le cauchemar du fantoche* e *Un drame chez les fantoches* (1908), *Le retateur de cervelles* (1911). Da quello che era stato un semplice effetto speciale era nato il primo stadio di un nuovo linguaggio e da quel 17 agosto del 1908 al Théatre du Gymnase, giorno della proiezioni di *Fantasmagorie*, cinema "dal vero" e animazione avrebbero vissuto vite parallele e distinte.

Cohl era membro del movimento artistico chiamato *Les Arts incohérents* che credeva nel potere del ridicolo e del grottesco. I suoi membri organizzavano mostre di disegni realizzati da persone che non sapevano disegnare e di sculture di cibo, sfidando le convenzioni. Cohl porta la sua bizzarria e il surrealismo nel nuovo mondo dell'animazione: i suoi personaggi vengono stravolti, tirati, dissolti, o trasformati in oggetti e animali, prima che il concetto di realismo rovini il divertimento rendendo i cartoni animati "rispettabili". Apparentemente naif, per la semplificazione necessaria per disegnare velocemente, eterno problema degli animatori, i suoi disegni risultano nitidi, precisi e inventivi. *Les allumettes animées* ha una grande influenza in Russia, India e Argentina, e ciò dimostra l'ampia distribuzione e popolarità raggiunte dai film di Cohl. Una produzione abbondantissima la sua, quasi esclusivamente circoscritta nell'ambito del cinema d'animazione: disegni, oggetti e pupazzi animati; girò oltre 500 film in poco più di dieci anni. Purtroppo di questa produzione, di cui si conoscono in buona parte i titoli delle opere, è rimasto pochissimo. Nel 1912, in America, Cohl inizia a realizzare film d'animazione basati su *cartoon* esistenti (*The Newlyweds* di G. Mc Manus, protagonista il piccolo Snookums, o Zozor), anticipando la procedura del disegno animato di derivazione dal fumetto, che si svilupperà negli anni della prima guerra mondiale e immediatamente dopo.

Con l'invenzione della *cel animation* (1914) attribuita a Earl Hurd, l'industria cinematografica americana utilizzerà queste nuove tecniche, allestisce laboratori per l'animazione e si avvia a una produzione in serie di disegni animati, mentre l'industria europea, dopo la crisi finanziaria portata dalla guerra, fatica a ritrovare il suo splendore: il periodo artigianale volgerà al tramonto e il cinema d'animazione si avvierà ad essere per molti decenni un sottoprodotto di Hollywood. Pochi artisti isolati porteranno avanti, tra non poche difficoltà e praticamente sconosciuti al pubblico, un loro discorso coerente, con l'opera di Emile Cohl da considerare come un termine di riferimento per il cinema d'animazione d'autore. Tornato in Francia prima dello scoppio della guerra, Cohl contribuisce alla produzione di una serie animata di propaganda e il suo lavoro non riesce più a ritrovare la magia delle prime opere. *Fantoche cherche un logement* (1921) sarà il suo ultimo film, realizzato all'età di 64 anni.

Individualisti d'Europa

L'animazione europea dell'inizio del secolo non è rappresentata solo da Emile Cohl e dai tentativi dei pittori d'avanguardia. Piccoli *studios* operano nelle principali città e producono pellicole pubblicitarie, di propaganda durante la guerra, titoli per film e, a volte, cortometraggi originali. Da questa debolezza industriale e dal lungo sonno si esce verso la metà degli anni trenta, quando una produzione più solida e continuativa, a imitazione di quella americana, comincia a prendere vita. In Germania film pubblicitari convissero al fianco della più audace avanguardia; tra i personaggi più attivi in quegli anni citiamo Julius Pinschewer, Guido Seeber e Rudolf Pfenninger. In Francia ricordiamo Robert Collard, più noto come Lortac, e Cavé.

In Italia, i film d'animazione dei primi cinquant'anni del secolo, faticosamente portati a termine, furono spesso frutto dell'iniziativa di un singolo regista o di gruppi di animatori senza continuità né stabilità. Erroneamente è stato considerato film d'animazione *Pinocchio* (1911, Cineteca Milano) di Giulio Antimoro, per le scene dei burattini durante lo spettacolo di Mangiafuoco e la Balena che si muove nel mare. Nello stesso anno in *Tutte amano Cretinetti* di André Deed, il protagonista viene fatto pezzi e poi ricomposto, come già dello stesso regista in *Cretinetti paga i debiti* (1909) c'erano effetti di movimenti di oggetti, come la valigia in cui si nasconde il protagonista. Nel 1916 esce il già citato *La guerra e il sogno di Momi* (1916) di Giovanni Pastrone, realizzato in collaborazione con Segundo de Chòmon, che contiene venti minuti di animazione in stop-motion di soldatini di legno che fanno la guerra mentre Momi sta dormendo. Nel 1920 la Tiziano Film di Torino, appena costituitasi, istituisce un reparto d'animazione e lo affida a Carlo Amedeo Frascari Zambonelli; lo scopo era di sostituire la "comica" che si trovava alla fine dei programmi cinematografici, con un disegno animato dello stesso genere. Il primo fu *Baby e la... Lucrezia Borgia* (1920), che raccontava di un dongiovanni, chiamato Baby, che invaghitosi di una moderna Lucrezia Borgia, subisce le ire del marito. Il progetto prevedeva l'avvio da una serie ispirata alle *Avventure del Barone di Muchhausen*, a cui si aggiunsero *Dalla Terra all Luna*, *Le sorprese della neve*, *Un viaggio balistico* e *Il veicolo occasionale*; dopo pochi mesi Zambonelli lascia la Tiziano Film e l'animazione. Del 1921 è *Un viaggio nella Luna* di Gino Zaccaria, un film probabilmente con sequenze realizzate in animazione e attualmente ritenuto perduto. Nel 1925 Alberto Mastroianni realizza *Avventura in Africa*, con disegni fatti a gesso su una lavagna; il film non venne mai proiettato in pubblico e Mastroianni si dedicò in seguito all'attività di illustratore e pittore, per ritornare all'animazione dopo anni con *Quella dannata bobina K. 43 Top Secret* (1972), che narra di un gruppo di animali la cui libertà è minacciata. Giovanni Bottini, meglio noto con il suo pseudonimo Jean Buttin, fu scenografo e direttore di scena per la compagnia di Gilberto Govi dal 1919 al 1925 e scrisse per loro la commedia *O giorno d'a primma comeniun*. Ispirato da un film appena visto, in Italia fu il primo a utilizzare fogli trasparenti per disegnare le sequenze da animare e nel 1920 realizza 3500 disegni per *Cura contro il raffreddore*, con nuvolette e didascalie come nei fumetti. Nel 1932 realizza *La rana dispettosa*, il racconto di una rana che suona e balla con un altro ranocchio. I suoi film oggi risultano purtroppo introvabili. Guido Presepi negli anni '10 fu capo scenografo presso la Cines e ottenne l'incarico di realizzare la nave per *Ben Hur* (1926), girato in parte in Italia. Tra i primi a occuparsi di pubblicità, già dal 1923, realizza *Il topo di campagna e il topo di città*, tratta da una favola di Esopo; Presepi mise in cantiere anche un lungometraggio animato, *Vita di Mussolini*, che rimase incompiuto. L'attività di questi primi animatori restò isolata l'una dall'altra, anche nella prospettiva di un possibile sviluppo produttivo.

In Gran Bretagna, Arthur Melbourne Cooper, dopo *Matches Appeal* (1899) realizza *Dreams of Toyland* (1908), dove i giocattoli prendono vita nel sogno di un bambino. Tra i molti altri cartoons che i programmi cinematografici prevedevano, ebbero fortuna i *lightning sketches*, vero e proprio genere dell'animazione delle origini, popolare negli Stati Uniti non meno che in Gran Bretagna; furono poi utilizzati durante la prima guerra mondiale per fare satira. Anson Dyer lasciò la maggior impronta negli anni venti, con *The Story of the Flag* (1927), distribuito in sei parti dopo essere stato concepito come mediometraggio.

Ladislas Starevitch

E' l'iniziatore di film di pupazzi animati e l'autore che per oltre cinquant'anni porterà avanti un suo discorso artistico legato alla tecnica e alle possibilità estetiche dei pupazzi stessi. La sua è una produzione impegnativa, sul piano del grande spettacolo e si impone nel panorama del cinema russo dell'epoca. Il gusto per la messa in scena di stampo teatrale, per la cura dei particolari è visibile nei suoi film d'animazione, in cui Starevitch era contemporaneamente regista, operatore, sceneggiatore, scenografo, costumista, nonché realizzatore dei pupazzi, per lo più scolpiti in legno. Appassionato di entomologia (lo studio degli insetti), Starevitch mentre gira film educativi per un museo, scopre di non essere in grado di filmare i combattimenti notturni dei cervi volanti; dopo aver visto *Les allumettes animées* di Cohl, ricrea il combattimento tribale con coleotteri imbalsamati realizzando *Battle of the Stag Beetles, Lucanus Cervus* (1910). Affascinato dal risultato, alcuni mesi dopo abbandona l'approccio realistico e in *Beautiful Leukanida, Prekrasnaya Lyukanida* inizia antropomorfizza degli insetti facendo loro indossare dei vestiti e camminare in posizione eretta; il film ha un impianto fiabesco e narra di diversi pretendenti che si affrontano per una bella sposa scarabeo. Negli anni successivi arrivano *Cameraman's Revenge* (1912) e *The Night Before Christmas* (1913), opere che sempre di più fanno di Starevitch una figura fondamentale nel cinema l'animazione degli inizi, sperimentatore di differenti tecniche ed effetti. Poco dopo la rivoluzione russa, nel 1919, scappa a Parigi, dove rimane fino alla fine della sua lunga carriera, realizzando *L'épovantail* (1921), *Fétiche* (1934) e il lungometraggio *Una volpe a corte* (1930).

La produzione americana

Prima della comparsa del cinema, una delle forme di intrattenimento più amate negli Stati Uniti era il *vaudeville*, un genere di teatro basato su diversi numeri tra loro indipendenti - un mago, un comico, un gruppo musicale, ecc. - che si alternavano uno dopo l'altro. Siamo alla seconda metà del XIX secolo, ma il genere prospera per tanti anni ancora, fino a convivere strettamente con il cinema durante il muto e, quando scompare, lascia forti tracce, grazie a un nutrito numero di attori che dal *vaudeville* passa al cinema sonoro (oltre che nella radio e, più avanti, nella televisione). La tradizione del *vaudeville*, incentrata su singoli numeri tra loro autonomi e sulla costante interazione tra performance e spettatori, è di natura eminentemente "attrazionale" e in America, il cinema d'animazione nasce proprio all'interno di questo genere di spettacolo. Winsor McCay compie diverse tournée nei *vaudeville* a partire dal 1906, in qualità di *lightning sketcher* (disegnatore satirico-umoristico che tracciava rapidamente i propri schizzi su una lavagna o una tela, di fronte al pubblico). Il suo primo film, *Little Nemo* (1911), faceva appunto parte di uno spettacolo teatrale.

Winsor McCay

Cultore dei *comics*, aveva uno stile grafico estremamente rifinito, con un'abbondanza di particolari realistici trasfigurati in un contesto figurativo stravolto dalla fantasia, distante dal disegno sommario e rozzo, ingenuo e spesso volgare dei *cartoonists*. Artista raffinato, attento alle possibilità fantastiche del disegno e alla vasta gamma delle sue utilizzazioni narrative e drammatiche, McCay era forse la persona più adatta a saggiare le nuove possibilità espressive offerte dall'animazione. *Gertie il dinosauro* (1909) è un film d'una eccellente invenzione grafica, disegnato con pochi tratti neri sul fondo bianco e immerso in un ambiente naturale anch'esso tratteggiato con poche linee e con una sottile vena ironica. Nel successivo *Mosquito* (1912) il disegno, estremamente "pulito" e lineare, nero su fondo bianco, si arricchisce di una dimensione grottesca man mano che la narrazione assume i caratteri di una storia: la zanzara che succhia il sangue a un uomo che riposa. In tutti i suoi film più famosi, ciascun fotogramma è interamente disegnato; gli sfondi vengono riprodotti su ogni fotogramma, o ricalcati da un assistente, un processo che oggi apparirebbe follemente dispendioso.

The sinking of the Lusitania (1918) va considerato come primo film d'animazione drammatico, dove il disegno è utilizzato non per riprodurre passivamente la realtà, ma per darne una rappresentazione prospettica, inquietante, tragica: un disegno che può superare la fotografia sul piano dell'incisività del tratto, della chiarezza dell'immagine e della concisione del discorso figurativo. Tra gli ultimi suoi lavori, i più rilevanti sono i tre *Dreams of a Rarebit Fiend* (1921): *The Pet, Bug Vaudeville, The Flying House*, ma sono prove lontane da quelle degli esordi, dove McCay abbandona la tecnica del disegno su carta e si serve dei *rodovetri*, con risultati non sempre felici. In un convegno di addetti ai lavori, McCay disse, senza mezzi termini, che "l'animazione dovrebbe essere un'arte ed è così che io la concepisco, ma per come la vedo io, voi ne avete fatto un commercio, non un arte. Peccato."

Atro nome importante degli inizi è il disegnatore svedese Victor Bergdahl che si appassiona all'animazione dopo aver visto alcuni lavori di Winsor McCay. *The Magic Brew, Trolldrycken* (1914) è una serie di 14 cortometraggi, che vede come protagonista la figura di Kapten Grogg, un antieroe con una predilezione per l'alcool, sposato con una donna assillante, viaggia in mongolfiera, corre dietro a qualunque donna gli capiti a tiro e viene spesso coinvolto nelle avventure più disparate.

L'animazione in stop-motion

Tutte le tecniche elencate di seguito, con l'animazione eseguita sotto la macchina da presa, offrono immagini, atmosfere e risultati del tutto diversi fra loro, ma si basano su uno stesso principio, quello di modificare, a volte in modo impercettibile, l'immagine da un fotogramma all'altro. In questi casi è l'animatore, diversamente dal disegno animato, che crea l'illusione del movimento lavorando direttamente sotto la MDP, plasmando, muovendo o spostando oggetti, materiali o attori. Rispetto al disegno animato, qui un errore in fase di ripresa può rovinare e vanificare il lavoro svolto. Sarà la sequenza di scatti nel giusto ordine a restituire l'impressione del movimento continuo.

Disegno animato in diretta

Con il disegno a matita, a pastello, o con la manipolazione di colori sul vetro, l'animatore interviene sulla scena modificandola dopo ogni impressione di fotogramma.

Oggetti animati

Questa tecnica impiega oggetti di uso quotidiano (*ready made*), o comunque oggetti non creati appositamente per lo stop-motion, come bottoni, lacci, statole, tappi e altro.

Pupazzi animati

In questa tecnica si aggiungono i problemi della terza dimensione ed è usata per animare pupazzi, marionette, giocattoli, bambole di carta, modellini; i "pupazzi", presenti in un ambiente costruito a loro dimensione (diversa è la *model animation*, che inserisce elementi in stop-motion in scene dal vivo), hanno uno scheletro metallico interno che li mantiene fermi durante le manipolazioni delle giunture e una superficie abbastanza malleabile che permette all'animatore di dare loro espressività e realismo. Per il labiale e le espressioni, esse vengono generalmente realizzate singolarmente una per una, grazie alle stampanti 3D, e vengono applicate per ogni fotogramma, tramite dei magneti.

Una variante a questa tecnica è la *puppetoon*, creata da George Pal: si usano numerosi pupazzi identici fra loro, che si differenziano però nella struttura interna, in maniera tale da usare il pupazzo più adatto per ogni scena prevista del film.

Silhouette

Questa tecnica ripropone in versione cinematografica le "ombre cinesi", tramite figure ritagliate su un foglio metallico o su un cartoncino, che a differenza della carta sono più robusti e quindi difficili da rovinare; le *silhouette* non sono figure uniche, ma composte da articolazioni mobili e sostituibili, le stesse vengono poi poste su un piano di lavoro orizzontale retroilluminato, conferendo massima opacità al nero e luminosità ai fondali colorati, con riprese dall'alto. Caposcuola di questa tecnica è stata Lotte Reiniger, che l'ha sviluppata, perfezionandola con complessi movimenti della MDP, sovrimpressioni ed effetti scenografici.

Schermo di spilli (écran d'épingle o pinscreen animation)

Ideata negli anni '30 da Alexandre Alexeieff, si tratta di una tecnica complessa e di lunga esecuzione. Su un piano verticale, illuminato da una luce di taglio, vengono inseriti migliaia di spilli equidistanti. A seconda della loro sporgenza sul piano, gli spilli creano delle ombre (zone scure), o lasciano passare la luce (zone chiare), permettendo la creazione di suggestive immagini in bianco e nero. Esperimenti simili con aggiunte di colore, attraverso l'uso di gelatine, sono stati fatti da Jacques Drouin al NFB, di cui si citano *Three Exercises on Alexeieff's Pinscreen* (1974) e *A Hunting Lesson* (2002). Esistono anche dei software in grado di simulare questa tecnica: il vantaggio più grande è il recupero delle immagini; con lo schermo fisico, invece, bisogna ricrearla da capo senza alcuna garanzia di precisione.

Cut out, découpage o carta ritagliata / Lumage

L'animatore muove o sostituisce sotto la MDP i ritagli di carta o di cartone disegnati, cui possono essere aggiunti altri materiali, come stoffa, giornali, vestiti, che solitamente compongono la completa fisionomia di personaggi che agiscono su uno sfondo. Caposcuola del découpage sono stati Giulio Gianini ed Emanuele Luzzati. Una variante di questa tecnica, detta *lumage*, è stata sviluppata da John Korty: consiste nell'usare ritagli traslucidi di tessuti o plastica filmati su una tavola luminosa.

A differenza della relativa rapidità con cui si svolgono le riprese delle animazioni disegnate, quelle con la carta ritagliata sono di gran lunga più elaborate e difficoltose, poiché bisogna tenere in conto, pur rimanendo nell'ambito di movimenti semplici, di tutto quello studio che normalmente si compie sul tavolo di animazione, nel definire pose chiavi, intercalazioni, insieme a tutti movimenti coordinati.

Claymation o animazione di plastilina

Con la plastilina si può realizzare sia un'animazione bidimensionale, affine al *cut out*, più adatta alle metamorfosi delle figure che alla narrazione di eventi, sia tridimensionale, e quindi assai simile alla *puppet animation*. Negli Stati Uniti la tecnica tridimensionale è stata brevettata come *claymation* da Will Vinton che nel 1974 realizza il primo cortometraggio con questa tecnica, *Closed Mondays*, e nel 1985 il primo lungometraggio, *The Adventures of Mark Twain*.

A differenza dei disegni animati o della carta ritagliata, in questa modalità la MDP è posta su un cavalletto. Ogni risoluzione di un problema di animazione è, letteralmente, nelle mani dell'animatore che davanti alla cinepresa usa le stecche, o meglio le dita delle mani, per modellare, trasformare e inventare continuamente ogni movimento.

Pixillation

E' l'animazione eseguita con attori invece di pupazzi e plastiline. Con questa tecnica i personaggi in carne e ossa possono muoversi sul terreno senza camminare, possono strisciare, rimanere sospesi nell'aria con frenetici spostamenti, muoversi attraverso pavimenti e pareti, fino alle più consuete apparizioni e sparizioni. Una tecnica che prevede soluzioni bizzarre e altamente spettacolari, usata spesso nei videoclip musicali (*Sledgehammer* con Peter Gabriel, realizzato dalla Ardman Animations) o nei corti sperimentali, di cui il più celebre è *Neighbours* di Norman McLaren.

Sand animation

Sul banco di ripresa è la sabbia, o la polvere, a creare forme e immagini, colorate o retroilluminate. Capiscuola di questa particolarissima tecnica sono gli svizzeri Ernest e Gisèlle Ansorge e l'ungherese Ferenc Cakò.

Registrazione step by step (o frame recording)

La cinepresa viene programmata per aprire l'otturatore per un certo numero di *frames* a una cadenza decisa dall'operatore, ad esempio cinque fotogrammi ogni cinque secondi e così via: l'effetto è quello di vedere qualcosa di molto accelerato e di fatto si tratta del risultato di una serie di scatti, fatti in lungo arco di tempo (*time laspe*), non di una ripresa velocizzata: più breve è il numero di fotogrammi impressionati, più veloce è lo spostamento degli oggetti nel campo e più ci sarà un effetto di accelerazione innaturale delle parti che compongono l'immagine.

Adoperando una similitudine fotografica, è lo stesso effetto che si ottiene lasciando una macchina fotografica con l'otturatore aperto, dove tutto quello che si muove verrà impressionato come una scia. Questa tecnica è stata sviluppata a scopi scientifici, per visualizzare ad esempio la crescita di elementi floreali, ma ha interessato anche gli artisti che si interessano di animazione.

Paint-box

Permette al video di diventare un ibrido fra analogico e digitale, utilizzando la tecnica del *frame per frame* e operando degli interventi di carattere pittorico su immagini già registrate.

Nota IV - Il disegno animato di serie. Nascita dell'industria.

Dopo il 1910 vennero alla luce un pò dovunque, in maniera disordinata, altri pionieri. Il centro di produzione fu New York dove si costituirono i primi *studios* e la razionalizzazione del lavoro fu portata più rapidamente a compimento. Raoul Barre introdusse l'uso della perforazione standard nei fogli da disegno, che permetteva di evitare i "salti" fra un'immagine e quella successiva, e lo *slash system* (sistema dell'intarsio). Fu questa la sua soluzione al problema degli animatori delle origini: come animare un personaggio che opera in un ambiente senza dover ridisegnare ogni volta tanto il personaggio quanto l'ambiente. Lo *slash system* consisteva nel disegnare lo sfondo lasciando in esso uno spazio libero per le evoluzioni del personaggio, e nell'inserire in tale spazio dei fogli ritagliati su misura. Il personaggio veniva così disegnato su quei ritagli, nelle successive fasi del suo movimento.

Mantenere la corretta posizione dei disegni durante le riprese è un problema sorto sin dall'inizio della storia dell'animazione, e svariati metodi vengono utilizzati per risolvere questa difficoltà. McCay usava un taglierino da carta affinché gli angoli delle sue tavole fossero tutte uguali, Barrè utilizza il comune metodo delle crocette, già in uso per marcare gli angoli delle pagine a stampa. Nel 1914 Barrè crea un metodo che poi verrà utilizzato da quasi tutti gli animatori: la "peg bar", ovvero la "reggetta di riferimento". I fogli vengono forati lungo il margine inferiore o superiore e poi posizionati su di una barra di metallo fissata al tavolo da disegno e anche alla macchina da ripresa, garantendo così una inquadratura perfetta. I disegni possono essere visti e scorsi avanti e indietro come un *folioscopio* in modo che l'animatore possa lavorare al meglio della sequenza.

I film dei primi, piccoli, *studios* di animazione americani sono industriali nella misura in cui sono basati sulla formula della narrazione seriale, e su una tecnica, la *cel animation*, che permette tempi di realizzazione rapidi e lavoro collettivo. La vocazione, se non proprio la realtà industriale del *cartoon* americano nell'immediato primo dopoguerra, è attestata dalla pubblicazione nel 1920 del manuale per realizzare di disegni animati *Animated Cartoons* di Edwin Lutz, un libro che pare abbia avuto una notevole influenza su Walt Disney. L'autore dà per scontato che i *cartoons* siano creati da gruppi di animatori e che si basino su personaggi seriali, i quali devono dare vita a gag analoghe a quelle del cinema comico, legate da un filo narrativo, sul quale si lavora seguendo le regole della sceneggiatura del *live action*. Inoltre propone una grafica e animazione elementare, da realizzare rapidamente e in economia, in modo da tenere bassi i costi (si spiegano tutti i trucchi per risparmiare). Ma il valore più importante del libro di Lutz, improntato allo spirito taylorista, è quello di indicare la volontà dell'animazione americana di essere parte integrante dell'industria del cinema.

Il successo dei fumetti, i cui lettori ammontavano a milioni di persone d'ogni ceto sociale, spinse i produttori cinematografici a utilizzare il cinema come nuovo mezzo di larga diffusione. Come già i *serials*, cioè i film a episodi, realizzati in Europa e in America prima della guerra, che sfruttavano i medesimi ingredienti dello spettacolo e gli stessi attori e personaggi, così i film d'animazione di serie potevano riuscire un ottimo affare commerciale e il fumetto era un campo estremamente fruttuoso da cui partire. In questa produzione abbondante di disegni animati di consumo, in cui si impegnarono le più importanti case cinematografiche, a cominciare dalla Edison che produsse nel 1914 la serie *Buster Brown Cartoons*, e l'anno dopo quella di Raoul Barrè, *Animated Grouch Chaser*, composta da una dozzina di film. Questa era una serie formata da sequenze in animazione introdotte in riprese dal vero: ogni volta gli attori, per una ragione o per l'altra, si dedicavano alla lettura di un album di caricature e questo prendeva vita. Il disegno di Barré è tagliente e volutamente grezzo. Su commissione dell'International Film Service, Barré realizza le serie *Phables* (1916) basata sui fumetti di T. E. Powers e *Mutt & Jeff* (1916-19) insieme a Charles Bowers; nel 1926-27 lavora alla serie *Felix the cat* di Pat Sullivan, per poi tornare alla pittura e alla satira politica. E' un epoca dove più che i singoli artisti e le singole opere contano i prodotti, insieme all'abilità nel confezionare quei piccoli *show* fatti di situazioni comico-grottesche e il proporre personaggi divertenti che determinano il successo dell'operazione. Si formano, negli anni successivi alla prima guerra mondiale, dei settori produttivi specializzati nel disegno animato, con la formazione tecnico-professionale di centinaia di persone, che costituiranno la base portante della nuova industria del cinema d'animazione.

La figura dominante del primo decennio dell'animazione americana fu John Randolph Bray, che gettò le fondamenta della cinematografia "a passo uno". Il passaggio al cinema fu dovuto probabilmente all'emulazione nei confronti di Winsor McCay, ma l'atteggiamento fu ben diverso da quello, geniale e sregolato, del collega. Nell'ottica di Bray il disegno animato era un'impresa che era destinata a creare profitto. Cercò di razionalizzare e di organizzare il lavoro, risparmiando la fatica umana superflua e sveltendo i tempi. Nel suo primo lavoro, *The Artist Dream* (o *The Dachsund and the Sausage*, 1913), narra la storia di un disegnatore che lascia il suo studio, mentre il suo disegno prende vita: un cane che si ingozza di salsicce fino ad esplodere, proprio come il *Mosquito* di McCay. Nell'ottica del risparmio di fatica e di tempo, Bray stampa, invece di ridisegnare ogni volta a mano, gli sfondi dell'azione. Il film suscita l'entusiasmo di Charles Pathé che gli commissiona sei nuovi film. Nascono così i Bray Studios, e la loro costituzione fu più o meno contemporanea a quella del gruppo di Raoul Barré, ma la struttura fu ben diversa. Il lavoro fu diviso e compartimentato: Bray abbandonò matite, fogli e passò al ruolo di imprenditore; alle sue dipendenze ebbe animatori responsabili della realizzazione dei film, e questi a loro volta ebbero aiuti e assistenti che dipendevano da loro.

Bray puntò con forza sullo sviluppo tecnologico, come testimoniano i suoi brevetti registrati: nel gennaio 1914 l'uso di scenografie stampate; nel luglio 1914 l'applicazione di sfumature di grigio; nel luglio 1915 l'uso di scenografie su celluloide trasparente da applicare sopra il disegno da animare (un procedimento alternativo a quello inventato da Earl Hurd l'anno prima, il *cel process*, cioè l'uso di fogli di celluloide trasparente per disegnare i personaggi, da applicare in seguito su scenografie dipinte, metodo che verrà poi adottato da quasi tutti gli studi d'animazione). Bray comunque assunse il cineasta-inventore Hurd come suo dipendente e fondò insieme a lui la Bray-Hurd Patent Company, per vendere le licenze dei due sistemi, licenze che fruttarono fino alla loro scadenza nel 1931. *The Debut of Thomas Cat* (1920) fu il primo cartoons a colori, ma giudicato troppo costoso il tentativo non fu ripetuto e per i disegni animati a colori si dovettero attendere altri dieci anni. Nel 1914 vide la luce il personaggio più interessante dei Bray Studios, in *Colonel Heeza Liar in Africa*, un personaggio misero nell'aspetto, piccolo, calvo, miope, ma pirotecnico nelle avventure; lo spunto era dato dalle imprese di caccia grossa dell'ex presidente Theodore Roosevelt, divenute popolarissime. Quello di Bray è il più grande studio americano degli anni dieci e tra gli animatori e produttori che iniziano la loro carriera con Bray ci sono i fratelli Fleischer, Paul Terry, Walter Lanz, Pat Sullivan, Grim Natwick, David Hand, oltre che al citato Earl Hurd. L'acquisizione dello studio operata da Samuel Goldwyn porta molti animatori a licenziarsi. La compagnia crolla e viene svenduta.

Earl Hurd fu uno dei migliori animatori americani di questo periodo insieme a McCay, autore di *Bobby Bumps* (1915), un bambino accompagnato dall'inseparabile Fido che viveva semplici avventure quotidiane. I film sono ben strutturati, dimostrano una non comune inventiva visiva, un umorismo garbato, e una cura per il disegno e per gli sfondi.

Pat Sullivan

Nello stesso periodo assistiamo anche alla nascita di serie e personaggi creati appositamente per il cinema d'animazione che avranno, come estensione del loro successo, una trasposizione grafica sulle pagine dei giornali. Come Felix the Cat (Mio Mao), personaggio creato da Otto Messmer, che dal cinema passò al fumetto anticipando i più noti personaggi di Walt Disney, nati eroi cinematografici per diventare in seguito eroi dei *comics*. Se le serie animate erano nate da fumetti popolari, dove l'animazione spesso si riduceva a far muovere più o meno scioltamente i suoi personaggi su sfondi di maniera, perdendo però quel sapore comico e grottesco delle "strisce", fu proprio quella di *Felix the Cat*, iniziata da Sullivan nel 1917, a dimostrarsi la più valida "invenzione" basata su un personaggio nuovo che si "muoveva" in funzione delle possibilità dinamiche del cinema. Ad attestarne la sua forza c'è il fatto che il personaggio sopravvive indenne allo scorrere del tempo: nel 1988 esce *Felix the cat: the Movie*, nel 1995 la serie televisiva *The Twisted Tales of Felix the cat* e poi quella del 2000, *Baby Felix & Friends*. Nel 2004 Don Oriolo realizza un nuovo film, *Felix salva il Natale*.

Nato un secolo fa, il gatto Felix conquista sempre nuovo pubblico, grazie alla sua personalità vincente, al suo humor e al suo appeal visivo. Felix è sveglio e arguto, pronto a cavarsela in ogni possibile situazione, con mille idee che vengono rappresentate graficamente dalla coda che, a forma di punto interrogativo, si stacca dal corpo e assume la funzione di un'ancora di salvataggio. Il personaggio costituirà il punto di unione tra il Krazy Kat di Herriman e il Michey Mouse di Walt Disney. Felix the Cat era definito in termini cinetici, presupponeva il movimento che nell'azione si realizzava appieno; tutte le avventure poi ruotavano attorno a lui, in un dinamismo che si traduceva in un ritmo cinematografico in cui il montaggio delle scene obbedisce a criteri rigorosi di scomposizione del tempo.

L'animazione americana avrà come modello il cinema di Sullivan, per la serie di schemi grafici e narrativi facilmente utilizzabili in differenti contesti spettacolari. I vari personaggi cambieranno pur essendo nella maggior parte dei casi, come Felix the Cat, personaggi dalle fattezze antropomorfe, varieranno i temi e i modi della comicità, ma rimarrà sostanzialmente uguale la meccanica del racconto da cui è possibile ricavare ogni motivo adatto allo scatenamento delle forze comiche insite nella storia, nel personaggio e nella situazione ambientale.

Paul Terry

I suoi disegni, le sue caricature, i piccoli personaggi del suo mondo fantastico si staccano da quelli dei suoi contemporanei per una più netta personalità e un gusto per il paradosso. Tra i suoi primi personaggi c'è quell'Al Falfa, un contadino arguto e saggio, ma la maggior parte della sua opera non è legata alle serie intese in senso tradizionale, cioè ruotanti attorno a un personaggio ricorrente di episodio in episodio, ma a film costruiti su personaggi, soggetti e ambienti diversi, raggruppati sotto il nome di una serie, come *Aesop's fables* o *Terrytoons*. Una delle caratteristiche del cinema di Terry è la dose di humor che travalica i normali confini del divertimento verso l'esagerazione, il grottesco, la libertà inventiva, il *nonsense*. Più che sui singoli personaggi, il suo interesse è rivolto alle situazioni paradossali che possono nascere da contrasti improvvisi, da scontri drammatici. E' nelle variazioni che il suo estro di giocoliere dell'animazione, di inventore di sarabande figurative e ritmiche, viene fuori appieno. Paul Terry si piegò mal volentieri alla moda dei personaggi, tanto che né il canguro Kiko (1936), né il palmipede Gandy Goose, conquistarono la celebrità, che arrivò invece con Mighty Mouse, un incrocio tra Mickey Mouse e Superman nato nel 1942. Un atteggiamento simile verso la nascente industria dell'animazione americana lo ritroviamo anche in Van Beuren (Tom e Jerry) e in Charles Mintz (Osvald the rabbit, Krazy Kat).

Tra gli animatori di New York meno documentati, va citato Harry S. Parker, autore di vignette satiriche e della serie *Keeping Up With the Joneses* (1915), realizzata per la Gaumont American. A Chicago si mettono in mostra per i loro lavori Robert Sidney Smith, per la serie sul suo personaggio *Old Doc Yak* (1913) e Howard S. Moss per i suoi pupazzi animati *Moto Film* (1917), basati su caricature dei divi hollywoodiani del tempo, come Charlie Chaplin, Mary Pickford e Ben Turpin. Nel genere dell'animazione dei pupazzi, in questi anni si videro i primi lavori di Willis

O'Brien, *RFD 10.000 Before Christ* e *Prehistoric Poultry* (1917), seguiti qualche anno dopo delle affermazioni in *The Lost Word* (1925), *King King* (1933) e *Son of Kong* (1933).

Strumenti e linguaggio

Con l'eccezione di Winsor McCay, che rimane un caso a sé, l'elemento più rilevante dell'animazione americana degli anni dieci non è rappresentato tanto dalla qualità dei film, ma dallo sforzo di dotare i propri studi di strumenti materiali, di metodi di lavorazione, di accorgimenti tecnici e linguistici. La carrellata ad esempio fu messa in uso nel 1913 da Bill Nolan, lasciando fisso il personaggio e facendo scorrere poco per volta lo sfondo sotto di lui, con la ripresa a "scatto singolo" per creare l'effetto che fosse il personaggio ad avanzare. Tanti accorgimenti furono tentati per tenere i fogli "a registro" e tra i primi interventi c'è stata la perforazione standard sul lato basso (*peg bar system* di Barré). Il rodovetro era merce rara e si animava prevalentemente su carta. La divisione del lavoro prevedeva che l'animatore disegnasse a matita e passasse poi i fogli al suo assistente perché li inchiostrasse. All'assistente competeva anche di aggiungere i particolari che l'animatore, preoccupato della fluidità dell'azione, non disegnava, cioè i tratti fisionomici, elementi del vestiario, e altro. In linea di principio gli animatori ideavano le storie, animavano i personaggi e inventavano le gag, il resto si aggiungeva dopo.

La regola fondamentale era quella di far ridere lo spettatore. Fin dalle origini appare evidente il legame, che è sopravvissuto fino ai giorni nostri, che collega due forme d'espressione così tipicamente statunitensi: il fumetto e il disegno animato comico (non a caso si chiamò *animated cartoon*). Molti animatori erano anche autori di *strip* e provenivano da questo campo, molti personaggi erano travasati direttamente dalle pagine a stampa allo schermo e nei primi *cartoons* le didascalie non sono separate dalle immagini, ma inserite direttamente nella scena stessa tramite il classico *balloon* che nei fumetti ospita i dialoghi. Un'influenza minore non non trascurabile deriva, in questi primi anni, dal teatro di varietà: il disegno che prende vita è una delle tante attrazioni del *vaudeville*, "numeri" eseguiti in questi spettacoli ambulanti da abili disegnatori, come i *lightning sketcher* di Winsor McCay. Il teatro di varietà influenzerà anche il cinema "dal vero", portandone le gag comiche e facendo nascere la *slapstick commedy*.

I fratelli Fleischer

Nel 1921 Max e Dave Fleischer fondarono la Out of the Inkwell Films Inc. per la produzione di disegni animati. Produssero nel 1921-22 la serie *Out of the Inkwell*, una dozzina di episodi basati sull'animazione di personaggi e oggetti che nascevano direttamente dall'inchiostro versato da un calamaio sul tavolo di lavoro di un disegnatore, quello dei Fleischer. Il disegno di Max e la regia di Dave davano vita ad avventure e personaggi, fra i quali spiccava il clown Ko-Ko, che si svolgevano in un ambiente reale, ripreso cinematograficamente "dal vero". La serie vince numerosi premi ed è molto seguita, grazie ai movimenti fluidi e realistici realizzati col *rotoscopio*, una macchina brevettata dagli stessi fratelli Fleischer e che, con alcune varianti, è tutt'ora in uso. Era in grado di catturare il movimento per realizzare brevi sequenze animate: l'apparecchio proietta una pellicola, filmata in precedenza su un pannello di vetro traslucido che funge da supporto per l'artista per poter ricalcare le figure in movimento.

Un'altra innovazione, questa volta visiva, apportata dai Fleischer è stata l'introduzione della *bounching ball*, ovvero la palla rimbalzante sopra le parole delle canzoni che si scoprono in sovrimpressione e che funge da giuda per il pubblico desideroso di cantare, come nella serie *Song Car-Tunes* del 1924.

Nel 1923 Max realizza l'ambizioso lungometraggio *The Einstein's theory of relativity*. Per la prima volta l'animazione veniva impiegata a scopi didattico-scientifici in un'opera di maggiore durata, secondo la linea già seguita dallo stesso Fleischer nei suoi precedenti cortometraggi d'istruzione militare, come farà più tardi Disney nei suoi film d'informazione bellica e sulla didattica dell'apprendimento. Una curiosità: lo studio dei Fleischer sarà il primo ad utilizzare il metodo "dell'intercalazione", per cui gli animatori più esperti si concentravano sui disegni principali, le *pose chiavi*, mentre gli assistenti e gli apprendisti disegnano le pose intermedie, dette appunto *intercalazioni*.

Walter Lantz

La sua fama è legata alla lunghissima serie di *Oswald cartoons*. Creatore di personaggi come Dinky Doodle e Pete the Pup, con Oswald the Rabbit, disegnato nel 1927 da Disney per la Universal, un coniglio saggio che affronta spavaldamente i pericoli e sa trarsi d'impaccio con disinvoltura dalle situazioni più complicate, compare nel cinema d'animazione un personaggio diverso dai precedenti, più arguti e volgari, più grotteschi e cattivi. E così, come farà il Mickey Mouse di Disney, Oswald si affermerà come il campione delle virtù americane e le sue avventure, sempre meno umoristiche e dai risvolti didascalici, costituiranno il filo conduttore di un discorso rispettabile e borghese della società del tempo. Anche lo stile, dal segno grafico ai moduli narrativi, dalle invenzioni comiche alla definizione dei personaggi, sarà sostanzialmente conformistico, attento a smussare gli angoli della satira e dell'irriverenza. Michey Mouse porterà ancora più avanti il discorso iniziato da Oswald the Rabbit, ma mentre Lantz ripeterà con scarsa fantasia i moduli stereotipati dei disegni animati degli anni venti, Disney riuscirà, con opportune correzioni sul piano contenutistico e formale, a cogliere i nuovi fermenti della società degli anni di Roosevelt e a porsi come il rappresentante più qualificato di una nuova etica e di una nuova estetica, che attinge ampiamente alla moralità e al gusto piccolo-borghese.

Lantz rimase per tutti gli anni trenta nell'ombra, come tanti altri disegnatori, schiacciato dall'opera disneyana che in quel decennio determinerà le scelte contenutistiche e formali di gran parte della produzione di film d'animazione, non soltanto statunitense, ma mondiale. Soltanto negli anni quaranta, Lantz ritroverà l'originalità e lo spirito degli inizi, grazie alla serie prodotta per la Universal Pictures di Woody Woodpecker.

Il primo Disney

Appassionato di disegno fin da bambino, Walt Disney studia presso l'Istituto d'arte di Kansas City e poi di Chicago, dove disegna fumetti patriottici per il giornale della scuola. Dopo il servizio militare torna a Kansas City dove conosce un altro fumettista, Ub Iwerks, con il quale instaura una collaborazione professionale e una grande amicizia: i due costituiranno una società, la Iwerks-Disney Commercial Artists. Appresi con i corti pubblicitari i primi rudimenti dell'animazione lavorando alla Kansas City Film Ad Company, i due realizzano alcuni cortometraggi che chiamano *Laugh-O*-gram. Visto il discreto successo della serie proiettata nei teatri locali di Kansas City, Walt Disney lascia il lavoro di pubblicitario e fonda lo studio Laugh-O-gram, assume Iwerks e molti altri artisti della zona e inizia a realizzare una serie di brevi parodie animate tratte dalle fiabe popolari, tra cui *Cenerentola* e *Il Gatto con gli stivali*. Dopo il fallimento del suo distributore, Disney decide di trasferirsi a Los Angeles e insieme al fratello Roy costituisce un'altra casa di produzione.

Nasce *Alice in Cartoonland*: come in altre serie contemporanee, Disney impiega la tecnica dell'animazione sulle riprese "dal vero", ma i suoi risultati sono alquanto modesti se paragonato ai Fleischer e a Paul Terry, canoni che comunque riprenderà nei più maturi *Silly Symphonies* e nei successivi lungometraggi. Comunque già nelle avventure di Alice, tra il didascalico e la letteratura edificante, il romanzo avventuroso e la favola tradizionale, Disney pare attento a conquistarsi un pubblico, più che di bambini, di genitori: è l'inizio di un cinema fatto per le famiglie, che proprio in Disney avrà il suo maggior promotore.

L'arrivo di Ub Iwerks, chiamato da Disney per il settimo episodio della serie di *Alice in Cartoonland*, determinò un cambiamento di stile e una nuova fase dell'attività disneyana. A lui si devono soluzioni tecniche e formali, insieme all'invenzione e caratterizzazione di alcuni personaggi di largo successo popolare, a cominciare da Michey Mouse. Sia con *Oswald the Rabbit*, realizzata per la Universal e poi proseguita da Lantz, sia con *Mickey*

Mouse, il personaggio disneyano ha un carattere profondamente diverso dagli altri; non è collerico, astuto, cattivo, malizioso, furbo, aggressivo, le sue avventure non si basano sulla violenza o sull'assurdità delle situazioni, sull'esasperazione dei motivi comici, ma è un personaggio "positivo" che sa trovare sempre la via d'uscita con quel buon senso, o senso comune, che non dispiace a un pubblico conservatore. Dirà lo stesso Disney: "Finché un personaggio non ha una personalità ben definita, nessuno gli crede. Può anche fare cose buffe, interessanti, ma se il pubblico non riesce a identificarsi con lui le sue azioni appariranno irreali e le sue storie non vere". Questa spinta al "realismo" e alla "verità" contraddistingue alla base tutte le opere di Walt Disney, dalle serie ai film a soggetto "dal vero", dai lungometraggi ai documentari sulla natura e sugli animali.

George Studdy

Insieme a Arthur Melbourne Cooper si può considerare un precursore dell'animazione britannica. Come molti suoi contemporanei, Studdy comincia la carriera come fumettista per i giornali, prima di passare all'animazione. Dopo i primi esperimenti in film di propaganda realizzati durante la prima guerra mondiale, nel 1915 disegna la serie *Studdy's War Studies* secondo i canoni dell'epoca, in cui il disegnatore schizzava velocemente i personaggi che apparivano come per magia, grazie allo stop-motion. La sua serie più nota rimane *Bonzo the dog* (24 episodi, 1924).

Gli strumenti per l'animazione

Cel animation

Con l'invenzione della tecnica detta *cel animation*, i disegni, superati i controlli del *pencil test*, erano "ripassati" dall'inchiostrare su fogli di celluloide trasparente, i "rodovetri", usati per sovrapporre le parti da animare a quelle fisse, sui quali si disegnano i singoli movimenti; fatti scorrere davanti alla MDP danno l'illusione di un movimento fluido e continuato. Il ripasso sui rodovetri viene fatto con la penna, con il pennello, con una matita dermografica, con penne tipo *Rapidograf*, con penne tipo *Pentel-Plumita* o simili con punta di bambù o plastica. I *cel* devono essere molto trasparenti e non troppo sottili per non strapparsi nelle perforazioni durante la ripresa. Definiti i contorni dei disegni, si passava alla fase di colorazione, eseguita in un altro reparto dello studio utilizzando la parte posteriore del rodovetro (con colori appositi, come tempere tipo *Ducotone*), avendo cura di non tirare il colore e depositarlo molto denso affinché dal diritto risulti una superficie uniforme. Bisognava fare attenzione alle sbavature fuori dai contorni del disegno ed era consigliato usare dei guanti per non sporcare con il tatto i fogli di celluloide. Normalmente si usa il *sicofoil* A-D, con spessore di dieci centesimi di millimetro, incolore. E' importante tenere presente che la quantità dei fogli plastici va mantenuta in sede di ripresa, per tutta la durata della scena, anche quando sono previsti in alcune fasi in numero minore di *cel* e in questo caso si supplice aggiungendo uno o più fogli. Questo accorgimento si rende necessario per ottenere un uniforme tono di colore.

Procedimento Xerox

Con il *procedimento Xerox* l'inchiostrazione dei disegni veniva fatta con una speciale macchina che "fotocopiava" sui rodovetri i disegni degli animatori, tale da risparmiare sulla procedura fatta prima a mano e consentire di replicare parte delle animazioni. Con il sistema CAPS inventato dalla Pixar, si è passati alla memorizzazione su computer dei disegni e alla loro colorazione digitale. Le nuove tecniche non hanno sempre determinato l'abbandono di quelle vecchie, che sono diventate per alcuni studi di animazione delle scelte di stile per le proprie produzioni.

Multiplane camera

La *multiplane camera* permetteva di spostare un certo numero di piani (livelli) di animazione a varie velocità e a varie distanze l'una dall'altra, creando un senso di profondità. Parti dei livelli dei disegni vengono lasciate trasparenti per consentire la visualizzazione dei livelli che stanno dietro. Si poteva anche muovere lo sfondo e il primo piano in direzioni opposte, creando un effetto di rotazione: in *Biancaneve e i sette nani* vedasi la sequenza in cui la Regina Cattiva beve la sua pozione e l'ambiente sembra girarle intorno.

Rotoscopio

Altro espediente tecnico per la realizzazione dei disegni animati, sempre nell'ottica di avvicinarsi a una rappresentazione sempre più fedele della realtà, desiderata soprattutto da Disney, è quello di girare appositamente dei filmati che vengono poi proiettati su un pannello di vetro traslucido che fungeva da supporto per il disegno per dedurre le pose chiavi: si tratta del rotoscopio, una tecnica brevettata da Max Fleischer nel 1917. Alcuni produzioni ne hanno fatto un uso maggiore per poter risparmiare tempo e quindi lavoro, come è stato fatto per il Gulliver dei fratelli Fleischer e alcuni lungometraggi di Ralph Bakshi (*Il signore degli anelli, American Pop, Fire and Ice*). Il risultato, assai particolare, è quello di figure che si muovono in maniera "innaturale", come persone vere su sfondi disegnati.

Nota V - L'avanguardia europea

Arnaldo Ginna e Bruno Corra

I fratelli Corradini (il pittore Ginna e lo scrittore Corra), noti nell'ambiente futurista, diedero il loro contributo alla pratica di un cinema pittorico e sperimentale; purtroppo i quattro film realizzati negli anni dieci sono andati perduti. Ci sono pervenuti i titoli: *Accordo di colore* (da Segantini), *Studio di effetti tra quattro colori*, *Canto di primavera* (da Mendelssohn), *Les fleurs* (da Mallarmé). Alla base della loro ricerca vi era, almeno negli intenti, una rispondenza esatta tra le varie arti: partendo dal concetto che il motivo musicale è formato da suoni che cambiano nel tempo, nella pittura si può "ragionare" allo stesso modo per ottenere un *motivo cromatico* grazie alla tecnica del cinema, componendo colori che cambiano nel tempo. I quattro film da loro realizzati sono frutto di un'esperienza precedente, dove i fratelli Corradini avevano cercato di legare l'armonia dei colori all'armonia della musica, per sviluppare una forma di *musica cromatica* realizzata associando alla scala musicale la scala dei colori. Dopo aver composto alcune opere attraverso un loro strumento, una sorta di pianoforte di 28 tasti collegati ad altrettante lampade elettriche, dove grazie alla pressione dei tasti proiettavano delle luci su una superficie, i fratelli Corradini, non soddisfatti, cominciasono a dipingere direttamente i fotogrammi, ottenendo come risultato estetico una *sinfonia cromatica* che si collegava ai testi poetici o musicali di partenza. Dopo queste esperienze, Ginna continuò la sua carriera artistica principalmente come pittore e fu il regista dell'unico film futurista mai realizzato, *Vita Furutista* (1916), girato con alcuni esponenti del movimento, mentre Corra diede alcuni tra i primi esempi di scrittura surrealista in Italia.

In quegli anni, gli artisti interessati all'animazione astratta erano intellettuali e pittori, prima che cineasti, e in Italia l'eccezione fu Corrado D'Errico, regista di documentari e di opere a soggetto che subì le influenze del cinema d'avanguardia tedesco e di certe asserzioni del Manifesto futurista, in particolare "le ricerche musicali cinematografate". Con la tecnica del disegno animato realizzò la *La gazza ladra* (1934, Istituto Nazionale Luce), innovativo esperimento di visualizzazione della musica. Secondo la testimonianza di Anton Giulio Bragaglia, questa non è stata l'unica opera astratta realizzata in quegli anni in Italia.

Léopold Survage e il cinema dei pittori

Nel 1912, Léopold Survage realizza una serie di dipinti astratti dal titolo *Rythme coloré*. Progetta di animare queste opere per vedere come possono confluire e dare forma a "sinfonie di colori". I colori e le forme, le linee e le superfici si muovono, si intersecano, in un balletto puramente visivo, astratto, secondo un ritmo prestabilito che comporta una suddivisione del tempo cinematografico. "Per un brano di tre minuti bisogna preventivare la ripresa dalle mille alle duemila immagini." Così, la dinamica astratta della pittura cubista, di cui Survage era un rappresentante, diventa reale in una opera cinematografica. Molto lontano dall'uso che ne facevano i *cartoonists*, da Cohl a Sullivan e agli altri americani, egli era interessato all'indagine alla e rappresentazione del movimento "puro". L'animazione, come Norman Mc Laren dichiarerà più tardi, "non è l'arte dei disegni che si muovono, bensì l'arte dei movimenti disegnati. Ciò che avviene tra due inquadrature è più importante di quello che sta su ogni singola inquadratura. L'animazione è quindi l'arte di servirsi degli interstizi invisibili che stanno fra le inquadrature."

Viking Eggeling e Hans Richter

Entrambi legati al movimento dadaista, giunsero insieme ma indipendentemente alla creazione dei "rotoli", lunghe strisce di carta in cui il segno pittorico si sviluppava non chiuso in una dimensione statica e temporale prefissata, come nella pittura tradizionale, ma seguendo delle suggestioni del ritmo. Vere pitture in movimento, o "spartiti pittorici" costruiti secondo le regole della composizione musicale applicate ai segni e alle linee, i "rotoli" di Eggeling e Richter costituiscono, al di là del loro valore artistico ed estetico, il punto d'incontro della pittura con il cinema d'animazione. Alla base di questo incontro sta la musica intesa come arte non tanto dei suoni quanto dei ritmi, cioè come arte del movimento per eccellenza. Con *Symphonie Diagonale* e i tre *Rhythmus, 21, 23 e 25* (1921-23-25), il cinema d'animazione entra nel campo delle ricerche estetiche, sperimentazioni tecnico-artistiche, che avranno un notevole sviluppo negli anni seguenti. *Symphonie Diagonale* (1925) è un tentativo di recuperare l'alfabeto segnico delle forme della natura con il comportamento degli opposti: nero/bianco, negativo/positivo, basso/alto, verticale/orizzontale e così via; Eggeling disegna questi elementi non in fogli, ma su dei rulli. Il nero dello sfondo si unisce con quello della sala e lo spettatore ha come la sensazione di vedere dei segni bianchi fluttuare nel vuoto. Nel 1926 Richter realizza *Filmstudie, Film Studio*, un lavoro in cui combina, come in *Ballet mécanique* di Léger, l'azione dal vero con l'animazione, mischiando l'immaginario surrealista (bulbi oculari ed esposizioni multiple di volti) con animazioni geometriche.

Da Walter Ruttmann a Oscar Fischinger

La *rostrum camera* è una fotocamera appositamente progettata utilizzata per animare un'immagine fissa o un oggetto. Consiste in una piattaforma mobile inferiore dove viene posizionato l'articolo da filmare, mentre la telecamera è posta sopra su una colonna. I controlli della telecamera differiscono da quelli di una normale telecamera, come la presenza di uno o più contatori di fotogrammi. Questi consentono all'operatore di ripresa di far rotolare la pellicola avanti e indietro attraverso il cancello della pellicola e di sapere esattamente quale fotogramma viene esposto in un dato momento. Sono possibili anche esposizioni molto lunghe, esposizioni multiple, mascherini, sovrapposizione di titoli e una serie di altre tecniche. Le prime *rostrum camera* sono state adattate da telecamere esistenti, ma dopo la seconda guerra mondiale John Oxberry ha prodotto alcuni dei modelli più noti, utilizzati dai principali studi cinematografici e di animazione di tutto il mondo.

I film di Ruttmann, *Opus I, II, III, IV*, si rivelano non molto diversi dai contemporanei tre *Rhythmus* di Richter, nel senso che costituiscono un tentativo originale di dare movimento a forme geometriche o astratte; Ruttmann mostra più attenzione agli effetti spettacolari della composizione dinamica del film, al ritmo esterno delle immagini e alla cinetica delle forme.

Anche per l'opera di Fischinger si può parlare di "musica visiva" o "musica ottica", ma in senso un po' diverso da quello impiegato da Ruttmann. Per quest'ultimo la musica suggeriva delle sensazioni estetiche che il cinema poteva riprodurre con le immagini, montate in modo "sinfonico"; per Fischinger invece se tra cinema e musica vi erano delle affinità, queste poteva esistere soltanto a livello strutturale. Occorre pertanto studiare attentamente la struttura musicale, i problemi del ritmo, le questioni concernenti la melodia e l'armonia, e tentare una trasposizione in termini cinematografici, in modo che le forme semoventi del cinema astratto si compongano secondo precise regole formali. Inoltre per Fischinger il cinema a colori è un'arte fondamentalmente diversa dal cinema in bianco e nero, in quanto i problemi del colore prevedono una differente strutturazione formale sia all'interno di un'inquadratura sia all'esterno, nel rapporto tra le inquadrature e nel ritmo della composizione.

Collaboratore di Ruttmann, nel 1927 Fischinger realizza *Formspiel*, film in tecnica mista: esplosioni, riflessi d'acqua, canne d'organo in movimento, pianeti che roteano, fiamme, immagini astratte, non danno tregua allo spettatore costretto a un *tour de force* visivo che esprime lo spirito dell'epoca e lo stato d'animo della sensibilità degli artisti affascinati dalla meccanizzazione e contemporaneamente dagli elementi naturali "puri". Con l'invenzione del sonoro, Fischinger realizza gli *Studien 1-14* (1929), che diventano un riferimento obbligato, un modello estetico con il quale fare i conti e soprattutto con questi cortometraggi crea una possibilità di mercato: le sale cinematografiche prima, per passare in seguito alla pubblicità e alle sigle televisive. Il perfetto sincronismo tra segni grafici e alcuni elementi della composizione musicale è l'elemento, se vogliamo virtuosistico, che impressiona di più, tale che il risultato finale appaia come una sorta di esecuzione di un'orchestra fatta di linee e di segni. Fischinger sarà un instancabile sperimentatore di tecniche e negli anni '30 scopre il *technicolor* realizzando nel 1935 *Komposition in Blau*, fatto di elementi bidimensionali e tridimensionali. Negli anni '50 realizza per la televisione la sigla *Muntz TV* (1952), diventata presto un punto di riferimento.

Motion painting n.1 (1949) rimane certamente un'opera fondamentale del cinema d'animazione astratto, importante per le ricerche teoriche sui rapporti suoni-immagine. Gli studi di Fischinger, e sopratutto questo suo ultimo film, indagano la natura stessa del linguaggio del cinema d'animazione cogliendone i principi fondamentali, ossia la creazione dell'immagine indipendentemente dalla realtà fenomenica e la creazione del ritmo al di fuori dei movimenti reali, lontani da un possibile ingenuo esperimento di trasposizione dei suoni in immagini, dei ritmi musicali in ritmi cinematografici, di "visualizzazione" della musica.

Lotte Reiniger

In questo panorama, un posto a parte occupa Lotte Reiniger, la cui opera, pur rientrando in parte nel clima di ricerca e di sperimentazione che contraddistingue il cinema d'animazione tedesco del primo dopoguerra, si richiama nei contenuti e nelle forme all'espressionismo letterario precedente, e anche alla spettacolarità propria dei film fantastici e avventurosi. Il recupero del "ombre cinesi", aggiornate tecnicamente al cinema d'animazione, fu un nuovo modo di fare cinema al di fuori dello sperimentalismo astratto dei film dei pittori, ma anche della commercializzazione dei disegni animati di serie di marca americana. Nel 1919 Reiniger si costruisce da sola la prima attrezzatura tecnica per realizzare film con le *silhouettes*, un apparecchio piuttosto elementare che consentiva l'animazione delle figure di cartone ritagliate senza particolari effetti scenografici. I suoi primi lavori saranno *L'ornamento del cuore innamorato* (1919), *Cenerentola* (1922) e *La bella addormentata* (1922), mettendo già da subito in evidenza il suo interesse per le fiabe. Il genuino lirismo della narrazione, unito alla precisione tecnica e un gusto per la rifinitura del prodotto, fanno della Reiniger un'eccellente artigiana del cinema d'animazione. Tra il 1923 e il 1926, perfezionata l'attrezzatura tecnica e con l'aiuto di altri collaboratori, tra cui il marito Carl Kock, Reiniger realizza il suo primo lungometraggio, che sarà considerato il suo capolavoro: *Die Abenteuer des Prinzen Achmed*, tratto dalle *Mille e una notte*. Negli anni trenta realizza degli adattamenti di opere liriche con *Carmen* (1933), *Papageno* (1935) da *Il flauto magico* di Mozart, *Helen La Belle* (1957) da Offenbach e *A Night in the Harem* (1958) da *Il ratto del serraglio* di Mozart. In Germania realizza film, come *Dr. Dolittle e i suoi animali* (1928) e il film dal vero, con parti animate a silhouette, *Die Jagd mach dei Gluck, Running After Luck* (1928). Scappati dalla Germania nazista, i due coniugi lavorano in Italia, Francia e Gran Bretagna. Dopo la morte del marito, Carl Kock, avvenuta nel 1963, Lotte Reiniger abbandona per qualche anno il lavoro per poi riprenderlo in Canada per il National Film Board, dove realizza *Aucassin et Nicolette* (1976) e *The Rose and the Ring* (1979). Il suo ultimo film è *Die vier Jahreszeiten, The Four Season* (1980).

Berthold Bartosch

E' passato alla storia del cinema d'animazione per *L'idee* (1929-32), film di un tecnico originale e di un artista sensibile e politicamente impegnato nella battaglia per una società migliore e più giusta. Per questo film Bartosch inventò una sorta di *multiplane camera*, una cinecamera che consentiva la profondità di campo, anticipando di parecchi anni l'analoga invenzione dei tecnici di Disney: con questa attrezzatura tecnica e dipingendo le figure su vetri trasparenti, sovrapponendoli di volta in volta, fotografandoli isolatamente con diverse intensità luminose, nonché utilizzando anche figure ritagliate a forti contorni, Bartosch realizzò un'opera in cui la prodigiosa abilità tecnica si unisce a una tensione drammatica rara, sicché non si sa se ammirare più l'artigiano o il poeta, il tecnico abile o l'artista impegnato. Il film narra la storia dell'"idea", raffigurata in una giovane donna nuda ed è costruito sulle figure di Masereel e l'asciuttezza del commento musicale di Arthur Honegger.

Alexandre Alexeieff

"Dopo aver visto alcuni film sperimentali, come Le ballet mécanique di Léger e L'idée di Bartosch, volli creare delle illustrazioni in movimento con della musica e le immaginai essenzialmente differenti dai disegni lineari propri dei disegni animati. Volevo assolutamente riuscire ad animare i chiaroscuri, i contorni morbidi, le forme indistinte, nello spirito delle mie incisioni". Nel 1932, insieme alla sua allieva Claire Parker, che poi diventerà sua moglie, Alexeieff realizza un'apparecchiatura tecnica che chiamerà *écran d'épingles* (schermi di spilli). Essa consisteva in una tavola di circa un metro di base e ottanta centimetri d'altezza, traforata da centinaia di migliaia di piccoli fori, attraverso i quali erano fatti scorrere altrettanti spilli d'acciaio. Variando a piacere la lunghezza dei singoli spilli e illuminando di striscio la tavola con un'incidenza luminosa di 45°, si ottenevano ombre e luci che andavano a formare qualsivoglia immagine, chiaroscuri ed effetti prospettici. Ogni immagine composta su tavola con gli spilli era ripresa cinematograficamente, fotogramma per fotogramma. Il risultato era una sorta di "incisione in movimento". I film *Una nuit sur le Mont Chauve* (1933), *Le nez* (1963) e *Tableaux d'une exposition* (1971) rappresentano un trittico in cui l'esperienza umana e artistica di Alexeieff si travasa in immagini, ritmi e forme di chiaro significato simbolico.

Len Lye

La sua attività artistica, le sue sperimentazioni e i suoi studi teorici ruotano attorno al concetto fondamentale di un'arte che rappresenti il movimento e che in questa prospettiva dinamica essa proponga e prospetti tutta una serie di combinazioni di forme, linee, superficie, materiali diversi, luci e ombre. Lye intraprese esperimenti di disegno su pellicola, di graffi (*scratch film*), o ombre degli oggetti come stoffe trasparenti e *texure* di qualsiasi tipo impressionati sulla pellicola (*shadowcast*) e realizza *Colour box* (1935), ritenuto il primo film d'animazione realizzato senza l'ausilio della cinepresa. Prodotto per il General Post Office Film Unit, l'ufficio di propaganda delle poste britanniche, viene programmato subito dopo nelle normali sale, con grande successo di pubblico e di critica. Costruito fotogramma per fotogramma, Lye vi dipinse sopra come su di una tela e il film ne risulta una dedicata fantasia cromatica e ritmica, oscillante tra il gioco e lo studio scientifico del movimento.

Il lavoro successivo di Lye è rivolto a perfezionare i risultati nel campo dell'arte cinetica. Negli anni seguenti la fine della seconda guerra mondiale, trasferitosi negli Stati Uniti, cominciò ad interessarsi ai *mobiles*, alle sculture in movimento, alle macchine semoventi per una più generale applicazione delle teorie sul movimento delle forme e sui "solidi illusori" (ai quali, negli stessi anni, si interessava Alexeieff). *The birth of a robot* (1935-36) è un tentativo di ottenere, con l'animazione di oggetti e di pupazzi, effetti dinamici simili a quelli delle forme libere in movimento. *Rainbow dance* (1936) invece combina la tecnica dell'animazione (*silhouette*) con quella "dal vero" in un accostamento di elementi realistici ed elementi astratti. *Kaleidoscope* (1935) unisce la tecnica dello *shadowcast* insieme a quella dello *scratch* per creare vari strati, ovviamente a colori, con una scala cromatica che anticipa la psichedelia, strati in movimenti e indipendenti tra loro, in un continuo apparire e scomparire di forme geometriche e sinuose. Ma lo scratch film più riuscito di Lye è un cortometraggio realizzato a più riprese e concluso solo nel 1979, *Free Radicals* (1958): è un ritorno alle origini, i segni sono di nuovo bianchi si sfondo nero e la musica è un ipnotico brano di musica africana.

Dal 1958 riprende la sua attività di artista cinetico, realizzando delle sculture che si muovono con la corrente elettrica, creando da sole un loro suono. *Particles in* Space (anni '60) fu completata nel 1979 è rappresenta la sua opera più complessa, vera *summa* delle precedenti ricerche: "Ciò che mi interessa è la composizione del movimento. Le tecniche di animazione sono metodi per controllare il movimento in vista della sua composizione. [...] Con i miei film non ho voluto dire assolutamente nulla, le mie immagini vengono dal primitivo "vecchio cervello" al corpo, al suo senso di presenza cinetica. [...] Non so cosa è un pubblico. I miei film sono fatti solo per me, se qualcuno li apprezza, bene."

Fernand Léger

Al cinema d'animazione Léger è legato con un solo film, *Ballet mécanique* (1923-24), frutto di un attento studio sui caratteri peculiari del cinema e una sperimentazione delle sue possibilità espressive. Per comprendere il significato e il valore del film di Léger occorre richiamarsi alla sua poetica di pittore postcubista, al suo bisogno di rimpiazzare il *grande soggetto* con l'*oggetto*. Egli afferma di aver "preso oggetti molto comuni e di averli trasportati sullo schermo, dando loro una mobilità e un ritmo *molto voluti* e molto calcolati". E ancora: "Il fatto di dare *movimento* a uno o più oggetti può renderli plastici. C'è inoltre il fatto di realizzare un avvenimento plastico bello in se, senza essere obbligati a cercare ciò che rappresenta". L'animazione del film non è un semplice *collage* quindi, ma evidenzia la plasticità e il dinamismo degli oggetti.

Nota VI - L'avvento del sonoro

L'uscita di *The jazz singer* di Alan Crossland (1927) segnò una tappa fondamentale nella storia del cinema. Se l'avvento del sonoro fu una svolta nello sviluppo del cinema "dal vero", sollevando una serie di problemi che non trovarono subito delle soluzioni, di contro non modificò la struttura formale del cinema d'animazione, soprattutto quello di serie che era costruito su ritmi narrativi e sviluppi tematici non molto dissimili da quelli musicali. La parola, la musica e il rumore vi si aggiunsero senza mutarne i caratteri presenti sin dagli inizi, semmai sottolineandone e mettendone in rilievo certi particolari.

Lo sviluppo del disegno animato americano è strettamente collegato, ancor più che negli anni venti, all'industria del fumetto, alla letteratura infantile e alla produzione dei giocattoli. E non fu soltanto Disney a utilizzare i diversi canali commerciali per propagandare la propria "merce". Gli eroi, le favole, i personaggi dei film d'animazione si ritrovavano sulle pagine dei giornali per l'infanzia, sugli albi di fumetti, sono trasformati in giocattoli, in simboli. L'industria del divertimento infantile ruotava attorno a quella dell'animazione e la capillare penetrazione dei prodotti dell'una e dell'altra, non faceva che accrescere un fenomeno che da industriale e commerciale, diventava con sempre maggiore convinzione sociale e culturale.

Nel giro di pochi anni il cinema d'animazione americano, seguendo a distanza le sorti del cinema dal vero, spostò la propria base d'operazioni da New York a Hollywood. Ogni *major company* ebbe la sua serie animata da distribuire assieme ai propri lungometraggi con attori. Per lo più si trattò di contratti di distribuzione con cui venivano vincolate le piccole case produttrici di disegni animati; a volte la casa madre stessa apriva una sezione animazione, come fece la Metro Goldwyn Mayer nel 1937. Col tempo il cinema "maggiore" influenzerà in maniera notevole il cinema d'animazione, tanto che l'idea di magia costantemente perseguita per tutti gli anni '10 e '20 svanì di colpo: il *cartoon* divenne un *film*, non più il caso mirabolante di un disegno che si muoveva sotto gli occhi dell'artista-demiurgo. Seguendo le regole dell'industria dei sogni californiana, anche il disegno animato puntò sullo *star system*, con la creazione di personaggi accattivanti, ma fu anche una corsa al colore, alla musica, alla profondità di campo, a un'animazione sontuosa. Solo nel dopoguerra, a parte qualche accenno della Screen Gems produttrice di serie come *Krazy the cat*, i valori formali, figurativi e coloristici avrebbero ripreso il sopravvento, nella produzione dell'UPA. Lo stile visivo, a sua volta, perdette quell'impronta "grafica" e fortemente "artigianale" che era stata il suo marchio distintivo. Movimenti di macchina, inquadrature, montaggio, tendevano a somigliare a quelli del cinema dal vero. Le trovate comiche scaturirono sempre più dalle situazioni e dagli incidenti, a scapito delle metamorfosi o delle improvvise attivazioni di oggetti inanimati. Si apre il nuovo capitolo della *slapstick comedy*, con Donald Duck e Bugs Bunny, al posto di Charlie Chaplin e Buster Keaton; i tempi dei campanili che si rannicchiavano al passaggio di un aereo, degli alluci che, al suono del flauto, diventano ballerine, erano definitivamente tramontati.

Sotto l'impulso della Disney, la produzione venne razionalizzata all'interno delle aziende. Tutte le caratteristiche principali dei personaggi, la figura, le dimensioni, i gesti, erano calcolati e predefiniti all'interno di un *model sheet*, cioè un foglio di istruzioni che serviva da modello per ogni animatore e per ogni regista. In produzione venivano istituiti diversi gruppi di lavoro, ognuno guidato da un regista, e separatamente da questi operavano i gruppi che producevano i soggetti e le trovate comiche. La tecnica più utilizzata è stata l'animazione su rodovetro (*cel animation*), che permetteva un lavoro molto parcellizzato, con la suddivisione dei compiti fra regista, scenografo, capo animatore, animatore, intercalatore (che eseguiva i disegni intermedi fra le pose chiavi disegnati dall'animatore), reparti di coloritura e lucidatura. La tecnica dell'intercalazione, detta *inbetweening*, rispondeva alla necessità di preordinare ogni movimento, diminuendo le possibilità di improvvisare durante la realizzazione. L'altro sistema, utilizzato fin dagli albori dell'animazione, ovvero l'invenzione della sequenza durante il lavoro stesso dell'animazione, detta *straigh-ahead*, venne messa da parte.

L'animazione americana, fino ai primi anni '30, rimane legata al modello attrazionale e presenta anche una serie di punti di contatto, consapevolmente o meno, con il percorso delle avanguardie storiche. Nei *cartoons* troviamo ad esempio una sostanziale svalutazione della parola, ridotta spesso a semplice verso inarticolato (Donald Duck, Kenny di South Park, fino ai Minions); inoltre c'è un utilizzo anti-mimetico del suono, che giunge sino all'impossibilità di distinguere in maniera netta tra musica e rumori, tra piano diegetico e piano extradiegetico. Il suono sarà pure in sincrono con le immagini, ma spesso si tratta di soluzioni assolutamente stranianti: melodie che escono dalla bocca di capre, mucche, ragazze che parlano in *grammelot*, mostri che emettono versi che sono parte della colonna sonora. Lo scarto, il salto che conduce i *cartoons* verso l'omologazione al *pattern* istituzionale avviene poco dopo, con l'uscita di *Biancaneve e i sette nani* nel 1937, quando per la prima volta un *cartoon* riesce a fare concorrenza diretta ai film dal vero.

Nasce il mito di Walt Disney

Il "terzo periodo" del cinema d'animazione include gli anni in cui Walt Disney dominava l'industria dell'animazione, con opere acclamate dalla critica e amate dal pubblico in tutto il mondo (l'età dell'oro della Disney va dal 1928 fino al 1951).

Disney sulla nascita di Topolino: "Dovevamo sfornare tanti metri di pellicola e quindi non potevamo permetterci un personaggio difficile da disegnare. La testa era un circolo e il muso oblungo. Non si volevano fare zampe da topo, perché doveva essere umanizzato e gli mettemmo i guanti. Cinque dita ci parvero troppe per un esserino così piccolo e gliele levammo uno. Era un dito in meno da animare. Per dargli qualcosa di particolare, gli mettemmo i calzoncini a due bottoni. Non aveva pelo di topo o altri impicci che rallentassero l'animazione." Il pubblico ci vide taluni aspetti, forse i più intimi e inconsci, della propria personalità collettiva. Non si possono poi trascurare quelle qualità più propriamente cinematografiche, di ritmo, di composizione, di montaggio visivo-sonoro, che Disney e i suoi collaboratori ebbero in grande misura, su un piano decisamente superiore, rispetto gli altri artisti dell'animazione.

L'invenzione dello storyboard

Riguardo il primo cortometraggio animato sonoro, *Steamboat Willie* (1928), nessuno nello studio aveva competenze musicali. Les Clark ricorda: *"Dividemmo gli effetti sonori così da ottenere un accento ogni 8 fotogrammi oppure ogni 12 e su quel fotogramma si metteva l'accento su quanto stava accadendo, un colpo di testa, un passo o qualcosa di importante."* A questo punto bisogna obbligatoriamente affiancare alla sceneggiatura gli schizzi delle scene, per sapere dove intervenire e inserire i suoni. E' il primo passo verso una concezione dello storyboard. La necessità di un lavoro d'équipe però, il bisogno di intervenire per sottrarre disegni e aggiungere scene, rende difficile ogni intervento su un supporto rigido come questo. I disegni inadeguati per dimensione sono un ostacolo alle necessarie modifiche che lo stesso Disney opera continuamente sui suoi prodotti. Ricorda lo stesso Disney: *"Eravamo nell'ufficio di Webb Smith e lui aveva schizzato la sequenza per un cortometraggio, quella di Pluto che inseguiva un bruco su fogli di carta. Erano sparsi per la stanza, sulla scrivania, sul pavimento, dappertutto. Era troppo difficile seguirli e decidemmo di attaccarle al muro tutti i disegni, in ordine. Quello fu il primo storyboard."* Una soluzione semplice ed efficace che facilita la possibilità di spostare a piacimento disegni, essere agevolmente sostituiti, permettendo le più svariate possibilità di scelta dell'inquadratura. La presentazione a parete restituisce inoltre una visione globale dell'intero prodotto e più professionisti possono intervenire contemporaneamente su quell'unico supporto.

Ogni storyboard è composto da circa sessanta disegni schizzati di getto su fogli separati, in bianco e nero, senza sfondi per vederli da lontano, il colore è utilizzato solo se necessario. In media per un cortometraggio si prevedono tre storyboard, mentre per i lungometraggi ne servono venticinque o più. L'introduzione dello storyboard nel 1927 da parte degli Studios Disney diventa uno standard della pre-produzione americana, e non solo nel cinema d'animazione, unendo in un unico percorso immagine, suono e caratterizzazione del personaggio. Ai suoi albori, il cinema è una tecnica molto semplice, gli attori o il soggetto da riprendere si posizionano davanti a una cinepresa fissa con una inquadratura del tutto simile a quella del boccascena teatrale, tecnica che si evolve fino a raggiungere quel complesso di regole e convenzioni che definivamo linguaggio cinematografico, composto da una varietà di inquadrature, dal rapporto immagine-suono e dal montaggio. A questo punto bisogna articolare su una stessa linea temporale tutte le informazioni utili; si sviluppano così tre percorsi paralleli: il primo, già sperimentato nei fumetti, è quello di un insieme di disegni disposti in sequenza, il secondo è la traccia sonora che deve sincronizzare il disegno, i rumori, la musica e le voci; il terzo è costituito da un insieme di segni convenzionali che sintetizzano il movimento di macchina.

Con lo storyboard si afferma la figura del *concept artist*, una figura professionale che suggerisce, con il solo utilizzo delle immagini, tutto quell'insieme di emozioni, atmosfere, ambienti che nessun testo potrebbe esaurire meglio di uno schizzo. Il primo fu l'illustratore svizzero Albert Hurter che inizia la sua avventura negli Studios Disney con *I tre porcellini*, per affermarsi poi con *Biancaneve e i sette nani*.

I *manga* giapponesi come linguaggio sono molto vicini allo storyboard: le inquadrature cinematografiche, la caratterizzazione dei personaggi e lo sviluppo delle storie hanno un'impronta decisamente dinamica, il procedere narrativo non è mai statico. Se il fumetto occidentale deriva da un'arte figurativa sequenziale, che attraverso la lanterna magica diventa cinema, il *manga* viceversa dall'estetica cinematografica degli anni '40 torna alla dimensione cartacea, per poi raggiungere la sua compiutezza attraverso la trasposizione in cartone animato.

Lo standard Disney conquista il pubblico

Disney comincia a mietere successi di pubblico con la produzione di serie come Michey Mouse (113 episodi, 1928-1942; il primo fu *Plane crazy* che si ispirava al volo oceanico di Lindberg dell'anno precedente; *Steamboat Willie* fu il primo Topolino "sonoro", costruito sugli effetti comici che scaturivano dall'accoppiamento degli oggetti a questo o a quello strumento musicale, che testimoniava l'interesse spettacolare insito nel disegno animato disneyano, ormai esteticamente maturo); da citare i successivi *Il programma della fattoria* (1931) e *Il concerto bandistico* (1935), la prima animazione di Disney a colori, *Fiori e alberi* (1932) e *I tre piccoli porcellini* (1933), che apre nuove frontiere nella caratterizzazione dei personaggi. E' con *Silly Symphonies* (69 film, 1930-1939) che gli studi Disney entrano nel loro periodo di maggior fioritura tecnico-artistica. Negli anni seguenti nascono altre serie come *Donald Duck* (dal 1937), *Pluto* (dal 1937), *Goofy* (1940), dove i temi e i soggetti, così come i modi della rappresentazione, si identificano sempre più con la società da cui nascono e alla quale si rivolgono. Paperino debutta in realtà già nel 1934 in *La gallinella saggia*, un episodio delle *Silly Symphony*; faceva la parte del fannullone che dava dispiacere alla gallinella, per diventare poi il protagonista insieme a Topolino in un episodio della serie Mickey Mouse, dal titolo *Orphan's Benefis*, dove viene ridisegnato nella forma che diverrà quella definitiva. Paperino diventa molto popolare e la sua serie si rivelerà la più prolifica, contando dei piccoli capolavori come *Il giorno fortunato di Paperino* (1939), *Paperino e l'appuntamento* (1940), *Sogni d'oro Paperino* (1941), *Una giornata sbagliata* (1944), *Paperino e la pazienza* (1945), *Il dilemma di Paperino* (1947), *Paperino in tribunale* (1948) o *Il diario di Paperino* (1954); nel periodo della seconda guerra mondiale vengono prodotti corti di propaganda a tema bellico come *Der Fuehrer's Face* (1943), che vinse l'Oscar. L'unico in grado di contrastare Topolino, il personaggio di Paperino interpreta poi ben quattro lungometraggi, *Il drago ritultante, Saludas Amigos, I tre caballeros,*

Svago e fantasia gratis, a dimostrazione del fatto che è, tra i personaggi Disney, quello più versatile. La sua caratteristica principale è la voce, dal timbro un po' stridulo e quell'idea venne a Walt Disney ascoltando le imitazioni radiofoniche di Clarence Nash.

Una tendenza alla rappresentazione realistica, che distinguerà Disney dagli altri "animatori" e che troverà la più ampia e tecnicamente perfetta applicazione nei lungometraggi, a partire dal 1937 con *Biancaneve e i sette nani*. E sarà proprio questo lavoro che trasformerà la casa cinematografica di Disney come tra le più efficienti e solide industrie di Hollywood. *Biancaneve* fu ridisegnato cinque volte, per ottenere quel realismo figurativo che Disney ricercava: "gli animatori utilizzarono modelli di cera plastica per essere sicuri che le loro piccole figure umane fossero il più possibile esatte, di poter osservare i loro personaggi sotto tutti gli angoli." Il realismo delle scene veniva poi dato dalla nuova invenzione in casa Disney, quella *multiplane camera* già sperimentata nel coevo *Il vecchio mulino* (1937). La fiaba dei Grimm non fornisce che un'esile traccia e conteneva pochi elementi drammatico e nessuno comico grottesco, nel cui registro Disney aveva ottenuto i risultati migliori. La riuscita del film si dovette essenzialmente alla creazione dei dei sette nani, psicologicamente e figurativamente individuati, e al loro rapporto, sia comico e sia drammatico, con la figura della protagonista Biancaneve e con tutto l'ambiente circostante.

La prima *Silly Symphony* a essere prodotta in casa Disney fu *The skeleton dance* (1930) realizzata da Ub Iwerks sul tema musicale di Carl Stallings. La serie nacque per permettere agli animatori una maggiore libertà artistica e sperimentazione formale. Col tempo però divenne una pura commercializzazione delle ricerche formali dell'avanguardia e affermandosi presso il grande pubblico, smarriva le sue ragioni di fondo diventando sempre più un gioco gratuito. Su questa strada, l'opera di Disney si avvierà verso un "cattivo gusto" che condizionerà la sua produzione, influenzando per anni l'orientamento del cinema d'animazione mondiale e provocandone la sua involuzione estetica.

Biancaneve e i sette nani rappresenta un punto di non ritorno, il momento finale del processo di assimilazione del modello classico da parte del disegno animato, messo in atto nel corso degli anni '30 e al contempo l'inizio di una nuova fase, in cui Disney si insedia stabilmente nel territorio del lungometraggio. Le incursioni dei Fleischer in questo settore, *Gulliver's Travels*, 1939 e *Mr. Bug Goes to Town* non sono particolarmente fortunate, mentre gli altri concorrenti MGM e Warner, non fanno neppure un tentativo. *Biancaneve e i sette nani* si pone materialmente, sotto il profilo della lunghezza, sullo stesso piano dei film dal vero e ne finisce per assimilarne le caratteristiche: la presenza di una storia "forte", articolata in precisi nessi logico-causali; dei personaggi disegnati in modo realistico e caratterizzati psicologicamente; uno spazio tridimendsionale "esplorato" dalla MDP con movimenti analoghi a quelli del *live action* e selezionato dal montaggio. Insomma, niente di più lontano da quel cinema delle attrazioni che tanta parte aveva avuto nello sviluppo dell'animazione americana dei primissimi anni.

I "Nine Old Men" della Disney furono un gruppo informale creatosi all'inizio degli anni '50 e costituito da disegnatori; erano: Eric Larson, Yes Clark, Milton Kahl, Wolfgang Reitherman, John Loundsbery, Frank Thomas, Marc Davis, Ollie Johnston e Ward Kimball. E furono Thomas e Johnston a redigere e diffondere nel libro Disney Animation: *The Illusion of Life* (1981), i trucchi del mestiere nati in quel momento unico che coincise con la creazione di *Biancaneve e i sette nani*. Le regole individuate e descritte da due disegnatori erano dodici: 1) schiaccia e allunga; 2) anticipazione; 3) messa in scena; 4) azione consecutiva e posa per posa; 5) azione per inerzia e azione conseguente; 6) inizio e fine rallentati; 7) archi; 8) azione secondaria; 9) tempismo; 10) enfatizzazione; 11) disegno dei solidi; 12) fascino. Gli innovatori che identificarono e codificarono i principi era stato il gruppo che aveva preceduto e formato i Nine Old Men, cioè Ub Iwerks, Norman Ferguson, Fred Moore, Hamilton Luske, Grim Natwick, Dick Lundy, Richard Huemer, Art Babbit, Vladimir Tytla e Walt Disney. Donald Wilkinson Graham fu invece l'uomo che insegnò a tutti l'arte dell'animazione; nel 1932 sviluppò insieme a Walt

Disney il nuovo approccio stilistico all'animazione che condusse a *Biancaneve* e al concetto di "impossibile plausibile". Continuò a collaborare in modo intermittente con Disney fino al 1955, proseguendo la sua attività di insegnante di altri animatori; la sua straordinaria eredità sopravvive nel suo unico libro, *Compositing Pictures, Still and Moving* (1970).

La svolta di Disney verso la riproduzione della realtà provocò duri attacchi, da parte di chi aveva amato l'inventiva e la creatività dei primi *cartoons* di Disney e vedeva in *Biancaneve e i sette nani* una rinuncia alle potenzialità dell'animazione a favore di una piatta imitazione del *live action*. La scena iniziale del film è sufficiente a mostrare quanto tutto sia omogeneo al pattern del cinema dal vero: ambientazioni, movimenti di macchina, montaggio, sono profondamente permeati dalla logica del *live action*. Il lessico corrisponde alle convenzioni del genere cinematografico cui rimandano le prime immagini, il film in costume (il medioevo fantastico, in linea con la tradizione hollywoodiana delle scenografie dei grandi kolossal). Ma è anche vero che il film presenta una serie di elementi estranei a quel modello e recuperati da quello del *musical*: numeri di ballo e canto rappresentano una pausa nello sviluppo del racconto, un scetck autonomo, che in qualche modo fa corpo a sé ed è così che rimane in vita la vecchia logica delle attrazioni. Altri elementi dissonanti al realismo delle scenografie e dalle figure di Biancaneve, del principe e della regina sono rappresentati dai nani e dalla strega che hanno invece le fattezze grottesche tipiche degli eroi dei *cartoons* degli anni '30, per alimentare un dualismo di personaggi e caratterizzazioni che sarà presente in molti dei successivi film Disney: i personaggi principali, quelli a cui il pubblico è chiamato a identificarsi, hanno un aspetto e un comportamento "verosimile", in linea con le fattezze e il modo di muoversi dell'uomo; i personaggi secondari invece possono permettersi di ignorare le leggi dell'universo fisico e seguire dei comportamenti "inusuali".

L'arte dei cartoni animati

Dick Huemer, animatore di *Mutt e Jeff*, per Raul Barry: "Le trovate erano primitive e crude, e c'era sempre un personaggio che ne buscava a un altro." Ted Sears, altro animatore che lavora per Raul Barry: "I primi animatori non pensavano a sfidare la forza di gravità, fu una scoperta casuale di Albert Hurter; quando l'animatore si dimenticò di includere la *cel* con la ringhiera (era un'avventura alpina e mostrava Mutt appoggiato a una ringhiera accanto a un profondo precipizio). La legge di gravità fu subito violata in ogni studio di New York, i personaggi ebbero la possibilità di camminare nell'aria, sull'acqua, sui soffitti, sulle nuvole e sulle pareti dei grattacieli, e la sfruttarono." Le migliori trovate nascevano da errori, ciò non toglie che, come abbiamo visto, presto nasce l'esigenza di "controllare" passo dopo passo, negli minimi dettagli, tutto lo sviluppo narrativo che sostiene l'animazione. Viene ideato così lo strumento del storyboard.

Di solito in uno storyboard ci sono 60 disegni: 3 storyboard poi sono necessari per un cortometraggio e 25 e più per un lungometraggio. Nel 1931 Walt Disney aprì un reparto soggetti e lo affidò a Ted Sears dicendogli: "Se vogliamo delle storie migliori, dobbiamo dividere le responsabilità fra gli ideatori delle trame e i realizzatori. D'ora in poi voglio che tu ti concentri sull'elaborazione dei soggetti". L'ideazione delle trame era una cosa semplice ai primi tempi: Walt e Ub Iwerks inventavano le trame usando gli spunti comici raccolti da Roy Disney; Ub faceva degli schizzi dell'azione; Walt lavorava con Carl Stallings per sincronizzare la musica, e poi scriveva a macchina il dialogo sotto ogni disegno, che venivano passati agli animatori esperti. Quando lo studio si allargò e il personale aumentò, così come la complessità della produzione, questi metodi non furono più sostenibili.

"Nella narrazione di una storia ogni cosa deve collegarsi a una esperienza umana. Quasi tutti i nostri ideatori di storie hanno cominciato come animatori, quindi pensano e raccontano nella modalità di cartoni animati. Il dialogo è molto sobrio, per noi l'importante è quello che i personaggi fanno, non quello che dicono", commentava il soggettivista Winston Hibler. Le sequenze più difficili sono quelle in cui bisogna affrontare un punto vitale della trama. Dirà lo stesso Disney: "Finché un personaggio non ha una personalità ben definita, nessuno gli crede. Può anche fare cose buffe, interessanti, ma se il pubblico non riesce a identificarsi le sue azioni appariranno irreali e le sue storie non vere".

All'attenzione verso un maggiore sviluppo e interesse della personalità dei nuovi personaggi da animare, si contrappone per motivi produttivi la semplificazione dei tratti grafici che li definivano. "Il modo più rapido per disegnare un personaggio era di usare i circoli: testa rotonda, occhi e naso rotondi, corpo rotondo; non c'era da preoccuparsi degli angoli, in qualunque modo si muovesse il personaggio poteva sempre essere rappresentato da tratti circolari. Braccia e gambe si muovevano come tubi di gomma, non c'erano gomiti, ginocchi o polsi ad intralciare gli animatori.", diceva lo stesso Disney. Ecco quindi definirsi due figure chiave per la produzione e la realizzazione di un buon prodotto d'animazione: lo sceneggiatore e l'animatore.

Sceneggiatore. Da lui dipende l'aspetto di un film, fa muovere i personaggi, decide in che modi vanno fotografati, affinché la narrazione abbia la maggior chiarezza possibile. Deve conoscer le angolazioni della macchine, deve avere idee in fatto di elementi scenografici. Deve intendersi di colore, di come si possa usarlo dinamicamente, affinché i personaggi non si confondano, né stonino con gli sfondi. Lui e il regista si consultano di continuo, analizzando gli storyboard, discutendo su come suddividere l'azione in singole scene, per dare la giusta efficacia narrativa.

Animatori. Si interessano a tutta la vita, a come la gente reagisce, a come si diverte, a come cammina, a come gesticola. Hanno tutti, in comune, un vivo gusto per l'umorismo e una propensione alle cose fatte bene. In genere sanno come animare, il grande problema è cosa animare. Servono quelli che abbiano le idee. Secondo Ward Kimball (animatore, creatore del Grillo Parlante in *Pinocchio*, dei corvi in *Dumbo*, del gatto Lucifero e dei topini in *Cenerentola*, del Cappellaio Matto e lo Stregatto in *Alice nel paese delle meraviglie*), l'ideale si ha quando in fase di storyboard, il regista, l'animatore e lo sceneggiatore si consultano sul meccanismo della scena: come scomporla?, quando occorrono le panoramiche?, come far entrare e uscire di campo i personaggi? All'animatore viene data una rudimentale sceneggiatura/storyboard che gli mostra l'estensione del fondo, le dimensioni dei personaggi e degli elementi scenici, gli estremi tra cui i personaggi si muovono, e in più un foglio di lavoro che indica, fotogramma per fotogramma, la durata dell'azione e del dialogo.

Walt istituì il reparto animazione degli effetti speciali dopo il 1930, quando capì di dover affinare i suoi strumenti per poter raccontare le storie che aveva in mente. Una matita non poteva bastare a fare tutto; molte cose, come una goccia d'acqua o un cataclisma tellurico, richiedevano una tecnica speciale. I ricercatori dello studio si misero all'opera e sperimentarono con celluloide colorata, con obiettivi sfocati, riprese attraverso vetri ghiacciati o ondulati, ecc. Molte delle loro scoperte erano semplici e tutti miravano a una forma più verosimile e appassionata di narrazione; lo sviluppo della *multiplane camera* segnò un grande passo avanti per l'animazione degli effetti, per la separazione delle azioni o degli sfondi. Il campo di prova per le scoperte fatte fu *Il vecchio mulino* (1937) della serie Silly Symphony, dove gli animatori degli effetti vi avevano buttato dentro tutte le loro risorse: fulmini, pioggia, onde, nuvole, raggi di sole, bagliori di lucciole; il film vinse poi l'Oscar. Con questo lavoro Walt Disney ebbe la certezza che l'industria dell'animazione era ormai matura per la durata più lunga. L'efficacia di Biancaneve fu in parte dovuta alla buona riuscita degli effetti: il luccichio dei gioielli gemma nella miniera, la preparazione del decotto della strega, le bolle di sapone nella scena del bucato e altri usi fantasiosi. Gli effetti raggiunsero poi il culmine con *Pinocchio* e *Fantasia*. Come afferma Dan MacManus, "il nostro compito è di presentare le cose in modo irreale, per farle sembrare reali; se uno disegnasse una grande colonna di fuoco come realmente è, non sembrerebbe vera, bisogna crearla come l'occhio suppone debba essere." Ci fa osservare che il lampo non è convincente se viene disegnato proprio come risulta dalla fotografia, ma esagerandone il tracciato e riempiendo lo schermo di fotogrammi bianchi intermittenti, l'animatore degli effetti rende il suo lampo molto più impressionante di quello della natura.

John Meador, anche lui del reparto effetti speciali, lavorò a *Fantasia*, per le bolle di fango primordiale ed è ricordato per le bolle di sapone in *Biancaneve* e in *Cenerentola*, dove le bolle furono colorate in tinte neutre e fotografate con un disco multicolore sull'obiettivo. La pioggia che si vede nei cartoni animati a volte è realmente acqua: viene usata col rallentatore una ripresa di pioggia e per creare la profondità, due spruzzi d'acqua fotografati su fondo nero vengono sovra-impressi alla pellicola. Per la neve è lo stesso: si tratta di fiocchi di granoturco imbiancati e fotografati contro un fondale nero.

Ciò che l'animatore principiante deve sapere. Ecco i requisiti che lo studio Disney sperava di trovare in un neo animatore: 1) una buona mano per il disegno; 2) una produzione feconda; 3) cura ai particolari; 4) senso della caricatura; 5) il gusto è importantissimo. Fred Moore (*I tre piccoli porcellini*), teneva sul suo banco una scritta: ATTRAZIONE. Era la meta a cui mirava sempre; non importa nulla che una figura animata sia carina, buffa, o divertente; se non attrae è una figura mancata. E poi bisogna tener sempre a mente che ogni disegno rappresenta una figura in azione; questo elemento è spesso il più difficile da comprendere: nell'animazione si disegnano figure in movimento. Walt Disney mandò i suoi animatori ai corsi serali alla Chouinard Art School di Los Angeles e in seguito fu organizzata sul posto una scuola d'arte, con Don Graham. Gli animatori studiarono l'anatomia in corsi di nudo e presero lezioni di psicologia del colore e analisi dell'azione. Impararono in che modo una palla rimbalza e come un spruzzo d'acqua schizza, e studiarono a fondo la struttura degli animali. Dice Ub Iwerks: "noi, primi animatori, non eravamo veramente degli artisti; sapevamo far muovere le figure, eravamo bravi nella parte comica, ma non eravamo artisti." Walt, oltre al disegno, insisteva sul migliorare il movimento, a non pensare solo alle pose chiavi ma anche a tutti i disegni che li precedono e seguono. L'animazione è lo svolgersi di un'azione.

Sulla recitazione dei personaggi Ward Kimball dice: "Somiglia a quella del melodramma; molto viene espresso attraverso gesti, che devono avere lo stesso significato in tutto il mondo; lo studio aveva un elenco di gesti da evitare, perché hanno un brutto significato in certe nazioni. Gli animatori si divertono soprattutto con i personaggi che non hanno un'esatta analogia con gli esseri umani. Per la ripresa dal vero come ausilio dell'animazione, bisogna interpretare una scena, con carta e matita. Più l'azione è rapida e violenta, maggiore sarà il numero di disegni, perché occorrono molte pose.

L'animatore lavora su un piano inclinato ad un angolo di 45°; al centro di questo piano c'è un ampio cerchio metallico che può ruotare per mostrare il disegno da qualsiasi angolo; dentro il cerchio vi è un rettangolo di vetro illuminato dal basso. Questo permette all'animatore di mettere più disegni su uno sfondo e vedere come si combineranno sullo schermo.Disegna su carta di grana media, 60 gr., abbastanza sottile da essere semitrasparente. In fondo al foglio vi sono due fori oblunghi e uno rotondo, equidistanti. Corrispondono ai gancetti che si trovano sul piano, e che sono uguali in tutto lo studio, garantendo che il disegno si troverà sempre nella stessa posizione nel reparto dell'inchiostratura e della colorazione, su celluloide e poi sotto la cinepresa.

I primi bozzetti vengono fotografati e messi insieme in modo da decidere se occorrono altre pose. Si passa poi alla fase del *clean-up*, che dà alle linee la loro forma definitiva. Nel passo successivo, il *breakdown man* (scompositore), un artista crea i disegni intermedi fra le *pose chiavi:* può trattarsi di uno o più disegni, a seconda della velocità dell'azione. L'*in-betweener* (intercalatore), riempie i vuoti lasciati da *breakdown man*, completando i sedici fotogrammi minimi necessari per secondo. Quando il lavoro degli animatori, capo, assistenti e intercalatori, è pronto viene passato alla sezione inchiostro e colore, dopo di che il lavoro passa al reparto regia per le riprese a "scatto singolo".

L'antidivismo dei Fleischer

Nella misura in cui i personaggi disneyani rappresentavano le aspirazioni di un paese in un quel periodo della storia, l'antidivismo di Dave e Max Fleischer significò da un lato il capovolgimento grottesco e satirico del cinema disneyano, dall'altro il sorgere nella società americana degli anni trenta di nuovi miti sociali e di nuove esigenze politiche. Il personaggio di Popeye the Sailor, noto da prima attraverso le strisce di Elzie Crisler Segar, con i Fleischer (231 titoli prodotti tra 1933-1957) diventò più popolare di Topolino. I due personaggi furono negli anni trenta i rappresentanti di due differenti miti sociali, i simboli delle due facce dell'America tra depressione economica e seconda guerra mondiale. Il personaggio di Fleischer si contrapponeva a quello di Disney per il segno grafico, nei caratteri umani e sociali, negli atteggiamenti e ai canoni hollywoodiani a cui si rifaceva in buona misura Disney. E ciò è rilevabile anche nello stile dello spettacolo, molto più rozzo, volgare, violento, molto antiestetico nei Fleischer rispetto a quello Disney, tutto attento invece alla levigatezza formale, al disegno aggraziato e ai colori tenui. Quando già il colore era ampiamente diffuso nel cinema d'animazione di consumo, i fratelli Fleischer continuarono la loro produzione in bianco e nero accentuando, al di là dell'aspetto finanziario, il carattere aspro e graffiante della loro arte.

Una coesistenza di impetuosa crescita e di noncuranza stilistica e organizzativa aveva seguito lo sviluppo dei Fleischer Studios. Nonostante la fama raggiunta dai suoi personaggi, come Betty Boop e Popeye, la struttura interna dello studio continuò a far affidamento più all'improvvisazione che alla pianificazione; non vi fu mai un vero *story department*, erano gli animatori a inventarsi storie e gag, alimentati e stimolati direttamente dallo stesso Dave Fleischer. Le fisionomie di personaggi come Betty Boop o Bimbo mutarono senza una precisa ragione di continuo, dal 1930 al 1932, finché non furono definite in un *model sheet*. I primi 120 episodi della serie *Popeye the Sailor*, fino al 1943, sono tutti in bianco e nero, e sviluppano sino alla saturazione ogni situazione comica o drammatica, narrativa o ambientale, che consentiva lo scontro fisico e morale dei personaggi. Il tema è molto semplice: la forza bruta del suo abituale antagonista Bruto, è l'elemento spettacolare attorno al quale ruotano i vari motivi drammatici. La vittoria finale del protagonista, col risvolto ironico della scatola di spinaci identificata come un vero *deus ex machina*, che quindi mina alla base la forza e il coraggio dell'eroe, non è che una chiusa più o meno obbligata di una storia ininterrotta, suddivisa per comodità in episodi, dell'uomo e del suo mondo: una storia che vede il singolo oppresso dalla società, dalle convenzioni, dai soprusi, dalla violenza, costretto a vivere in un mondo che non è il proprio, in mezzo a una umanità sgradevole, aggressiva ed egoista. Il grande successo del personaggio spinse i fratelli Fleischer a produrre tre mediometraggi a colori: *Popeye the Sailor meet Sinbad the Sailor* (1936), *Popeye the Sailor meet Ali Baba's Forty Thieves* (1937) e *Aladdin and His Wonderful Lamp* (1939), con cui ci fu un progressivo ingentilimento del personaggio per mano di Jack Mecer, che inventò anche la parlata bofonchiante di Popeye. Siamo negli anni del trionfo di *Biancaneve* di Disney, della perfezione tecnica del disegno animato a colori, del "realismo" e della rappresentazione e i fratelli Fleischer realizzano *Gulliver's travels* (1939), impresa buona sul piano commerciale, non altrettanto sul piano artistico.

Betty Boop (65 episodi, 1933-1939), è stato il primo personaggio esplicitamente erotico, costruito secondo le regole del *sex appeal* hollywoodiano. La sua prima apparizione, ancora disegnata come un barboncino antropomorfizzato, è del 1930 nell'episodio *Dizzy Dishes* nella serie *Talkartoons* (42 episodi, 1929-1932). Più che mostrarla come eroina in avventure, in storie comiche o drammatiche, la si presentava come diva, cantante, ballerina, che suscitava i desideri e le brame dei personaggi minori che la circondavano. Le storie erano costruite esclusivamente su di lei: le situazioni, gli ambienti, le storie, drammaticamente molto deboli, mettevano in luce il carattere provocatorio e conturbante nei suoi differenti aspetti. Il divismo, alla base di Betty Boop, veniva svuotato, capovolto, dissacrato dal carattere chiaramente caricaturale, satirico e grottesco della storia. E' con questo personaggio il cinema dei fratelli Fleischer raggiunge il punto più alto della "contestazione" al sistema, minandone alla base le strutture con il ridicolo, la caricatura. Più in generale, nel cinema d'animazione di serie, il personaggio di Betty Boop rappresenta l'ultimo spiraglio di una indipendenza artistica e culturale; da citare *Minnie the moocher* (1932) e *The Old man of the Mountain* (1933), entrambi "musicati" dal jazz di Cab Calloway, *I'll Be Glad When You're Dead, You Rascal, You* (1932), "musicato" da Loius Armstrong, *Snow White* (1933), *She Wronged Him Right* (1934) e *Poor Cindarella* (1934), l'unica volta di Betty Boop a colori. Dopo, a causa della censura, si "castigarono" i costumi, si resero meno pronunciate le forme e questo portò alla fine del personaggio; l'ultimo *cartoon* fu *Rhythm on the Reservation* (1939). Figlia dei *roaring twenties* e incarnazione del mito della *flapper* (la giovane donna con i capelli corti, liberata dalle costrizioni della morale vittoriana dopo lo sconvolgimento portato dalla grande guerra), versione a disegni animati di Kiki de Montparnasse, Betty Boop rappresenta la sfrenatezza e l'anticonformismo degli anni '20, che ancora sopravvivono agli inizi del decennio successivo.

Nel 1941 i Fleischer produssero la serie *Superman* (17 episodi), basata sul noto supereroe dei fumetti. Il primo corto della serie, *The Man Scientist*, nominato all'Oscar, e il successo della serie non furono però sufficienti a risolvere le difficoltà finanziarie. Dopo frequenti prestiti richiesti alla Paramount, alla fine i fratelli Fleischer dovettero cedere le loro quote dello studio. Erano gli anni in cui il cinema d'animazione americano vive una forte assimilazione dello stile del *live action*, non solo nei confronti della produzione Disney o nell'ambito del lungometraggio: i personaggi di *Superman* sono disegnati in maniera realistica, con una prevalenza di tratti rettilinei, in opposizione alle tradizionali forme tondeggianti del *cartoon*, funzionali alla creazioni di figure di animali o di esseri umani dalle fattezze irrealistiche e "buffe", come il testone di Betty Boop o le braccia di Popeye; Superman/Clark Kent e Lois Lane devono invece apparire come un uomo e una donna "veri". Nel 1941 esce il secondo lungometraggio dei Fleischer, *Mr. Bug goes to town*, conosciuto come *Hoppity goes to town*; lanciato due giorni prima dell'attacco a Pearl Harbor, il film non incassa e contribuisce all'insolvenza dello studio.

Tradizione e novità nel disegno animato di serie

Negli stessi anni in cui Disney e i Fleischer con *Superman* simulavano il *live action*, gli animatori della Warner Bros., della Metro Goldwyn Mayer e della nascente UPA, percorrono strade differenti. Nel 1941 il gruppo di artisti che lascerà gli studi di Disney darà vita all'UPA (United Production of America), segnando la rivolta dichiarata contro il predominio disneyano, ma già da alcuni anni si erano create le condizioni per un cinema d'animazione alternativo che, pur usando gli stessi procedimenti formali, ne capovolgevano l'assunto. Dopo un decennio di imitazione disneyana, Walter Lantz inizia con Andy Panda e soprattutto con Woody Woodpecker una produzione abbastanza originale, con risultati espressivi di un certo valore. Anche Paul Terry prosegue la sua intensa attività di regista e produttore, arricchendo con centinaia di titoli la serie *Terrytoons*. Le maggiori case hollywoodiane distribuiscono film d'animazione o creano i propri reparti per la produzione di disegni animati. Nel 1931 Ub Iwerks, che aveva lavorato a fianco di Walt Disney, passa alla Metro Goldwyn Mayer per la quale realizza la serie *Flip the Frog*, che però non esce dai canoni del cinema ben confezionato, alternando il grazioso al lezioso, in uno stile privo di mordente; in 36 episodi, le avventure della rana Flip non brillano per qualità e sono chiaramente influenzate dai disegni animati disneyani. Successivamente nel 1937 la Metro Goldwyn Mayer chiama Fred Quimby per la supervisione della costruzione dello studio di animazione; Quimby inizia così la sua attività di produttore con la serie *Tom e Jerry*, lasciandola poi alla coppia HannaBarbera, insieme alla serie *Droopy*, proseguita in seguito da Tex Avery.

In quegli stessi anni presso la Warner Bros e la Vitaphone lavorarono artisti dell'animazione che poi si affermarono negli anni '50 con un disegno animato i cui elementi contenutistici e formali uscivano dai canoni alla Disney, senza rinunciare alle regole dello spettacolo popolare e alle caratteristiche dei prodotti di consumo. Erano artisti come Leon Schlesinger, la cui *équipe* realizzò le serie *Looney Tunes* e *Merry Melodies*. Il primo episodio fu *Ride him Bosco* (1933); a Bosco si aggiungeranno negli anni a seguire altri personaggi di notevole successo come Buddy, Porky Pig, Daffy Duck e Bugs Bunny. Proprio sotto la direzione di Schlesinger si formerà la scuola del disegno animato americano antidisneyano, costruito sulla violenza del tratto e sul ritmo sincopato della narrazione, nell'assenza di ogni risvolto moralistico o didascalico della storia e che sarà indicata come la "scuola di Tex Avery", dal nome del suo maggiore e più originale rappresentante. Questa scuola, e quella di altri gruppi di artisti che lavorarono negli anni trenta, tra cui quello formato da Quimby, o quelli capeggiati da Paul Terry e Walter Lantz, daranno i caratteri del disegno animato americano postbellico, da cui usciranno le esperienze più interessanti nel cinema d'animazione di serie.

Si tratta di una vasta produzione che presenta notevoli differenze al suo interno e non solo tra una casa e l'altra, ma anche tra i *cartoons* dei diversi registi che lavorano per la stessa *major*: il Bugs Bunny di Chuck Jones è diverso da quello di Bob Clampett; inoltre si tratta di una produzione che si sviluppa su un lungo arco di tempo, dagli anni '30 agli anni '60, quando gli *animation studios* sono costretti a chiudere con l'emergere della concorrenza della televisione e il conseguente crollo del pubblico nelle sale: realizzare disegni animati, cioè cortometraggi da offrire "in più" ai film dal vero, diviene economicamente impraticabile. Ciò detto, tra le centinaia di *cartoons* della Warner e della MGM è comunque possibile riscontrare tratti comuni: una comicità violenta e ipercinetica, il gusto per le trovate surreali, il sistematico sabotaggio dell'illusione della realtà, la forte presenza di gag a carattere sessuale. Insomma, tutto l'opposto di *Biancaneve e i sette nani*. A confermare la presunta omogeneità, sotto questi aspetti, c'è il fatto che i principali artefici dell'animazione Warner e MGM, ovvero Tex Avery, Chuck Jones, Bob Clampett e Fritz Frelang, rimangono gli stessi per tutto il periodo e passano talvolta da una compagnia all'altra, portando con sé il loro stile.

Bob Clampett

Giovanissimo entra nel team della Harman-Ising Productions ed inizia a lavorare sulle serie *Looney Tunes* e *Merrie Melodies*.

Promosso a regista nel 1937, in quindici anni dirige ben 84 cortometraggi e progetta personaggi come Porky Pig e Titti. Tra i suoi lavori citiamo *Porky in Strambilandia* (1938), *Coal Black and de Sebben Dwarfs* (1943), una parodia "nera" della fiaba dei fratelli Grimm e del film della Disney, uno dei cartoni animati più controversi della Warner e *La grande rapina al salvadanaio* (1946). *A Corny Concerto* (1943) è una parodia di *Fantasia*, in linea con la diffusa tendenza dei *cartoon* della Warner e della MGM di prendere in giro i film della Disney; la struttura non è molto lontano da quella di un cartoon di Felix teh Cat o di Betty Boop, con i "numeri" tenuti insieme da un esile filo narrativo. In seguito Clampett lascia la Warner nel 1946, realizzando poi nel 1949 la serie televisiva di marionette *Time for Beany*, successivamente animata, dal titolo *Tre allegri naviganti* (1962-67).

Frank Tashlin

Durante la sua frammentaria carriera, lavorò ai Fleischer Studios come fattorino, alla Van Beuren Studios come animatore, a Hollywood per Leon Schlesinger presso la Warner, poi con Ub Iwerks, con Schlensiger, Disney, Screen Gems (episodi della serie *Color Rhapsody*, realizzata in Technicolor per la Colombia, come *A Hollywood Detour*), e ancora alla Warner (*Looney Tunes, Merrie Melodies*), per finire a dirigere star come Jerry Lewis in commedie dal "vero". In tutta questa variegata carriera è presente più di un filo conduttore, come l'attitudine a un montaggio veloce, all'inquadratura ricercata, l'ispirazione attinta dallo stile *slapstick* e dai film di Buster Keaton, un punto di vista ironico sulla banalità quotidiana, la predisposizione al pari di Tex Avery a rompere la barriera filmica, coinvolgendo direttamente lo spettatore.

Nota VII - Influenze dall'Europa

In questi anni, gli anni '30 del Novecento, in Europa si sviluppa un cinema d'animazione pubblicitario, che permette il formarsi di piccole *équipes* di artisti e di tecnici che in seguito formeranno gli studi d'animazione da cui usciranno i nuovi disegni animati europei. *La joie de vivre* (1934) di Anthony Gross e Hector Hoppin si pone su di un piano di assoluta originalità, sia per il gusto raffinato delle immagini, sia per il tema inconsueto nella duplicità tra il balletto classico e la rappresentazione realistica contemporanea della città. Il segno grafico riflette il doppio carattere del film e si ispira alle illustrazioni di moda degli anni venti e alla raffinata esperienza pittorica di Matisse e Léger.

La lezione dell'avanguardia storica

In Germania, dopo la presa del potere da parte di Hitler, la produzione del cinema d'animazione continuò, sia nel campo pubblicitario sia in quello educativo, con qualche episodio in quello spettacolare, ma scarsi sono i dati arrivati a noi su quel periodo (1933-1945), così come i film sopravvissuti a quegli anni; tra le personalità più attive citiamo Hans Fischerkoesen, Ferdinand Diehl, Hans Held e Wolfgang Kaskeline.

Per il resto, mentre il cinema europeo assorbiva in linea di massima la lezione disneyana, cercando di raggiungere il successo di pubblico, l'animazione "sperimentale" di stampo europeo sbarcava negli Stati Uniti, trovando spazio nel cinema indipendente e anticonformista. Quando Oskar Fischinger si trasferì a Los Angeles a metà degli anni '30, l'animazione astratta trovò in America un nuovo terreno fertile, ponendo le basi di quel cinema *underground* che raggiunse a partire dal 1960, anno di fondazione del New American Cinema Group, un pubblico più vasto.

Il cinema astratto, sviluppato sulla scia dei lavori di Eggeling, Richter, Ruttmann, Fischinger, e proseguito poi in altra direzione da Len Lye, ebbe in seguito i maggiori cultori in Norman Mc Laren e nei fratelli John e James Whitey. La ricerca del movimento da dare a linee, forme e colori che la pittura non poteva che raffigurare in termini statici, interessava parecchi artisti intenti a "sfruttare" il cinema d'animazione non solo per la definizione e il controllo dell'immagine, ma anche per la determinazione del movimento e per ottenere nuovi risultati dinamici.

Mary Ellen Bute, in collaborazione con il marito Ted Nemeth, realizza una serie di film d'animazione astratti che si ispiravano alle opere di Fischinger. *Rhythm in light* e *Synchrony n.2* (1936) e i successivi *Parabola* (1938), *Escape* (1940) e *Tarantella* (1941), sperimentano le possibilità dei rapporti dinamici suono-immagine in direzione di un formalismo rigoroso; *Abstronic* (1952) e *Mood Constrasts* (1954) furono realizzati con un oscilloscopio. Altro sperimentatore, Douglas Crockwell, anima forme e colori dipinti su una lastra di vetro e ripresi a scatto singolo: *Fantasmagoria I* (1958), *Glen Falls sequence* (1946) e *The long bodies* (1947), quest'ultimo realizzato con l'animazione di elementi di cera. Tra gli altri artisti citiamo Dwinell Grant (*Composition*, 1940-48) e Francis Lee (*Le Bijou*, 1946; *Idyll*, 1948). Nel 1940 ebbe inizio l'attività dei fratelli John e James Whitney, che vedremo più avanti.

Avevamo visto come riguardo il *vaudeville* e il cinema comico delle origini, non è difficile sostenere l'esistenza di un rapporto diretto con i *cartoons*. Anche nel caso delle avanguardie storiche, l'elemento che tiene unite le sperimentazioni realizzate in Europa con l'animazione americana è ancora una volta la nozione di attrazione. Queste forme di divertimento disorganiche (le gag di Betty Boop, come quelle di Buster Keaton e di Felix the Cat, o quelle dei fratelli Marx, ma anche i "puri movimenti" di forme e geometrie dei corti dell'avanguardia), costituite come affermava Ejzenstejn di singoli "momenti aggressivi", traducono in modo figurato la natura disgregata e frammentata dell'esperienza percettiva del mondo moderno, evidenziata già da Walter Benjamin e Siegfried Krakauer. E' come se il movimento artificiale creato in laboratorio dall'animazione, incarnasse l'idea di "meccanizzazione del mondo". Il fatto che in *Vormittagsspuk, Fantasmi del mattino* (1928) di Hans Richter compaia una gag tipica del cinema d'animazione, dove alcuni uomini si nascondono dietro a un palo piuttosto esile, è il segno di un'affinità di fondo.

L'Unione Sovietica

Fin dalla sua nascita, che si fa risalire attorno ai primi anni venti, il disegno animato fu impiegato in Unione Sovietica in due modalità ben precise e diverse tra loro: dalla satira politica che non risparmiava le frecciate alla società borghese, al capitalismo occidentale, al permanere in URSS di una mentalità reazionaria, alla corruzione dei funzionari piccolo-borghesi da un lato; dall'altro si ispirava ai racconti per l'infanzia, alla favolistica mondiale, alle illustrazioni popolari, tra il fantastico e l'istruttivo che sarà nei decenni a seguire il tema ricorrente della maggior parte della produzione di film d'animazione.

Già a partire dagli anni venti l'animazione è usata nel cinema sovietico, ma con funzioni subalterne. Dziga Vertov anima la sua cinepresa nel suo *L'uomo con la macchina da presa* (1929). Ma è nel 1924 che presso gli studi cinematografici "Kulturkino" si cominciano a produrre disegni animati e si vanno formando le prime *équipes* di tecnici e di artisti dell'animazione. Tra i tanti film prodotti un cenno particolare merita *Sovietskie igrushki* (*Giocattoli sovietici*) di Vertov, in cui il disegno caricaturale e grottesco, di chiaro intento satirico-politico del disegnatore Deni, è utilizzato in maniera alquanto rozza ma violenta, per combattere la mentalità borghese, per denunciare i pericoli del capitalismo e per convincere i contadini, gli operai e i soldati a unirsi alla lotta comune per un mondo migliore.

Nel medesimo anno, nel 1924, un gruppo di artisti fondò a Mosca uno studio sperimentale per la produzione di film d'animazione, opere di ispirazione politica come *Kitaj v ogne* (*La Cina in fiamme*) del 1925. Accanto a queste opere "politiche", si affermano nel campo del cinema d'animazione per l'infanzia i disegni animati di Ivan Ivanov-Vano e i pupazzi di Marija Benderskaja. Nel 1928 appare il primo *character* del disegno animato sovietico in *Tip-Top v Moskve (Tip-Top a Mosca)* di A. Ivanov, N. Vojnov e N. Zilinskij. Con l'avvento del sonoro, che coincise con i nuovi orientamenti culturali e artistici del partito comunista che sfoceranno nella teoria e nella pratica del "realismo socialista", anche il cinema d'animazione attraversa un momento di crisi tanto sul piano della tecnica quanto sul piano dei contenuti. Nel 1936 a Mosca nasce lo studio "Sojuzmul'tfilm", che si specializza nella produzione di film d'animazione e divenendone ben presto il principale promotore di tutto il paese. Forse l'opera più interessante di questo periodo, per le influenze che avrebbe potuto avere sugli artisti della nuova generazione, sia sul piano contenutistico, sia formale, fu *Skaz o pope i o rabotnike ego Balde (Il racconto del pope e del suo contadino Balda)* tratto da Puskin. Il film, dal segno grafico non tradizionale di Michail Cechanovskij, con la musica ironica di Dimitrij Sostakovic, doveva essere una sorta di opera buffa di chiari intenti satirici, ma dopo tre anni di lavoro iniziato il 1932, il film fu interrotto, tra accuse di "formalismo" contro l'affermarsi del "realismo socialista".

Nota VIII - Il cinema d'animazione in Italia

Le sezioni cinematografiche dei GUF (gruppi universitari fascisti) sorsero a partire dal 1933 presso le università, risultando in alcuni casi un luogo di formazione autodidatta, indipendente e giovanile. Uno dei principali punti di dibattito riguardava la dignità artistica dei film a passo ridotto, realizzati grazie all'appoggio e al materiale fornito dall'organizzazione. Molte delle produzioni sono andate perse, o non sono state ancora trovate, tranne qualche film come *Notturno n.2* dei fratelli Francesco e Ferdinando Cerchio attivi nel Cine CUF di Torino. Gli stessi, nel 1932, furono anche i fondatori della CITO (cinedilettanti torinesi), realizzando *Il libro delle bestie* e il didattico *Motore a campo rotante di Galileo Ferraris*. L'attività di Francesco come animatore si concluse con il film didattico per il Cine GUF di Torino, *Teorema di geometria* (1936), mentre Fernando lavora all'Istituto Nazionale Luce per occuparsi di cinegiornali e documentari; nel dopoguerra realizza film a soggetto raggiungendo una certa notorietà con il noir neorealista *Il bivio* (1951) e alcuni fin con Totò. Tra le opere non ritrovate e realizzate per i vari Cine GUF citiamo *Ginevra degli Almieri* di Luigi Tosi, i film didattici realizzati nel 1934 da Renato Spinotti per il Cineclub di Udine, *Funzionamento del motore a scoppio* e *Problema di geometria*. Lo scultore Toni Fabris nel 1939 realizzò per il Cine GUF di Milano tre esperimenti di scultura animata in collaborazione con Adriano Figini: *Apollo e Dafne*, *Mutazioni* e *L'amore impossibile*. Dopo la guerra, Fabris realizza la sua opera più completa e dal sapore apocalittico, *Gli uomini sono stanchi* (1950) e filmati pubblicitari come *Il forziere della natura* (1957) per la Cariplo di Milano. Un film non sperimentale fu *Barudda è fuggito* (1940, Fondazione Micheletti di Brescia, da restaurare) di Umberto Spanò, un film di evidente ispirazione disneyana sia nello stile fluido dei personaggi sia per l'uso delle *gag*: protagonista è Tim, un bambino in triciclo vestito come Mickey Mouse, che spera di intascare la taglia sul bandito Barudda per comprarsi dei giocattoli. La produzione si svolse nei Cine GUF e non fu vasta in senso assoluto, ma messa a confronto con il resto dei film d'animazione italiani, ebbe comunque una certa rilevanza.

Luigi (Liberio) Pensuti

Con la fondazione nel 1924 dell'Istituto Luce, il regime fascista assume una grande importanza nella storia del cinema d'animazione italiano, in quanto per la prima volta assistiamo a una commissione e a un'interessamento statali nei confronti del disegno animato a scopi didattici e di propaganda. La direzione del reparto "passo uno" sarà data a Luigi Libero Pensuti, a cui prima, nel 1932, gli era stata affidata la campagna antitubercolare. Con la convinzione che la didattica potesse offrire al disegno animato le maggiori possibilità produttive e avendo a disposizione, grazie al nuovo incarico all'Istituto Luce, le strutture, le tecnologie e i collaboratori, Pensuti diventa l'animatore italiano più attivo. Inizia la sua attività a Parigi, dove con Carlo Cossio lavora per un breve periodo alla realizzazione di film a pupazzi per la Gaumont. Tornato in Italia, collabora prima con i fratelli Cossio presso la casa La Luminosa, e poi, nel 1930, fonda la SICED. Dall'incontro con il poeta Trilussa nacquero otto cortometraggi fatti in collaborazione con Amleto Fattori tra il 1928-31, tra cui *La morte der gatto, Er porco e er somaro, Le rane e le spighe, La bisbetica domata, Er variété* e il più interessante di tutti *La vispa Teresa* (1931). Nel 1932, come detto prima, arriva da Mussolini in persona l'incarico per la campagna antitubercolare e realizza *Il francobollo benefico, Il bacillo di Kock, Nemico pubblico n.1* e *L'igiene di Tombolino*, per spiegare come prevenire la malattia; da citare il film interamente a disegni animati *Un idillio a Ginevra* (1934), destinato alla propaganda estera. Più tardi, la INCOM (Industria Corti Metraggi Milano) fondata da Sandro Pallavicini nel 1938 affida a Pensuti la direzione del reparto d'animazione; confrontati con i precedenti filmati di propaganda realizzati all'Istituto Luce, quelli per INCOM risultano più didattici e aggressivi nella propaganda bellica. Sempre sull'argomento dell'emergenza della tubercolosi, nel 1938 Pensuti realizza film come *La taverna della T.B.C.* e *Crociato '900*, dove i francobolli emessi per l'emergenza sanitaria vengono animati, dotati di elmo, scudo e spada per lottare contro il bacillo di Kock. Tra il 1935 e il 1940, su soggetto di Livio Laurenti, Pensuti realizza una serie di film didattici destinati alle scuole medie, come *La vicenda delle stagioni, Le fasi della luna, L'influsso lunare, Le comete, L'asse terrestre, Il moto terrestre, Come fu scoperta la forma della Terra (Che cosa è la nostra Terra?)*. Nella sua vasta filmografia sono presenti molti film scientifici, come *Storia della medicina, Storia del tempo*, a cui si aggiunsero lavori di tutt'altro genere quali *Silhouette* o *Il matrimonio di Ranocchio*. Realizza le animazioni di molti film dal "vero" di propaganda bellica, alternandosi con film d'animazione come *Il principio della fine, Il Dottor Churkill, Ahi Hitler* e *Ahimè Selassié*, usciti tra il 1940-1942, tutti basati sulla satira e la parodia dei personaggi storici.

Pensuti, che si firmava con il nome aggiunto di Liberio, nel 1942 venne licenziato a causa del suo ennesimo rifiuto a iscriversi al partito fascista; abbandonata la INCOM realizzò *La terra e i suoi movimenti* e *La storia della danza* per la Cineteca Scolastica, aiutò i fratelli Cossio, suoi amici di lunga data, in *Pulcinella nel bosco* e *Pulcinella e il temporale*, e per la sequenza animata di *Gian Burrasca* (1943) di Sergio Tofano, dal libro di Vamba. Fatta insieme con Luigi Giobbe, rappresentava il sogno di Giovannino Stoppani mentre è rinchiuso in una cella per punizione. Nel giugno 1944 il comandante delle truppe Alleate entrate a Roma gli commissiona il primo film post-bellico, *Come la popolazione di Roma può usare l'energia elettrica razionalmente*, ed è stato il suo ultimo.

In quegli anni alla INCOM non lavorò soltanto Pensuti, ma anche un altro animatore italiano, Ugo Amadoro, che iniziò la sua attività a metà degli anni '20 realizzando alcuni cortometraggi con la tecnica delle *silhouette*, come *Lo scrigno meraviglioso* (1927) e *Pinocchio* (1930) realizzati per la Cines, lavori che purtroppo risultano perduti. Dal 1940 lavorò alla INCOM e la sua produzione fu esclusivamente dedicata a film di propaganda, esegue inserti animati per la Cines e l'Istituto Luce, con la tecnica dei *pupazzi animati* realizza *Risveglio* (1936) su temi musicali di Grieg e collabora con Antonio Rubino per due lavori, *Nel paese dei ranocchi* (1942) e *Crescendo Rossiniano* (1943). Gira un film dal "vero", *Piume al vento* (1950) e cura gli effetti speciali in film come l'horror *Seddok, l'erede di Satana* (1960). Questi i suoi lavori più conosciuti, in attesa che il lavoro di ricerca all'Istituto Luce possa restituire a questo animatore la sua importanza storica.

La pubblicità cinematografica

La pubblicità iniziò a essere proiettata nelle sale cinematografiche dagli anni '20 e da subito Milano fu il centro principale di produzione. Sarà Gustavo Petronio a realizzare per l'Arrigoni di Trieste, nel 1930, il primo cortometraggio pubblicitario sonoro, l'ultimo dei cinque della serie iniziata nel 1924, *Arrigo e il suo tigrotto*, in collaborazione con Omero Valenti; Arrigo era un omino dalla testa tonda e dai tratti lineari e secchi, sempre in compagnia del suo compagno di avventure Tigrotto. Assunto al *Corriere dei Piccoli*, Petronio crea personaggi come Gian Bretella e pubblica a fumetti Arrigo; lavorò anche, per breve tempo, alla *Rosa di Bagdad*, il lungometraggio di Anton Gino Domeneghini.

Paul Bianchi, dopo le sue esperienze all'estero, come l'animazione di una sequenza nel film *La petit marchande d'allumettes* (1928) di Jean Renoir, inizia la sua attività in Italia nel 1935 con la realizzazione di *Il topo di campagna e il topo di città*. Con i suoi pupazzi animati di cartapesta, nel 1938 realizza per la Scalera film promozionali tratti dalle favole di Esopo, *La cicala e la formica* e *La lepre e la tartaruga*, adattati alla pubblicità di Arrigoni e Bisleri. Nel 1940 è addetto agli effetti speciali alla INCOM, dove realizza per conto della Cineteca Scolastica il mediometraggio a colori *Micetto cacciatore*; nel 1942 realizza una storia di api laboriose con *Un'avventura nella foresta*, conservato all'Istituto Luce. Finita la guerra lavorerà nella pubblicità per il resto della sua carriera, realizzando film come *Ritmo e colore* (1949) per il dentifricio Colgate, con spazzolini in marcia sulla sinfonia rossiniana del *Guglielmo Tell*, *Il circo* (1950), *Le ali del nostro cielo* (1956) e *Noi e l'uovo* (1958) per la Barilla, tutti lavori dove il film pubblicitario esce spesso dai limiti dell'opera di commissione, per assumere così una sua autonoma validità estetica. Questa produzione fu l'inizio del connubio tra animazione e pubblicità, che avrebbe raggiunto alte vette di popolarità con il *Carosello* televisivo e portato alla nascita di una produzione stabile per l'animazione italiana.

Romolo Bacchini e il figlio Carlo lavorarono dal 1935 alla CAIR (Cartoni Animati Italiani Roma) per realizzare *Le avventure di Pinocchio*, film che non fu mai terminato, forse per insufficienti conoscenze della tecnica per ottenere un'animazione fluida dei personaggi; nel 1947 Carlo lavora a Firenze per *La serpe bianca*, storia di una principessa e del folletto consigliere, ma il lavoro restò incompiuto per mancanza di fondi. Mimma Indelli realizza nel 1935 l'unico suo lavoro completo, *Le découverte de l'Amérique*, realizzato in Francia, film a disegni animati di genere comico e dalla grafica caricaturale; nel 1942 ci riprovò con *Le coche et la mosche*, in collaborazione con il marito Paul de Roubaix, ma l'opera andò distrutta in un incendio. Antonio Attanasio esordì nel 1934 con *Il pifferaio di Hamelin* e l'anno successivo era intento alla realizzazione di un cortometraggio su Pinocchio. Negli anni '40 lo troviamo a fianco di Luigi Pensuti per alcuni lavori e alla Macco Film. Nel dopoguerra, insieme a Gibba, lavora a due lungometraggi che però non furono distribuiti: *I picchiatelli (o La montagna tonante)* e *Pulcinella cerulo d'Acerra*. Il suo ultimo tentativo nel 1964, *L'isola del gabbiano Gregorio*, fu stroncato sul nascere. Dagli anni '50 Attanasio si dedica alla produzione di film didattici, ottenendo maggiore successo, e distrugge i film dei suoi esordi. Ugo Saitta realizza nel 1939 il suo unico film con pupazzi animati, *Pisicchio e Melisenda*; si interessa al cinema documentario, girando film come *L'Etna è bianco* (1947) e *Zolfara* (1948), e nel 1970 il suo unico lungometraggio, *Lo voglio maschio*.

Carlo e Vittorio Cossio

Nel 1929 i fratelli Cossio conobbero Bruno Munari che li introdusse nel campo dell'animazione, e in particolare nella pubblicità. Carlo poi andò a Parigi per approfondire la conoscenza della tecnica di ripresa a "passo uno" e lì realizzò il corto *La Berceuse*, con immagini dal vero di un bambino e un giocattolo animato; tornato in Italia, con il fratello Vittorio collabora con la casa di produzione La Luminosa e Luigi Pensuti. Nel 1931 realizzano *Tompit e i banditi del Far Prest*, con pupazzi di legno; il film andò bene e i Cossio decisero di fondare la Milion Film, dove ci lavorarono animatori come Osvaldo Piccardo. Del 1932 è il cortometraggio *Zibillo e l'orso*. Nel 1934 realizzano due film didattici, uno sulla fisica sperimentale, l'altro sulle proiezioni ortogonali; seguono due corti ispirati da canzoni in voga: *Tango dell'amore* di Fabiano e *Tango del nomale* di Nino Ravasini, e ancora nello stesso anno *La macchina del tempo* da H. G. Wells e *La secchia rapita* da Tassoni. Durante la guerra i due fratelli Cossio sono alla Macco Film insieme a Luigi Giobbe per una serie su Pulcinella. Negli anni '50 intraprendono la strada del fumetto: Carlo disegnò *Dick Fulmine*, che visse su *Audace* nel 1938-55, mentre Vittorio collaborò per i principali periodici per ragazzi, come *Intrepido* e *Il Corriere dei Piccoli*, e disegnò una sorta di Flash Gordon italiano, *Raff pugno d'acciaio*. Vittorio aveva sposato Luciana Pensuti, figlia di Luigi Pensuti e con lei realizza il suo ultimo lavoro, *L'acciarino magico* (1943), di cui non è rimasta alcuna copia.

Luigi Giobbe debutta con *Il vecchio lupo di mare norvegese e il vecchio lupo di mare americano* (1940), realizzato in collaborazione con Luigi Pensuti. L'anno dopo è a Berlino presso la Doering Film, casa che si occupava di produzione pubblicitaria a disegni animati e, tornato in Italia, lavora a *Pulcinella e i briganti* (1942). Successivamente lavora all'inserto animato per il film *Gian Burrasca* (1943) di Sergio Tofano, realizzato insieme a Pensuti e nel 1944 inizia l'incompiuto *Hello Jeep!*, che deve la sua fama a Federico Fellini, promotore e sceneggiatore. Giuseppe Sebesta, dopo un breve inserto animato per un documentario sportivo, sviluppa da autodidatta la tecnica dei pupazzi animati occupandosi degli aspetti realizzativi, dalla creazione dei pupazzi, alle scenografie e alle riprese. Nel 1947 realizza *Ping, il cinesino* e *Paolo, il peone*, film purtroppo andati perduti. Del 1949 sono i successivi *Soreghina* e *Novellina*. Sperimentò nuovi materiali flessibili, in lattice e resine sintetiche, per aumentare le possibilità di movimento e di espressione dei pupazzi, che utilizzò per gli inserti di alcuni documentari della Astra Cinematografica, con la regia di Giulio Briani, *Fiaba di Natale* (1951) e *Quasi una fiaba* (1953). Negli anni '50 consolidò la sua passione per l'etnologia e continuò a realizzare pupazzi, ma per illustrare il suo libro di fiabe *Le dita di fuoco*. Roberto Sgrilli fu un altro autore che disegnò sul *Corriere dei Piccoli* e che esordì nell'animazione nel 1942 come Rubino, con *Anacleto e la faina*. Lo stile dei fumetti, poi riportato nell'animazione, è intriso del tratto disneyano, nel segno tondeggiante e l'umanizzazione di personaggi del mondo animale. Il successivo *Le avventure del Barone di Munchhausen*, a causa degli avvenimenti bellici, non arrivò mai sugli schermi. Non esistono fonti originali d'epoca riguardo la produzione di Gino Parenti, ma ci restano delle immagini di *Il prode Anselmo* (1936), dal disegno di tono caricaturale e probabilmente realizzò un secondo corto, *La secchia rapita* (1940), dal poema di Tassoni. Piero Crisolini Malatesta fonda nel 1942 la Beta Film e realizza *Chichibio*, da una novella del Boccaccio, film purtroppo oggi introvabile, mentre le riprese di *Beppe Padella* furono interrotte per l'arrivo degli Alleati a Firenze. Altro film incompiuto è *Il piccolo Buddha o il cinese di porcellana* (1943) di Gian Berto Vanni, la storia di un soprammobile di porcellana vittima di un bambino.

Antonio Rubino

Nel 1908 fu tra i fondatori del *Corriere dei Piccoli* e vi collaborò fino al 1959, inventando personaggi come *Pierino e il burattino*, la storia di un bambino che non riesce a sbarazzarsi del suo inquietante compagno di legno; *Pino & Pina*, due bambini che arrivano sempre in ritardo a scuola; *Quadratino*, un bambino con poca voglia di studiare; *Lionello*, un attore di teatro e un narcisista; *Polidoro Piripicchi, Kiki, Cirillino* e molti altri. In tutti i suoi personaggi, Rubino si espresse in scelte formali che si differenziavano dalle strisce americane, influenzando profondamente il fumetto italiano: le sue storie si risolvevano in 6 o 9 quadretti, con didascalie in rima al posto dei tradizionali *ballons*. Nel 1931 passa alla Mondadori per dirigere *Topolino* e *Paperino* fino al 1940.

Lasciata la Mondadori, è chiamato a Roma dalla INCOM e comincia ad occuparsi di animazione. Diversamente da molti suoi contemporanei, non pensò di emulare Disney o sperimentare alla cieca, ma espresse consapevolezza rispetto ai risultati e all'organizzazione del lavoro. Affiancato da Ugo Amadoro e dal maestro Raffaele Gervasio, che lavoravano già al reparto "passo uno" della INCOM, Rubino realizza *Nel paese dei ranocchi* (1942). *Crescendo Rossiniano* (1943) era una visualizzazione di forme e colori strettamente connessi alla musica, realizzato in collaborazione con Amadoro Gibba e Kremos; il film non fu mai proiettato poiché, inviato a Berlino per lo sviluppo e stampa, fu distrutto a seguito dei bombardamenti. Dopo questo imprevedibile evento, Rubino torna al cinema d'animazione solo nel 1954 con *I sette colori*, basato su una sua fiaba e prodotto dalla ECEC Film; il corto, in inglese, fu distribuito della Metro Goldwyn Mayer, e voleva ricreare uno spettacolo di luci, colori e musica e a tal fine brevettò egli stesso un sistema di ripresa: la macchina da presa *sinalloscopica*. Ogni scena del film, scomposta in fondali e disegni in primo piano, veniva proietta a fotogrammi alternati, generando un effetto di una vibrazione cromatica. A 72 anni Rubino tornò al *Corriere dei Piccoli* dove pubblicò altri quattro anni di storie e illustrazioni, per poi ritirarsi dal 1959 nella sua Sanremo. Film rimasti allo stadio di soggetto furono *La ranocchina blu*, *Totò, uomo meccanico*, *Funicolì Funicolà*. Lo stile liberty, la ricchezza di dettagli nel disegno e la grande attenzione per la componente cromatica e musicale, gli permisero di raggiungere un livello qualitativo superiore a quello di molti suoi contemporanei, e di lasciare una traccia importante nell'animazione italiana.

Il passaggio inverso, dall'animazione al fumetto, venne percorso da due noti e prolifici disegnatori di fumetti disneyani in Italia. Giulio Chierchini realizzò *Volpino e la papera ribelle* (1947), mai distribuito e oggi depositato presso la Fondazione Micheletti, la storia di una volpe che cerca di catturare una papera per cibarsene, ma questa continua a scappare. In seguito Chierchini tornò occasionalmente all'animazione in film pubblicitari, realizzati in collaborazione con Giorgio Scudellari. Si affermerà nei fumetti, disegnando con Giovanni Battista Carpi le storie di Volpetto,

Nonna Abelarda e Geppo, e ideando alcune parodie Disney, come *I promessi paperi*. L'altro disegnatore di talento di quel periodo era Romano Scarpa, che esordì con *E poi venne il diluvio* (1945), oggi introvabile e ambientato nella preistoria, con protagonista un bambino e i suoi amici dinosauri; dopo alcuni corti pubblicitari tra cui *Pomodoretto e la grandine* (1948) realizzato per un aperitivo e *Sussurro di primavera* (1949), con disegni astratti per la Palmolive, nei 1951 realizza l'opera più compiuta, *La piccola fiammiferaia*. Dal 1953 lavora a Topolino come sceneggiatore e inventa numerosi personaggi come Trudy, Brigitta McBridge, diventando tra i più noti disegnatori di Disney di quegli anni, insieme a Floyd Gottfredson (Eta Beta, Macchia Nera e il commissario Basettoni) e Carl Barks (l'inventore di Paperopoli e di molti dei suoi abitanti, tra cui Paperon de Paperoni). All'animazione tornerà con i corti *Ainhoo degli iceberg*, *Il quarto re* e la serie televisiva trasmessa dalla RAI *Sopra i tetti di Venezia*.

La causa dei continui fallimenti nell'animazione italiana nei primi cinquant'anni del '900, è dovuta alla mancanza di una solida struttura produttiva, necessaria per realizzare disegni animati, lavoro molto lungo e che richiede notevoli investimenti. Fu comunque l'epoca dei primi animatori, dei maestri che abbiamo visto, come Luigi Pensuti, Luigi Giobbe, Antonio Rubino e i fratelli Cossio che, con le loro produzioni, a volte autofinanziate e anche se non sempre riuscite e portate a termine, assunsero dei giovani aspiranti animatori e insegnarono loro tutto ciò che sapevano sull'animazione: quella fu, in quegli anni, l'unica scuola possibile. Tra questi giovani c'era Gibba, soprannome di Francesco Maurizio Guido, che inizia a lavorare alla Macco Film affiancando Giobbe, Pensuti e i fratelli Cossio (nel periodo di lavorazione di *Pulcinella nel bosco* e *Pulcinella e il temporale*), per poi passare alla INCOM dove ebbe l'occasione di vedere al lavoro Antonio Rubino mentre realizzava il suo *Nel paese dei ranocchi*; lo stesso Rubino lo affiancò a Kremos per la realizzazione de *La trombetta d'oro*. Dopo la breve esperienza presso la Nettuna Film per *Hello Jeep!* (1943), ancora con Kremos e con un giovane Federico Fellini, Gibba va a Milano presso la Ima Film di Domeneghini nel periodo in cui si lavorava a *La rosa di Bagdad*, ma ci rimane poco tempo, per tornare ad Alassio, sua città d'origine, e fondare una sua casa, la Alfa Circus per realizzare corti pubblicitari, tra cui *Pallino pescatore* per la Cora di Torino e *Temporale d'estate* per gli impermeabili Brown. Gibba ebbe l'intuizione di trasferire nel cinema d'animazione i temi e la poetica del neorealismo con *L'ultimo sciuscià* (1947). Negli anni '50 realizza diversi inserti animati per film dal vero, tra cui *Attanasio cavallo vanesio* (1953) con Renato Rascel; si afferma nel fumetto creando per il *Corriere dei Piccoli* il personaggio di *Cucciolino* e nel 1973 realizza *Il racconto della giungla* (1973), l'anno successivo *Il nano e la strega*, lungometraggio erotico sulla scia di *Friz il gatto* (1972) di Ralph Bakshi. Gibba anima ancora sequenze in film "dal vero", come in *Scandalosa Gilda* (1986) di Gabriele Lavia. Altro giovane animatore del tempo è Osvaldo Piccardo che fa la sua prima esperienza importante alla Milion Film dei fratelli Cossio per *Zibillo e l'orso*, per poi collaborare con i Pagot per *I fratelli Dinamite* e nel dopoguerra lavorare alla Gamma Film dei fratelli Gavioli e come capo reparto alla INCOM, dove oltre alla produzione pubblicitaria si dedica a progetti d'autore, come *Gigetto carogna e il capostazione*, *L'asfodelo* e *L'onesto Giovanni*. Al contrario di molti suoi colleghi non cercò mai di adeguarsi allo stile disneyano, l'*O style* con forme tondeggianti e volumetriche, ma neppure al suo opposto, l'*I style* nato all'UPA dal disegno essenziale e bidimensionale; nella sua lunga carriera restò sempre fedele al suo stile, costruito su un disegno piatto, lineare e sintetico.

L'Italia nel dopoguerra

Anche in Italia la situazione del cinema d'animazione, dopo la seconda guerra mondiale, è legata alla pubblicità e alla televisione. Con errata valutazione artistica e commerciale, si pensava che la strada maestra fosse il lungometraggio spettacolare, che la concorrenza disneyana andasse fatta sul medesimo terreno della favolistica infantile, del disegno "realistico", e dello spettacolo pomposo e scintillante, secondo i modelli di Hollywood. All'inizio della guerra si cominciano così a realizzare due lungometraggi che, per le difficoltà materiali dovute alla situazione storico-politica e anche per i costi elevati, saranno terminati solo nel 1949 e presentati alla mostra cinematografica di Venezia. Si tratta di *La rosa di Bagdad* di Anton Gino Domeneghini e *I fratelli Dinamite* di Nino e Toni Pagot, due opere differenti per concezione stilistica e per risultati, che non escono dall'ambito delle buone intenzioni. Come era successo in Francia con i lavori di Image e Grimault, in Gran Bretagna con quelli di Halas e Batchelor, l'insuccesso finanziario dei due film di Domeneghini e dei fratelli Pagot chiuse per diversi anni all'animazione italiana la possibilità di uscire dall'ambito pubblicitario e rese sempre più difficili i tentativi di fare del disegno animato spettacolare.

Anton Gino Domenighini

Domenighini esordì nel mondo della pubblicità alla fine degli anni '20 lavorando presso l'agenzia americana Erwin Wasey & Co. con sede a Milano; nel 1929 fondò l'agenzia IMA (Idea-Metodo-Arte), mettendo su un gruppo di un centinaio di tecnici e collaboratori, fra disegnatori, animatori e coloritrici, vantando tra i clienti Fiat, Motta e Coca-Cola. Con lo scoppio della guerra, trasferisce l'agenzia a Bornato, nelle campagne bresciane, esattamente a Villa Fè, dove stavano gli studi di lavorazione, e a Villa Secco D'Aragona, dove vivevano i disegnatori e le loro famiglie: è qui che si lavorò a *La rosa di Bagdad*. Il disegno dei personaggi fu affidato ad Angelo Broletto, il creatore delle figurine Perugina rese famose dalla popolare trasmissione radiofonica dei "Quattro Moschettieri", gli sfondi furono di Libico Maraja, la musica composta da Riccardo Pick-Mangiagalli, l'animazione di Gustavo Petronio e lo stesso Domenighini curò il soggetto del film. Nonostante *La rosa di Bagdad* rivela alcuni debiti nei confronti di *Biancaneve e i sette nani*, e seppure impacciato nell'andamento della narrazione, il film conta sequenze di imprevedibile bellezza, come il canto al tramonto della Principessa Zeila, la danza dei serpenti e le celebrazioni finali con i fuochi d'artificio. Il film fu premiato alla Mostra di Venezia del 1949 e nonostante il successo commerciale, l'équipe si sciolse e Domeneghini abbandonò l'animazione.

I fratelli Nino e Toni Pagot

Della nuova generazione di animatori fa parte Nino Pagot e diversamente dagli altri "giovani", non apprese il mestiere dagli animatori più affermati, ma dal mondo dell'illustrazione, come il *Corriere dei Piccoli*, dove creò i personaggi di *Poldo e Paola*. Alla fine degli anni '30 fu tra i primi disegnatori italiani per i fumetti della Disney, creando due storie ispirate a *Biancaneve e i sette nani*: *Biancaneve e il mago Basilisco* e *I sette nani cattivi contro i sette nani buoni*. Nel lavoro di illustratore si intravede un uso sapiente del colore e una predisposizione naturale al movimento e alla dinamicità. Anche Toni frequentava il mondo del fumetto, debuttando a fianco del fratello Nino per i testi di *Poldo e Paola*, per collaborare poi negli anni '70 con il *Corriere dei Piccoli* e con *Il Giornalino* per *Micromino* e alcune serie come *I ragazzi di Giocity* e *Il destino è fatto a pera*, di genere storico-scientifico.

Nel 1930 Nino Pagot fondò, insieme a Gustavo Petronio e Pier Lorenzo De Vita, la Rex Film per la produzione di film pubblicitari; venne messo in cantiere il corto *La lampada di Aladino*, rimasto incompiuto. Come *Tolomeo*, iniziato dopo la chiusura della Rex Film nel 1940 e non terminano per lo scoppio della guerra, ma confluito in parte nel lungometraggio *I fratelli Dinamite* (1949). Nino Pagot si era affermato con *Sogno d'amore* (1940), realizzato per la Sarti Soda, e con altri corti pubblicitari per Campari, Pirelli, Palmolive e altri; film che avevano già la struttura del futuro *Carosello*, in cui prevale la parte spettacolare e il messaggio pubblicitario sta alla fine; lo stile del disegno è caricaturale, ma gradevole e senza esasperazioni, con quella capacità di rappresentare con semplicità e umorismo le tipologie umane. Il primo film "narrativo" fu *Lalla, piccola Lalla* (1947), a cui collaborò Osvaldo Cavandoli, un paio di anni prima il lungometraggio della Pagot Film citato prima e che segnò anche la fine della produzione spettacolare; in seguito i fratelli Pagot trovano altre strade nell'animazione italiana, per lasciare un segno indelebile nelle produzioni per *Carosello*. Il gusto dei Pagot, per un mondo pieno di suggestioni insolite e di improvvise situazioni assurde, è rintracciabile in tutti i loro lavori.

Nota IX - Il rinnovamento americano

Se fino ad adesso si possono ipotizzare tre diversi periodi del cinema d'animazione (le origini prima della nascita del cinema dei fratelli Lumière, il cinema delle attrazioni e un terzo in coincidenza con l'avvento del sonoro), il "quarto periodo" va dal 1951, anno del corto *Gerard McBoing-Boing* dell'UPA, fino al primo festival internazionale del cinema d'animazione ospitato ad Annecy, in Francia, nel 1960. Alla fine degli anni '40, Disney con i suoi imitatori al seguito iniziavano a perdere slancio, con la UPA che proponeva uno stile completamente nuovo: era nata l'era della televisione e un modo totalmente originale di fare animazione si stava facendo largo in Europa.

La rivolta dell'UPA

La fine della supremazia disneyana coincide con la dipartita un gruppo di quattordici artisti capeggiati da Stephen Bosustow, che furono licenziati dopo uno sciopero tenuto nel 1941 negli studi di Disney. Sarà Bosustow poi nel 1945 a fondare con un gruppo di amici la United Productions of America (UPA) con lo scopo di produrre film pubblicitari ed eventualmente lungometraggi. Il disegno arrotondato dei film disneyani, la complessità delle scenografie, la ricerca continua della tridimensionalità ottenuta con le ombre, l'uso della "multiplane camera", richiedevano lunghi tempi di produzione e costose attrezzature, e così nata con pochi mezzi finanziari e gestita all'inizio in modi artigianali, l'UPA non poteva stare al passo delle grandi case di Hollywood se non riducendo notevolmente i costi: di qui l'esigenza d'uno stile sintetico, elementare, i cui risultati espressivi coincidevano con le necessità produttive. I nuovi personaggi usciti dagli studi di Bosustow si ponevano su un piano, contenutistico e formale, molto diverso da quello della produzione disneyana e delle altre case hollywoodiane. Se la maggior parte dei *characters* precedenti erano animali più o meno antropomorfizzati e le loro storie si svolgevano, in un mondo di fantasia o nel ristretto ambito di un cortile, di una foresta, della campagna, i nuovi personaggi dell'UPA erano uomini e bambini, e il loro ambiente era quello quotidiano delle grandi città e dei paesi, in una dimensione assolutamente contemporanea.

Il primo personaggio fu Mister Magoo (53 episodi, 1949-1959), un omino miope, buffo, che compare marginalmente in *Ragtime bear* (1949). *Spellbound hound* (1949) sarà il primo episodio della serie di un totale di una cinquantina di episodi. Il grottesco rappresentante della media borghesia, irascibile e intollerante, protestatario e qualunquista, è anche il protagonista del lungometraggio *1001 arabian hights (La principessa e lo stregone)* (1959). Pete Burness fu regista in 35 episodi di Mister Magoo, debuttando in *Trouble Indemnity* (1951), terzo episodi della serie, poi vinse l'Oscar con *When Magoo Flew* (1955) e con *Magoo's Puddle Jumper* (1956). Lo stile di Burness è chiaro, asciutto, senza fronzoli e basato su un perfetto tempismo, nel migliore *slapstick*. L'altro personaggio di rilievo dell'UPA fu Gerald McBoing-Boing (26 episodi), un ragazzo incompreso e incomprensibile, per il suo strano linguaggio che i grandi non conoscono. Creato da Robert Cannon, vanno segnalati almeno il primo *Gerald McBoing-Boing* (1951), che ottenne il Premio Oscar per il miglior disegno animato, e *Gerald McBoing-Boing on planet Moo* (1955). Lo stile di Cannon, lontano da quello convulso e aggressivo di Tex Avery e della sua scuola, e ancora più distante dal linguaggio melenso di Disney, va visto come un nuovo approccio al mondo fantastico del cinema d'animazione, in chiave favolistica ma nello stesso tempo radicata nella realtà contemporanea. Suo anche il personaggio di Christopher Crumpet del 1953, in *Christopher Crumpet* e *Christopher Crumpet's plasmate*, e suoi i film considerati tra i migliori prodotti dall'UPA e del disegno animato americano degli anni cinquanta, cioè *Madeline* (1952), *Willie the Kid* (1952) e *Fudget's budget* (1954), questi ultimi facenti parte della serie *Jolly frolics* che unisce i film sperimentali realizzati dai migliori artisti della casa. Da citare anche *A unicorn in the Garden*, tratto dalle strisce di James Thurber e realizzato da Bill Hurtz, e *The Tell Tale Heart* (1953), un cartoon horror, da un racconto di Edgar Allan Poe, realizzato da Paul Julian.

La produzione dell'UPA, al di là dei risultati raggiunti dalle sue opere e del valore dei singoli artisti, promosse nuove tendenze estetiche, erano possibili ricerche formali e venivano applicati i risultati espressivi delle arti figurative contemporanee, diverso dal tentativo disneyano di recuperare in una maniera spettacolare l'avanguardia, compiuto nel 1940 con *Fantasia*. Inoltre, sul piano stilistico l'UPA costituì un modello per non pochi artisti europei, sia nel campo della pubblicità sia in quello dello spettacolo, a cominciare della cosiddetta scuola di Zagabria.

Alla fine degli anni '50 lo studio UPA perde gran parte della sua forza creativa, soprattutto dopo l'allontanamento di John Hubley e Phil Estman nel periodo buio del Maccartismo. Sotto la pressione della Columbia e sulla scia della linea produttiva ad alto profitto e scarsa qualità dello studio Hanna-Barbera, i corti d'autore vengono accantonati in favore di serie televisive a basso costo come *Mister Magoo* e *Dick Tracy*. Delle ultime produzioni menzioniamo soltanto *Ham and Hattie* (1957). Dato il collasso del mercato dei cortometraggi per il cinema, l'unica possibilità di sopravvivenza, oltre alla televisione, rimane il lungometraggio, direzione già esplorata da Bosustow con Mister Magoo e il suo *La principessa e lo stregone* (1959). Lo studio realizza nel 1962 *Musetta alla conquista di Parigi*, la storia di una gattina di campagna che sogna l'eccitante vita parigina, ma viene rapita da una banda di gatti criminali. Il film è piacevole e divertente, anche se il basso budget risulta spesso evidente; purtroppo il film non incassa abbastanza da salvare l'UPA, che chiude nel 1964.

La scuola di Tex Avery

E' un cinema dell'aggressività, una poetica basata sull'esasperazione delle situazioni drammatiche, sull'esagerazione del grottesco, sul ribaltamento della tematica della favolistica classica. I film che Tex Avery realizzerà dopo il 1942, dopo l'esperienza con

Lanz all'Universal e con Schlesinger alla Warner Bros, nei sui anni alla Metro Goldwyn Mayer con Quimby, sviluppano appieno i contenuti fondamentali della poetica dell'autore. Già in *Red hot riding hood* (1943) e in *Swing shift Cindarella* (1945) i soggetti delle fiabe tradizionali, rispettivamente Cappuccetto Rosso e Cenerentola, sono demitizzati. Avery distrugge il "sistema" con i mezzi che esso stesso gli fornisce, lo mina alla base servendosi proprio di quelle categorie estetiche e quei contenuti sui quali aveva costruito la sua sicurezza e cercava di mantenerla. In *King-size canary* (1947) c'è una visione paradossale della realtà fiabesca e infantile, che diventa emblema di una nuova "moralità", aggressiva, opportunista, di cui fa le spese in *The three little pups* (1954) il povero lupo, ultimo rappresentante di una umanità libera e non condizionata dalla società ipocrita e conformista degli anni cinquanta. Questo film è una chiara risposta dopo vent'anni a *I tre piccoli porcellini* (1933) di Walt Disney: all'America di Roosevelt si è sostituita quella di Eisenhower, alla politica progressiva del *new deal* ha fatto seguito, dopo la guerra mondiale, la politica reazionaria dei generali.

In *Magical Maestro* (1952) Avery attua una sorta di rivalsa di forme spettacolari "umili", la magia e la musica popolare, ai danni di quelle auliche, come il melodramma italiano che per il pubblico americano rappresenta l'incarnazione dell'idea di arte. Il personaggio di Misto the Magician è uno "spettro del *vaudeville*" che in pieni anni '50 si aggira per il cinema hollywoodiano. In *Northwest Hounded Police* (1946) in ogni scena il Lupo, *character* tipico del cinema di Avery, evaso di prigione e inseguito da Droopy, si nasconde in luoghi sempre più remoti del pianeta, per trovarsi alla fine sempre Droopy già lì ad aspettarlo; ad un certo punto il Lupo va così veloce da schizzare fuori dal fotogramma. In tutta la filmografia di Avery abbondano i giochi "metadiscorsivi" come questo: in *Magical Maestro* un pelo saltella al bordi dello schermo, fino a che Poochini non lo strappa; in *The Blitz Wolf* (1942), primo cartoons per la MGM, il Lupo nei panni di uno pseudo-Hitler, riceve in faccia un pomodoro lanciato dal pubblico in sala, come avveniva nelle migliori serate del *vaudeville*; in *Red Hot Riding Hood* i tre protagonisti, il Lupo,

Cappuccetto Rosso e la nonnina, si lamentano con l'autore del cartoon per il fatto di dover recitare sempre nella stessa storia; in *Swing Shift Cindarella* si apre con il Lupo che insegue Cappucetto Rosso, ma quest'ultima gli fa notare che il titolo del film indica chiaramente che il personaggio principale è un'altra figura delle fiabe. Uno stile che, oltre alle trovate "visive", rinnova anche l'impiego della colonna sonora, da sempre elemento fondamentale nel cinema d'animazione. Registi come Jones e Avery proponevano un uso del suono radicalmente diverso da quello praticato dal resto della produzione hollywoodiana; *Symphony in Slang* (1951) rappresenta l'applicazione più rigorosa e divertente di questa potenzialità dell'animazione, o come la "surrealistica" rappresentazione di *The Cat That Hated People* (1948) o di un altro cortometraggio come *Sh-h-h-h-h-h* (1955).

In tutti i suoni lavori, Avery rispecchia un disagio morale e politico che in altri autori a lui contemporanei è meno evidente, un aspetto messo in evidenza dalla sua poetica dell'aggressività, manifestata anche in altri personaggi da lui creati come il furbo anatroccolo Lucky Ducky, l'apparente calmo cane Droopy e il geniale pinguino Chilly Willy.

Chuck Jones e Friz Freleng

Nella Warner Bros. di quegli anni lavorò un terzetto di artisti come Isadore (Friz) Frelang, Robert (Bob) McKimpson e Charles (Chuck) Jones, a cui si aggiungeva a volte Tex Avery. I personaggi che appaiono nelle serie *Looney Tunes* e *Merrie Melodies*, Bugs Bunny, Elmer Fudd, Yosemite Sam, Tweety Pie, Speedy Gonzales, Sylvester, Pepe the Pew, Beep-Beep the Roadrunner e Wile E. Coyote, della serie *Fast and Furry-ous*, Duff Duck, di cui si cita il corto *Duck Amuck* (1953) di Chuck Jones, sono i rappresentanti di un nuovo bestiario che si contrappone a quello disneyano. L'elemento favolistico è totalmente assente: gli animali antropomorfizzati (ma soltanto in certi loro atteggiamenti, non nella definizione psico-fisica, come avveniva in Topolino e compagni) sono i protagonisti di storie assurde, violente e tutte basate sulla contrapposizione rigida delle situazioni. Nei lavori di Jones si possono trovare "omaggi" e riferimenti al mondo del *vaudeville*; *One Froggy Evening* (1955) ne è un esplicito omaggio, la stessa parlantina di Bugs Bunny era inizialmente una sorta di gergo da vaudeville, e infine non vi è nulla di più attrazionale della serie *Road Runner*, fondata sulla ripetizione all'infinito del medesimo sketch, il Coyote che insegue la preda, fallendo sempre miseramente senza che nessuno dei due antagonisti pronunci mai una battuta tranne il proverbiale "beep beep", in un continuo inseguimento che rappresenta uno degli schemi portanti della comiche delle origini del cinema, altro riferimento quasi sempre presente nell'animazione americana. Accanto all'attività di tipo più commerciale, Jones tentò anche un cinema di ricerca, in cui sperimentare nuove formule visive o ritmiche, come in *High note* (1962), in *The Dot and the Line* (1965), fino al più "tradizionale" *Come il Grinch rubò il Natale* (1966).

Dopo quarant'anni alla Warner Bros., Friz Freleng fondò insieme a David De Patie una casa di produzione. L'occasione venne dal successo dei titoli di testa del film *The pink panter* (1964), che generò poi la serie di 70 episodi circa (1964-1972) caratterizzata da un raffinato stile grafico e da un umorismo di buona lega, secondo la migliore tradizione di Leon Schlesinger. Chuck Jones lasciò la Warner nel 1963, per passare alla Metro Goldwyn Mayer e dirigere la serie *Tom and Jerry* che Hanna e Barbera avevano abbandonato da alcuni anni. Da citare in quel periodo l'uscita di *Mad Monster Party?* (1967), una commedia horror, con protagonisti mostri come Frankenstein, l'uomo invisibile, Dracula, Dr. Jekyll e altri, realizzata dalla giapponese MOM Productions, esperti di stop-motion, per la Rankin/Bass e diretta da Jules Bass; il film influenzerà *The Nightmare Before Christmas* (1993) di Tim Burton.

I nuovi contenuti

Alla Metro Goldwyn Mayer Fred Quimby trasforma i personaggi di una vecchia serie da giovanotti a gatto e topo, secondo la tradizione del disegno animato zoomorfo e nel 1941 l'affida alla coppia William Hanna e Joseph Barbera. *Tom and Jerry* verrà prodotta per molti anni e passerà alla regia di diversi animatori. A differenza dei personaggi della Warner e di Lantz, Tom e Jerry sono più legati in maniera diretta alle esperienze figurative di stile disneyano. Col tempo aumenta la tensione narrativa e il montaggio sincopato accentua la violenza delle situazioni comiche e grottesche, ma lo stile Hanna-Barbera rimane sempre troppo levigato, pulito, borghese, per poter diventare il veicolo di un messaggio di rivolta, di satira feroce, di ironia graffiante. Saranno Deitch e Jones, negli anni '60, a rivitalizzare la serie.

Nota X - Le tecniche del cinema d'animazione: i disegni animati

Insieme a *The illusion of life* degli animatori Frank Thomas e Ollie Johnston, altro manuale di riferimento per ogni animatore è *The Animator's Survival Kit* di Richard Williams. Questo libro propone una serie di esercizi graduali che ci fanno toccare con mano cosa significa fare disegni animati.

Una caratteristica del disegno animato riguarda la deformazione e la trasformazione di oggetti o personaggi animati. Possiamo costruire col segno personaggi, oggetti o animali, plasmandoli come se fossero di una duttilità fragile ed elastica senza pari. Tutti gli oggetti hanno una loro elasticità, un loro modo di comportarsi quando vengono colpiti da altri oggetti o sopportano la pressione di un peso. Sta all'animatore saperla interpretare, trasformando, deformando e distorcendo l'oggetto da animare per sostenere e rafforzare la narrazione sviluppata in quella determinata scena. Un effetto caratteristico sono ad esempio le linee di velocità disegnate insieme alla moltiplicazione o sdoppiamento di un oggetto o un personaggio, quando si vuole dare l'impressione che essi si muovono a una velocità supersonica. Ricordiamo l'assunto forse principale, ovvero che le animazioni devono essere interpretative, mai succubi di una imposizione naturale del movimento, poiché ciò annullerebbe quella freschezza e genialità che un animatore fornisce continuamente ai suoi personaggi nelle diverse situazioni narrative. L'animatore dev'essere libero di esprimersi nel modo più conveniente, aumentando o diminuendo l'effetto illusorio del movimento, secondo l'importanza, il peso e la velocità dell'oggetto.

Altra caratteristica importante: il disegno animato è basato esclusivamente sul sincronismo, che indica il rapporto diretto tra suono e immagine. Questa relazione deve rappresentare però una minima parte selezionata degli stessi, perché abbiano la loro efficacia e il loro valore nell'azione narrativa. I rumori non sono impiegati con effetti realistici, ma come abbiamo detto poc'anzi per i movimenti, anche i rumori devono essere interpretativi, per ottenere un effetto imprevisto, risolutivo ai fini della suggestione emotiva. L'efficacia di ciò che si sente e non si vede può essere superiore a quello che si distende sotto i nostri occhi e aumenta l'interesse alla successiva rivelazione. Il suono, quindi, ha funzione e facoltà di rafforzare la capacità espressiva del film. Musica, rumori e dialoghi sono i tre elementi del sonoro, e acquistano un valore cinematografico quando si fondono con l'immagine, contribuendo formare l'opera filmica.

La produzione di un cortometraggio d'animazione

Dopo aver affrontato l'ideazione del film d'animazione, la sua scrittura, la realizzazione dello storyboard, lo studio dello stile, dei personaggi e dei fondali, si parte con il lavoro prettamente produttivo. Prima però di iniziare con l'animazione, viene registrata parte del sonoro, per permettere il perfetto sincronismo tra il dialogo e il movimento dei personaggi, con incluso il movimento delle labbra se previsto, e tra la musica e l'azione; questa sincronizzazione tra la scena e il suono, i dialoghi e tutti gli accenti dei vari personaggi disegnati viene chiamata "battitura della colonna" o *lipsynch*. La pre-sincronizzazione è il metodo più utilizzato nell'animazione, per avere una guida ritmica da seguire sulla base dell'accompagnamento musicale. Il frazionamento del brano musicale prescelto per decine e decine di lavori di tempo, permette il conteggio dei fotogrammi da animare tra un segno e l'altro, il numero di immagini da animare, stabilirne la frequenza, i fermi, il cambio delle inquadrature e delle scene, e consentire infine di ritrovare nell'animazione definitiva il ritmo prescelto e cercato nella sua interpretazione voluta.

Il formato. Tutto il lavoro e lo studio si svolge in ragione della forma e delle dimensioni che il *formato* ha assunto fin dall'inizio della lavorazione. Questo si ottiene posando un foglio sul piano tavolo del banco di ripresa e stabilita la distanza massima della cinepresa, facendola scorrere sulla colonnina verticale, a mezzo dell'obiettivo si fissano i punti estremi del rettangolo con delle linee e nel contempo si segna anche sulla colonnina il punto massimo che la MDP può effettuare. Stabilita la grandezza del *formato*, tutti i disegni, siano essi fondali fissi o mobili, ogni tipo di inquadratura, le angolazioni e i piani di ripresa, ogni tipo di animazione, verranno eseguiti tenendo conto di questo *formato* e avendo sempre presente che non potranno esisterne altri di misure diverse. Più questo è grande, più il materiale e il costo aumentano; diciamo anche che più grande sarà il formato e più chiaro e definito risulterà tecnicamente l'animazione finale.

Il disegno animato o tecnica a fasi.

E' la tecnica maggiormente conosciuta e usata nel campo dell'animazione commerciale, da Disney, Hanna & Barbera, Hayao Miyazaki fino alle serie tv. Le immagini che compongono il movimento sono realizzate in modo definitivo prima della ripresa e consegnate a un operatore che esegue il suo lavoro sulla base di precise indicazione dettate dal cosiddetto "foglio macchina".

Anche nelle animazioni più fluide viene solitamente utilizzato un solo disegno per due fotogrammi, dunque per ogni secondo di animazione, i disegni solitamente da realizzare sono 12 (*passo 2*). Ci sono alcune scene particolarmente movimentate, sempre in film di alta qualità e alto budget, in cui si lavora su 24 disegni al secondo, uno per ogni fotogramma (*passo 1*). Questo tipo di animazione è chiamata *piena*, per l'elevato numero di disegni molto dettagliati per unità di tempo; un esempio sono gran parte dei lungometraggi della Disney, divenuti standard di un'animazione di qualità. Ma naturalmente ci sono anche animazioni in cui il disegno può essere lo stesso per tre, quattro, sei o più fotogrammi, sia per tutto il film o soltanto in alcune scene: non è detto che un'animazione per essere interessante o divertente debba anche essere anche "fluida". Questo tipo di animazione è chiamata *limitata*, con meno disegni e meno dettagli, in cui le pose intermedie del movimento dei personaggi sono limitate; pioniere del nuovo procedimento per film di qualità fu lo studio

UPA, come nella serie *Gerard McBoin-Boing*, replicato poi anche in lungometraggi, come *Yellow Submarine* e in molte serie televisive, dove i budget contenuti e i tempi stretti di produzione ne hanno determinato l'adozione, come quelle di Hanna-Barbera e degli *anime* (dai 15 disegni al sec. dello standard disneyani ai 5), che ne hanno fatto uno stile proprio, rafforzando e puntando sul montaggio (*compositing*) e la regia dell'animazione.

Andiamo adesso alla parte più "delicata" della produzione, quella degli scatti fotografici eseguiti su ogni disegno; anche il più piccolo errore comprometterebbe non solo parte del lavoro, ma aggiungerebbe gravi perdite di tempo in un processo di lavorazione già di per sé abbastanza articolato e complesso. E' opportuno dare ordine alle azioni pensando i tempi occorrenti per lo svolgimento di ogni parte: preparazione, azione, risultato. Una buona norma è quella di tenere fermo ogni disegno per almeno due fotogrammi, salvo effetti particolari di vibrazioni che vanno fatte a un fotogramma; le posizioni di partenza e di arrivo, o certe espressioni caratteristiche ne possono richiedere molti. E' bene cercare di risolvere le situazioni con le animazioni più semplici e più chiare, e far muovere un personaggio alla volta, per essere sicuri che lo spettatore guardi l'azione che interessa. Per questo possiamo distinguere:

- *animazione totale*: a ogni movimento tutta la figura viene ridisegnata, ogni elemento è partecipe dell'azione deformandosi, come nella corsa in cui la figura è prima in piedi, poi raccolta al suolo, poi di slancio in alto, tutta sospesa in aria, per tornare di nuovo a terra.

- *animazione limitata*: la figura viene scomposta in varie parti (testa, braccia, gambe, ecc.) e si fanno muovere separatamente le parti che interessano, lasciando fisse le altre. Conviene risolvere gran parte delle azioni con l'animazione parziale, riservando qualche animazione totale nei passaggi indispensabili, possibilmente pochissimi.

Gli animatori realizzano i propri disegni a matita su fogli perforati, mantenendo la giusta posizione sulla reggetta; come prima lavorazione si eseguono soltanto le *pose chiavi*, perché sarà poi compito dell'intercalatore realizzare gli altri disegni all'interno di un'azione: se per esempio questa si svolge su 15 disegni, l'animatore può realizzare il primo, il quarto, l'ottavo, l'undicesimo e l'ultimo, lasciando all'intercalatore il compito di inserire i disegni mancanti. L'animatore quindi inizia il suo lavoro abbozzando il disegno base, quello di partenza per iniziare l'azione, si controlla con il mascherino se è nella giusta posizione rispetto all'inquadratura, lo si corregge eventualmente, poi lo si ripassa per trasparenza sopra un foglio pulito, a matita, con un segno preciso che servirà poi per il ripasso su celluloide, e gli si scrive sopra un numero o sigla di riferimento. Si passa quindi a disegnare le pose chiavi e infilate tutte nel registro, una dopo l'altra, si fa un controllo dell'animazione "sbattendo" i disegni tenuti fermi da una parte, per avere una prima impressione del movimento. Una volta che le pose chiavi sono a posto, si dovranno inserire come detto prima le intercalazioni (i disegni intermedi); ovviamente per avere un'animazione fluida sarà necessario inserire molti disegni intermedi, per un'animazione scattante invece possono essere sufficienti i disegni base.

Mentre si procede con l'animazione è opportuno compilare il foglio dell'animazione, stabilendo non soltanto l'ordine, ma anche la permanenza in fotogramma di ogni singolo disegno. Un efficace controllo dell'animazione può essere fatto filmando i disegni su carta: una volta visionato il filmato si apportano a disegni e fotogrammatura (quanti fotogrammi occuperà il disegno) le dovute correzioni, poi si procede al ripasso su celluloide e alla relativa coloritura. Ma prima di venire colorati, tutti i disegni vengono controllati attraverso il *pencil test*, per effettuare subito le correzioni che si ritengono più opportune. Fatto questo, il lavoro dell'animatore può dirsi concluso: consegnati i disegni e compilato il "foglio macchina" che spiega nel dettaglio per quanti fotogrammi debba essere impressionato ogni disegno e sopra quale fondale, l'operatore può eseguire la ripresa "verticale", o al computer.

Fotogrammatura. Per il film d'animazione (su pellicola) bisogna ragionare sui 24 fotogrammi al secondo (25 fps per il digitale). Normalmente ogni disegno sosta per almeno 2 fotogrammi; un'espressione perché sia visibile deve durare almeno 16 fotogrammi; un oggetto che vibra deve andare invece a passo 1 (animazione *piena*): trovare la giusta *fotogrammatura* è importante almeno quanto la posizione del disegno, e non c'è altro che il controllo del filmato per scoprire se il movimento è quello voluto. E parlando di fotogrammi si devono subito fare i conti: 7 minuti di film d'animazione (420 secondi), che costituisce lo *standard* per un cortometraggio, corrispondono a 10.080 fotogrammi; un numero parecchio alto, ma per fortuna vi sono come accennato dei piccoli artifici che permettono notevoli risparmi di disegni:

- preparare una buona sceneggiatura che elimini tutto il superfluo, che eviti il più possibile campi totali con molte persone che agiscono contemporaneamente e che semplifichi al massimo le azioni;
- il *ciclo chiuso* è costituito da una serie di disegni, dove l'ultimo si accorda con il primo. Esempio tipico è la camminata o la corsa, dove pochi disegni possono ripetersi all'infinito e il personaggio continuerà a camminare o a correre per il numero di fotogrammi desiderati. Bisogna cercare di non abusarne però, per non rendere il film troppo monotono. Il *ciclo chiuso* può andare da un minimo di 2 disegni (una mano che dice no!, vibrazione di un personaggio che ha preso un pugno, ecc.) a qualche decina per azioni complesse. E' evidente che quanto più il ciclo è complesso, tanto più si possono ripetere frammenti diversi, senza generare monotonia;
- *azioni fuori campo*: a volte certe azioni previste dalla sceneggiatura e che richiederebbero molti disegni possono essere risolte efficacemente fuori campo. Ad esempio, un'auto deve correre in direzione di una vetrina di un negozio, fracassandola: l'auto è seguita in carrellata finché esce f.c. e dopo pochissimi fotogrammi si fa tremare la scena rimasta vuota. L'azione f. c. è resa con il rumore dell'impatto e dopo si fa eventualmente vedere il risultato dello scontro, ma se la colonna sonora è efficace può non essere necessario: l'idea dell'impatto sarà resa

anche senza disegnare tutte le fasi dello schiacciamento dell'auto, della vetrina in frantumi, ecc.;
- *traballamento di scena o effetto terremoto*: una legnata in testa, un peso che cade, un personaggio che sbatte contro qualcosa, senza ricorrere a molti disegni di deformazione è resa muovendo la scena con il personaggio fisso per almeno 16/18 fotogrammi in alto e in basso oppure in senso trasversale dando in animazione l'impressione esagerata di un terremoto, effetto che va sempre sostenuto da un forte rumore. Per rendere efficace l'effetto visivo bisogna spostare la scena una volta a destra (o in alto), scattare un fotogramma, poi spostare a sinistra (o in basso), scattare un altro fotogramma, riducendo man mano gli spostamenti sino a fermare la scena nel suo centro;
- *occhi nel buio*: l'azione porta i personaggi ad agire in un locale buio. In questo caso si sostituisce l'animazione con soli rumori e occhi che si aprono e chiudono su sfondo nero;
- *silhouette nere*: in certe azioni notturne può essere oltre che economico, anche di buon effetto usarle, disegnando i soli contorni dei personaggi.

Scenografia. Altro elemento di notevole importanza sono i fondali su cui si muoveranno le animazioni dei personaggi. Una volta definito lo storyboard il lavoro si sdoppia: da una parte si procede con le animazioni e dall'altra con le scenografie o sfondi scenici. Lo sfondo serve a definire l'ambiente in cui si svolge l'azione ma anche a dare un'atmosfera, un colore, uno stile alla vicenda. Quando si è nello stesso ambiente, per evitare di disegnare diverse scene con le angolazioni di ripresa previste e anche di proporzionare ogni volta i personaggi alle scene, un sistema pratico è quello di prevedere già in sceneggiatura di far svolgere l'azione su di un unico piano, stilizzando gli elementi indispensabili all'azione, prevedendo spostamenti del centro di scena per cambiare inquadratura ed evitando il controcampo.

Va ricordato inoltre che lo sfondo deve essere un complemento dell'azione, deve contribuire all'effetto totale e colori troppo brillanti, scenografie troppo complesse, anche se belle, possono generare confusione e indebolire l'azione nel filmato. I personaggi devono spiccare bene contro gli sfondi, per cui normalmente si scelgono tinte smorte per le scene e tinte brillanti per i personaggi. Una volta deciso lo stile, gli sfondi devono mantenersi coerenti per tutto il film.

Vi sono cortometraggi che non fanno uso di fondali fermi, nei quali tutta la scena viene ridisegnata. Così facendo si realizza quell'effetto di continuo tremolio dell'animazione, che caratterizza alcuni lavori d'autore, come *The Three Knights* (1982) di Mark Baker e *Second Class Mail* (1985) di Alison Snowden, entrambi inglesi. Quella di ridisegnare insieme al personaggio tutta la scena era la tecnica usata forzatamente prima del 1914, anno in cui, inventata la tecnica del rodovetro, potè prendere il via l'industria del disegno animato negli Stati Uniti. Per ovviare a questa fatica, quella di disegnare i personaggi con tutti i fondali necessari, ma anche anni dopo l'invenzione del rodovetro per non pagare le royalties al suo inventore Earl Hurd, tra i vari espedienti c'era quello di ritagliare il contorno dei personaggi.

L'uso delle panoramiche è molto frequente e il loro apporto non riguarda solo esigenze di ritmo e di narrazione, ma anche e soprattutto economiche e di risparmio in tempi di realizzazione, poiché produce con molta rapidità metri di pellicola: si fa scorrere in senso contrario la striscia su cui è dipinto lo sfondo rispetto al movimento che deve fare il personaggio, il quale verrà animato con pochi disegni che si risolvono in *ciclo chiuso*. Lo spostamento della panoramica dipenderà dalla velocità del personaggio. Se invece lo sfondo deve rimanere fisso, il movimento del personaggio disegnato in un *ciclo chiuso* e realizzato su strisce plastiche, sarà reso dall'alternarsi e dal muoversi delle strisce stesse nel senso di direzione voluto. Per ottenere questi due effetti insieme, panoramica animata e personaggio che si muove su sfondo fisso, le strisce sono appositamente millimetrate per gestire la velocità di scorrimento in fase di ripresa. L'unico inconveniente sarà quello di notare nel personaggio una stessa cadenza ritmica, una medesima caratteristica di movimento.

Nella successione dei disegni stabilita per ogni movimento di un personaggio o di un oggetto, pur variando nel corso degli spostamenti la loro dimensione e posizione nel quadro, si ripete con regolare cadenza e per tutta la sequenza lo stesso studio precedentemente realizzato per muovere una gamba, o un battito d'ali di un uccello in volo. Il ripetersi della caratteristica di un movimento, porta al ripetersi dello studio di animazione, prima accennato come *ciclo chiuso*, sino a completare la successione dei disegni previsti dal percorso tracciato. Una volta stabilito il campo d'azione, lo scenografo fa una traccia della scena a matita (serve all'animatore come base per i movimenti dei personaggi), poi dal bozzetto a colori fatto e discusso in fase di *storyboard* realizzerà la scena su carta robusta, con colori a tempera o a acquarello. Possono essere utilizzati per effetti particolari anche carte colorate, *collages*, fotografie, carte da parati, inchiostri, stampe, ecc. Se non vi sono movimenti di scena, gli sfondi sono della stessa dimensione dell'inquadratura con un certo margine di sicurezza, in caso di movimento si dovranno calcolare gli spostamenti per disegnare la scena della dimensione necessaria.

Quando il personaggio si muove, come abbiamo visto prima, per dare l'illusione del movimento occorre fargli scorrere dietro la scena nella direzione contraria a quella da lui presa (la lunghezza della scena è data dai millimetri del passo per il numero dei passi che farà nella sequenza). Un utile accorgimento è quello di ripetere le stesse inquadrature per non dipingere metri e metri di scena. Si inizia la ripresa sul primo centro, si sposta a ogni fotogramma lo sfondo dei millimetri necessari (spostamento dato dalla lunghezza del passo, diviso il numero di fotogrammi in cui farà il passo) e una volta arrivati all'ultimo centro (dovrà essere uguale al primo), si riporta la scena al primo centro e così di seguito per tutta la durata del movimento.

Ripresa. Il *foglio macchina* o foglio di produzione è un elemento indispensabile per una corretta ripresa del film d'animazione. Qui l'animatore stabilisce l'ordine con cui si susseguono i disegni e il numero di fotogrammi per ognuno, l'inquadratura, lo sfondo necessario, le carrellate e i movimenti della MDP, gli eventuali effetti speciali (dissolvenza, doppie impressione, mascherini, ecc.). Altre note sono poi fatte dall'operatore stesso, come le luci usate, il diaframma tenuto, ecc. Nel foglio vengono poi annotati: il titolo della produzione, la scena, il numero progressivo dei fogli; nelle colonne ABCD vanno indicati i disegni nell'ordine in cui dovranno essere disposti l'uno sull'altro, in livelli, in fase di ripresa e la permanenza di ognuno di loro.

Con la compilazione del *foglio macchina* termina la parte creativa della lavorazione di un film d'animazione, quella cioè che dallo studio del copione, dei fondali, dei personaggi, dei grafici e delle animazioni, del colore, dei passaggi e degli effetti speciali, scaturisce proprio nel *foglio macchina*, che pianifica e conclude attraverso la ripresa un ciclo armonico di immagini non più slegate tra loro; per questo la compilazione, delicata operazione da cui dipende tutta la riuscita del film, è a carico dall'animatore che conosce meglio di ogni altra figura la continuità di movimenti delle animazioni e dei fondali associati, conosce e valuta i mezzi tecnici che ha a disposizione, sfrutta e valorizza l'azione nel ritmo indicato. Esaminando voce per voce, possiamo avere un quadro completo di tutte quelle azioni, attraverso le quali disegno animato si esprime:
- FILM, il titolo del film;
- ANIMATORE;
- BN / COLORE;
- FOGLI, il numero dei *cel* utilizzati per la scena;
- SCENA, la scena in numeri romani;
- SCENOGRAFIA, quella impiegata nella scena e indicata con una lettera;
- LUNGHEZZA, indica la durata in secondi e in metri di pellicola della scena; poco sotto si trovano cinque gruppi di voci:
  - TRAMA, l'azione che si svolge in quel punto della scena;
  - EFFETTI, divisi tra dialogo e sonoro;
  - 4, 3, 2, 1, per indicare i *cel* che si possono sovrapporre, dal personaggio al primo sfondo, segnandone la frequenza, ovvero la permanenza in fotogrammi;
  - MOVIMENTO TAVOLO, per lo scorrimento sia orizzontale, sia verticale, delle panoramiche:

- MOVIMENTO MACCHINA, per i carrelli in avanti o all'indietro, dissolvenze semplici e incrociate, sovrimpressioni.

Il *banco di ripresa* è azionato mediante due volantini opportunamente graduati, che consentono di ottenere movimenti in tutte le direzioni e con velocità diverse. Sul piano tavolo vengono adagiati i fondali fissi o panoramici che, una volta sistemati, fanno corpo unico con il piano mobile mediante l'uso di nastro adesivo. I *cel* inseriti nei punti di riferimento, vengono fissati da una fascetta metallica che fa corpo unico con l'intelaiatura del banco e ribaltati sotto un piano di cristallo che pone i *cel* a contatto fra loro e perfettamente in piano durante la ripresa, cosicché il calore emanato dalle luci, che disposte lateralmente illuminano la scena, non abbiano a ondulare i *cel* stessi provocando distorsioni e di conseguenza dei riflessi che comprometterebbero la riuscita della ripresa stessa.

La *macchina da presa* nell'animazione fotografa le immagini con la tecnica del passo uno, cioè di un fotogramma alla volta, ed è fissata a un supporto che scorre lungo una colonna verticale; pertanto il solo movimento possibile è quello del carrello sull'asse ottico (in avanti o all'indietro); è munita di un dispositivo speciale, chiamato *scatto a fotogramma*, per effettuare un costante controllo sul numero di fotogrammi ripresi, o tornare indietro sino al fotogramma desiderato e ottenere l'effetto di sovrimpressione di due diverse scene, con una precisione assoluta, o per l'esecuzione di una dissolvenza incrociata. Un ultimo accorgimento riguarda il tempo di posa dei singoli fotogrammi: se possibile è meglio lavorare per pose lunghe, per evitare l'uso di lampade a forte riscaldamento che potrebbero "distorcere" i *cel*.

Nota XI - L'era televisiva: 1958-1985

Quella che è meglio conosciuta come l'età dell'oro dell'animazione termina negli anni '60, con la fine dello sfruttamento commerciale dei cortometraggi al cinema, in parte dovuto all'imposizione legale di non distribuire più i film secondo la pratica del *block booking*, dove i produttori potevano imporre ai cinema di comprare in blocco i pacchetti di film e corti. Con le nuove disposizioni i corti dovevano essere venduti separatamente, permettendo ai proprietari delle catene cinematografiche di ottenere dei prezzi più bassi per il loro noleggio, al punto da rendere la produzione del cortometraggi d'animazione impraticabile. Ma in quegli anni si assiste a un cambiamento ancora più radicale: il "quinto periodo" per il cinema d'animazione inizia con lo sbocciare della tv, con l'affermazione anche commerciale dell'animazione d'autore e finisce con le prime opere realizzate in digitale, il tutto in mezzo a un mercato sconvolto dalla televisione, dalla pubblicità e dalle nuove tecnologie.

L'ascesa della televisione, nuovo intrattenimento economico e di massa che giunge direttamente nelle case, fornisce nuovi spazi per l'animazione, soprattutto nella pubblicità e nelle serie televisive. La grande domanda di prodotti d'animazione a basso costo da parte delle emittenti tv livella i budget, porta all'uso diffuso dell'animazione limitata, con disegni fissi e zone mobili (con bocche parlanti) e il continuo riutilizzo di cicli d'animazione. Il design semplificato di studi come quello dell'UPA viene imitato dai leader del mercato, come Hanna-Barbera, per produrre più velocemente i disegni: ciò determina il progressivo declino della qualità dell'animazione televisiva per i successivi tre decenni; a causa della diminuzione del pubblico nei cinema, anche il budget dei lungometraggi animati viene tagliato. Dalla pubblicità televisiva arriveranno tuttavia risorse in abbondanza: le aziende chiederanno sempre di più di essere associate a idee intelligenti e a disegni accattivanti, rivolgendosi proprio all'animazione.

Hanna-Barbera

Dopo la chiusura del dipartimento d'animazione della MGM nel 1957, la coppia Hanna-Barbera fondano la propria compagnia e producono per la tv: dopo il modesto successo della prima serie d'animazione televisiva *Crusader Rabbit* (1949), nel 1957 realizzano *The Ruff & Reddy Show* e subito dopo il loro primo successo, *Braccobaldo, The Huckleberry Hound Show* (1958). Prendendo spunto dal modello d'animazione limitata e semplificata dell'UPA, ma rinunciando al suo stile ricercato, le produzioni di Hanna-Barbera diventano una vera e propria fabbrica dell'animazione che domina la televisione per i decenni successivi. Il budget è molto limitato rispetto ai cortometraggi per il cinema della MGM e nonostante la qualità minimale delle animazioni che portarono Chuck Jones a descrivere i lavori della Hanna-Barbera come "radio illustrata", e detto anche che sono evidenti i caratteri convenzionali e chiaramente commerciali del loro stile, gli studi Hanna-Barbera producono gli show più seguiti e apprezzati dal pubblico di quel periodo, come *Quick Draw Mc Graw, Ernesto Sparalesto* (1959), *The Yogi Bear, L'Orso Yogi* (1961-1962), *The Flintstones, Gli Antenati* (1960-1966), che prima dell'arrivo dei *Simpsons* (1989) sono stati la prima e unica sitcom animata ad avere successo in prima serata, *Wachy Races, La corsa più pazza del mondo* (1968), *Scooby Doo* (1969), fino all'esperienza in parte animata e in parte dal vero di *The Banana Spits and Friends* (1968-70), ancora efficace grazie alla scrittura, ai personaggi e ai jingle orecchiabili che ricreano la freschezza della gommosa cultura pop dell'epoca.

Tra le personalità più interessanti occorre citare Michael Maltese, tra i più efficaci sceneggiatori dell'animazione hollywoodiana. Fu a New York presso lo studio dei fratelli Fleischer come intercalatore, dal 1937 lavorò con lo stesso ruolo alla Warner Bros. nelle produzioni di Leon Schlesinger, che qualche anno dopo lo spostò al dipartimento storie e quando questo fu sciolto, a causa delle ristrettezze della guerra, fece coppia con Chuck Jones, fino al 1958, anno del passaggio alla Hanna-Barbera. Daffy Duck, Bugs Bunny, Yosemite Sam, Beep Beep, Wile E. Coyote e Pepé Le Pew crebbero in originalità e credibilità psicologiche non appena iniziò a occuparsene; arrivato alla Hanna-Barbera, permise il decollo delle serie a basso budget di Braccobaldo, dell'Orso Yoghi e dei Flintstones, dando ai personaggi una sostanza umana che solo le parole potevano dare, in tempi di animazione "limitata".

Nonostante il forte impulso dato alla produzione delle serie tv, contemporaneamente va avanti la realizzazione di lungometraggi sull'esempio delle opere disneyane, ma spesso sono operazioni di ripiego, con risultati deludenti. In soccorso arriva ancora una volta l'industria del fumetto: Bill Melendez realizza *A Charlie Brown Christmas* (1965), *A boy named Charlie Brown* (1969) e *Snoopy come home* (1972) tratti dalle strisce dei *Peanuts* di Charles Schulz. Prima di fondare un proprio studio di animazione, Melendez è nel gruppo di animatori della Disney in film come *Pinocchio, Fantasia, Dumbo* e *Bambi*, fa parte del gruppo che vogliono costituirsi in sindacato e lascia la Disney nel 1941 per lavorare alla Leon Schlesinger Production, poi diventata Warner Bros. Cartoons; nel 1948 approda alla UPA dove anima corti come *Gerald McBoing-Boing* e molti spot per la televisione. Nel 1963 fonda la Bill Melendez Productions. Nella direzione di un cinema di animazione più adulto va invece Ralph Bakshi, che sfrutta la notorietà dei fumetti *underground* di Crumb e realizza *Fritz the Cat* (1972), un successo per quegli anni che verrà bissato dal successivo *Heavy Traffic* (1973).

L'opera di John Hubley

Tra gli artisti più significativi del cinema d'animazione americano indipendente, John Hubley, con un rigore formale e con un chiaro impegno politico-sociale, ha più di altri sviluppato una sua poetica personale, in un periodo in cui il disegno animato di consumo attraversava una profonda crisi sia artistica sia produttiva e la televisione assorbiva la maggior parte della produzione di serie. Hubley aveva lavorato per la Disney in *Pinocchio, Fanta-*

sia e *Dumbo*, per l'UPA di Bosustow iniziando con i primi due episodi la serie *Mister Magoo* e chiudendo con *Root toot toot* (1952), un'opera più adulta e sofisticata, ispirata a una versione della canzone tradizionale Frankie and Johnny, che racconta la storia di un delitto da diversi punti di vista. Nel 1956 con la moglie Faith Elliott fonda una propria casa di produzione, la Storyboard, realizzando film come *Adventures of an asterisk* (1956), *Harlem wednesday* (1957) e *Moonbird* (1959), doppiato dai loro figli. Hubley con questi lavori mette a punto uno stile che fu chiamato della "animazione approssimativa" (*rough-animation*), una sorta di sfaldatura delle forme e dei colori, e un movimento continuo dei contorni, ottenuti con una tecnica dell'animazione che si rifaceva alla semplicità dei primitivi, ma arricchita da una sensibilità pittorica e da una abilità tecnica appresa nei tanti anni in Disney, che gli consentiva di arrivare a una vasta gamma di risultati espressivi. Opere più "politiche" possono essere definite *The hole* (1962) e *The hat* (1964).

Il cinema dei coniugi Hubley è un mezzo di rivelazione di realtà nascoste, di rappresentazioni del quotidiano nella loro apparente insignificanza: un uccello che vola, un diverbio fra bambini, una corsa pazza in taxi, una giornata di vento, sono i capitoli di un romanzo sull'uomo e sul suo mondo, ma non considerati astrattamente o in maniera favolistica, quanto invece ancorati a una realtà individuata nelle sue componenti sociali. Si vedano anche, sotto questa luce, *Wind Day* (1967), *Of men and demons* (1969), *Eggs* (1971), *Cockaboody* (1973), in cui il gusto del gioco si unisce a una visione critica dei problemi umani e sociali, poetica presente nei film della sola Faith Hubley, *Enter Life* (1982) e *Seers and Clowns* (1994), realizzati dopo la scomparsa del marito John.

Gli indipendenti

Non esiste una definizione per l'animazione "indipendente" o "sperimentale", quel tipo di produzione autopromossa, spesso realizzata da un solo artista e che sovente riesce a forzare le comuni convenzioni. Ne risulta, anziché una disciplina o una professione, soprattutto una sorta di vocazione. Jules Engel, dopo aver lavorato in Disney nei lungometraggi *Fantasia* e *Bambi*, fece parte di quel gruppo di animatori "dissidenti" che lasciarono lo studio per andare a costituire l'UPA. Qui lavora alle serie di *Mr. Magoo* e *Gerard McBoing Boing*, come artista degli sfondi, in cui metterà a frutto le sue influenze della pittura astratta. Insieme a Herbert Klynn e Buddy Getzler, ex colleghi dell'UPA, Engel fonda lo studio Format Films, producendo episodi di popolari serie tv come *The Alvin Show* e *Popeye the Sailor*. *Icarus Montgolfier Wright* (1962), scritto da Ray Bradbury, ottiene una nomination agli Oscar.

Les Goldman fonda nel 1964 insieme a Chuck Jones la Tower 12 e realizza un film per certi aspetti eccezionale: *Hangman*, basato su un poema di Maurice Ogden. Ernest Pintoff lavora presso l'UPA e con Paul Terry prima di fondare nel 1958 una propria casa di produzione; tra le sue opere spiccano *Blues pattern* (1956), film astratto in cui veniva sperimentata un'originale compenetrazione di forme e suoni, e *Flebus* (1957), dove il disegno e l'animazione sono estremamente semplici, sviluppando i rapporti tra suono e immagine, parola e disegno, come in *The violonist* (1960). Gene Deitch si fa notare per un paio di film realizzati in collaborazione con altri artisti, come il citato *Flebus* (1957) con Pintoff e *The Juggler of Notre Dame* (1957) con Al Kouzel. La sua è stata un'animazione essenziale e stilizzata con eccellenti risultati espressivi, in cui il grottesco e l'umorismo si fondevano col lirico in un insieme figurativo e narrativo esemplare. Da citare il cortometraggio *Munro* (1960), che vinse il premio Oscar, con protagonista una sorta di Charlie Brown che viene arruolato e la serie *Nudnik* (12 episodi, 1964-66), prodotta a Praga per la Paramount.

Fred Wolf e Jimmy Teru Murakami agli inizi degli anni sessanta costituiscono insieme una casa di produzione, portando più avanti il discorso di Pintoff, a cui per certi aspetti possono essere equiparati. Il loro *humor*, astratto e venato di surrealismo, si esprime però in un segno meno "pulito" di quello di Pintoff; i loro film risultano più graffianti, anche se corrono il rischio di essere un poco intellettualistici. Da citare *The bird* (1965) e *The box* (1967) per Wolf e *The top* (1965) e *Breath* (1967) per Murakami, il quale per Channel 4 realizza il coraggioso e maturo *Quando soffia il vento* (1986).

Saul Bass è stato il più noto realizzatore di titoli di testa per film, non solo d'animazione. I suoi lavori si sono imposti per la loro originalità, come quelli per film come *L'uomo dal braccio d'oro* (1955) di Otto Preminger, *Quando la moglie è in vacanza* (1955) di Wilder, *Psycho* (1960) di Hitchcock, *West Side Story* (1962) di Wise. Per i titoli di *Vertigo, La donna che visse due volte* (1959) di Hitchcock, Bass collabora con John Withney: le iconiche spirali sono state create usando un computer analogico, costruito con le eccedenze del controllo anti-aereo americano. Tutti questi lavori sono piccole opere a sé, dove Bass ha saputo sintetizzare in pochi elementi significativi il contenuto drammatico del film.

Stan Brakhage incide, dipinge e pressa elementi naturali direttamente sulla pellicola; il suo lavoro è riconducibile a stati di coscienza alterati, tra sonno e veglia. *Mothlight* (1963) è un cinema diretto, non ci sono vere riprese: elementi come ali di insetti, zampe di scarafaggi e foglie sono incollati tra due strisce di pellicola, e il lavoro possiede un fascino particolare e ipnotico. Lavori simili vengono realizzati da un suo compagno di liceo, Lawrence Jordan, che crea in una serie di undici film, *Animated Works* (1959-1974), dei *collage* animati e non narrativi, composti da illustrazioni del XIX sec., stampe su metallo, figure di antiche anatomie e libri magici; un'atmosfera onirica e inquietante, che ci lascia aperti a ogni possibile associazione.

Nota XII - Il cinema d'animazione nei paesi socialisti

In Europa orientale le strutture del cinema d'animazione rispondevano quasi uniformemente al medesimo modello: la cinematografia di stato, direttamente dipendente dalla direzione politica, si articolò nei diversi rami del noleggio ed esercizio, gestione dei teatri di posa e della produzione. In quella che era l'Unione Sovietica, tagliati i riferimenti con le produzioni dell'avanguardia invise al realismo socialista, il più caratteristico filone era quello ispirato al folclore e alle tradizioni popolari. L'animatore pescava così dalle canzoni dei contadini, dalle leggende e dalla fiabe tramandate di generazione in generazione, per una tendenza che spesso però sfocerà nel manierismo, ma che alcuni (come Jiri Trnka) ne sapranno trarre profitto, come per altri sarà la grafica a fornire la giusta ispirazione (Polonia), o ancora sarà il disegno satirico e umoristico (Cecoslovacchia e Jugoslavia).

Jiri Trnka e il cinema di pupazzi

Questi film, realizzati con una tecnica dell'animazione che risaliva ai primi esperimenti di Segundo de Chomòn e di Lidislas Starevitch, si imposero non soltanto per il loro intrinseco valore estetico e artistico, ma anche per l'uso di una tecnica tradizionale, aggiornata su temi e contenuti attuali, e portata a eccellenti livelli di perfezione formale. Nasce così una vera e propria scuola nazionale, che si rifaceva alla lezione e alla tradizione del teatro di marionette. Jiri Trnka si era dedicato soprattutto di libri per l'infanzia e al disegno umoristico e alla caricatura, prima di passare al cinema nel 1945. Saranno proprio queste due componenti a determinarne la sua poetica, fra la favola e la satira di costume, la rappresentazione dialogica e scenografica, e il grottesco, il mondo dell'infanzia e quello della realtà politica e sociale a lui contemporanea. Tra i primi lavori citiamo *Pèràk a SS (L'uomo a molla e le SS*, 1946), *Zviratka a petrovsti (Gli animali e i briganti,* 1946), per arrivare nel 1947 al suo primo lungometraggio a pupazzi animati *Spalicek (L'anno ceco)*. L'anno seguente con *Cisaruv slavik (L'usignolo dell'imperatore)*, che ottenne numerosi riconoscimenti internazionali, Trnka inizia una regolare produzione di lungometraggi, abbandonando il folklore nazionale per affrontare testi narrativi, drammatici e favolistici di diversa fonte. Ma l'opera di maggior respiro contenutistico e di più profondi accenti poetici, vero testamento artistico, rimane *Ruka (la mano,* 1965), dove egli ancora una volta afferma la libertà e l'indipendenza dell'artista dal potere politico ed economico.

Iniziatore dell'animazione cecoslovacca fu negli anni '30 Karel Dodal, che realizzò parecchi film pubblicitari e quello che è ritenuto il primo film nazionale a pupazzi animati, *Il segreto della lanterna* (1935); l'anno seguente Dodal produce il film "sperimentale" *Le idee cercano la luce* (1936). Da citare anche la produzione della moglie, Hermina Tyrlova, orientata da un lato verso la sperimentazione tecnico-espressiva di nuovi materiali da animare e con cui costruire personaggi e scenografie (giocattoli, oggetti e altre materiali, come la lana, la seta, la corda, come in *Vzpoura bracek, La rivolta dei giocattoli*, 1946), dall'altro verso un cinema per l'infanzia più favolistico e fantastico, che didascalico e moralistico, come *Lev a pisnicka, Il leone e la canzone* (1959).

Allievo di Trnka, col quale lavorò per anni come disegnatore e animatore di marionette, Bretislav Pojar si discosta dal maestro per il carattere idilliaco della sua poetica, che non esclude tuttavia la satira e l'ironia, e che vanno a costituire due aspetti complementari presenti nella sua opera; si citano *To See or Not to See (Psychocratie)* (1970) e *Babablock* (1972).

Karel Zeman

Collaboratore di Hermina Tyrlova, se nei film della serie *Pan Prokouk*, un personaggio caratteristico che bene rappresenta la bonomia e l'arguzia del popolino, così come in *Kral Lavra, Re Lavra*, 1950, affiora uno spirito satirico e grottesco di genuina vena popolare, più avanti Zeman manifesta appieno il suo mondo fantastico, dove poesia e tecnologia si fondono in un'osservazione estatica e ironica, al tempo stesso dell'uomo e della società. Nel 1958 realizza la sua opera più originale e riuscita, ossia *La diabolica invenzione*, ispirato a un romanzo di Jules Verne. E' il risultato di un lavoro meticoloso di tecnica mista, già impiegata in precedenza da Zeman. Le scenografie sono ispirate alle illustrazioni di Roux e Bennet, gli oggetti si animano con estrema naturalezza, tutto come se fosse all'interno di un'affascinante "incisione" animata, di chiara derivazione ottocentesca. Se il tema del film, tratto da Verne, veicola quel gusto per la tecnica e il messaggio progressista di fine '800, la resa spettacolare richiama invece alla lezione di Méliès, a quel senso del meraviglioso, del racconto fantastico e quel gusto scenografico che furono le caratteristiche peculiari dell'artista francese.

Tra Verne e Méliès, che possono essere considerati gli ispiratori dell'arte e della poetica di Zeman, si pongono anche altri lungometraggi di tecnica mista, quali *I figli del Capitano Nemo* (1967) e *Sulla cometa* (1970). Il gusto del meraviglioso e l'influenza di Méliès si fanno più esplicita in *Il barone di Munchhausen* (1961) e *Le avventure di Sinbad il marinaio* (1971). La sua opera, tra le più significative del cinema cecoslovacco di quegli anni, testimonia di uno spirito acuto e di una intelligenza attenta, che hanno trovato l'espressione forse più profonda e completa in *Cronaca d'un folle* (1964). Sue opere notevoli sono anche i successivi *Racconti delle Mille e una notte* (1974) e *Krabat, l'apprendista stregone* (1977).

La scuola di Zagabria

Questa scuola indicò alla fine degli anni cinquanta una strada nuova per il disegno animato di consumo, portando alle conseguenze estreme quelle esigenze di rinnovamento contenutistico e formale che abbiamo già visto essere alla base della "rivoluzione" dell'UPA di Bosustow negli Stati Uniti. L'intento era di utilizzare il disegno animato come mezzo per esprimere ogni tipo di discorso sul reale, dal comico al tragico, dal lirico al divertente, dal satirico al drammatico, senza precludersi nessuna strada, senza appellarsi ai modelli precedenti, ma riscoprendo tutta la vasta gamma delle possibilità spettacolari di un mezzo che era sta-to forzatamente circoscritto entro limiti angusti.

Le origini del cinema d'animazione iugoslavo si fanno risalire agli anni venti con i film pubblicitari di Sergej Tagaz e, una decina di anni dopo, con quelli dei fratelli Maar, trasferitisi a Zagabria da Berlino. A produrre i primi disegni animati è un gruppo di artisti raccoltisi a Zagabria attorno a un giornale satirico-umoristico, il "Kerempuh", diretto da Fadil Hadzic. Sarà proprio Hadzic a produrre il primo disegno animato iugoslavo (*Veliki miting, Il grande meeting*, 1949). Il termine "scuola" non è del tutto esatto, se lo si intende nel senso di un gruppo omogeneo di artisti e di una serie unitaria di opere. Infatti si va tra un film divertente e graffiante come *Surogat, Il surrogato* (1961) di Dusan Vukotic, e uno tragico e complesso come *Tifusari, Malati di tifo* (1963) di Vatroslav Mimica, tra un'opera sperimentale come *Don Kihot, Don Chisciotte* (1961) di Vlado Kristl e una radicata nella cultura folkloristica nazionale come *Becarac, La ronda dei pretendenti* (1966) di Zlatko Bourek. Sono esperienze diverse, risultati artistici lontani e a volte incomparabili, principi estetici differenti, a partire ovviamente da un senso comune di fondo che vuole esprimere ogni problema drammatico o comico, satirico o didascalico, risolto in termini grafici e ritmici, prescindendo il più possibile dall'uso del dialogo o di altri mezzi "impuri". Dall'altro c'è un effettivo rapporto di collaborazione e di amicizia tra questi artisti che si esplica in un lavoro fianco a fianco, servendosi delle medesime attrezzature tecniche. Altri lavori notevoli della Zagreb Film sono *The mask of the Red Death* (1961), horror di Pavao Stalter e Branko Ranitovic, e il fantastico *Satiemania* (1978) di Zdenko Gasparovic. Lo studio realizza anche opere commerciali, tra cui la serie tv *Professor Balthasar* (1967), con protagonista un eccentrico inventore.

Nedeljko Dragić è autore di film pluripremiati, come *Tamer of Wild Horses* (1966), *Forse Diogene* (1968), *The Days Are Going* (1969), *Tup Tup* (1972), *The Diary* (1974), *Put k susjedu* (1982), *Pictures of Memories* (1989), in cui ha sviluppato uno stile dove l'animazione cresce dalle caricature con elementi simbolici; al centro il tema dell'assurdità del destino dell'uomo nella civiltà moderna. Dusan Vukotic è stato l'autore più significativo per i suoi film che si imposero per una maggiore coerenza formale, per un più originale umorismo e un ritmo più sciolto. Dal 1956 inizia il suo intenso lavoro alla Zagreb Film e realizza *Il robot turbolento* (1956), il primo lavoro della nuova casa d'animazione.

Il citato *Surogat* vince l'Oscar, prima volta per una produzione non americana, e rappresenta le assurdità dell'era moderna tramite un uomo che sfoggia i suoi gadget gonfiabili, l'incontro con la desiderata donna pneumatica, fino a che il suo stesso egocentrismo viene "sgonfiato". Realizza poi *Igra* (1962), con cui ottiene una nomination all'Oscar, *Osvetnik, Il vendicatore* (1958) tratto da un racconto di Cechov, *Krava na mjesecu, Concerto per mitragliatrice* (1959), *La vacca sulla luna* (1959) di gustosa satira fantascientifica, e *Piccolo* (1959), in cui è descritta l'inimicizia fra due vicini di casa provocata da una banale armonica a bocca, e dove il suo stile si fa più maturo e il linguaggio più sciolto. L'animazione di Vukotic è fortemente modernista e porta la semplificazione estetica del design ai suoi limiti estremi, maggiore rispetto altri corti che si producevano nei paesi del blocco sovietico in quegli anni, come *Storia di un crimine* (1962) di Fedor Chitruk.

Se il cinema di Vukotic è un cinema essenzialmente umoristico e satirico, secondo la tradizione del disegno caricaturale, quello di Mimica è più drammatico e artisticamente elaborato, orientato verso una sperimentazione continua delle possibilità espressive dell'animazione. *Samac, Solo* (1958) e *Kod fotografa, Dal fotografo* (1959) affrontano il problema della solitudine dell'uomo nella civiltà di massa e i relativi complessi sul piano dei rapporti umani e sociali. Meritano una citazione anche *Tifusari* e *Mala hronika, Piccola cronaca* (1962).

Il grafismo polacco

Se si volesse caratterizzare con una formula sintetica l'animazione polacca, si potrebbe dire che è "il cinema dei pittori e dei grafici" dato che si è sviluppato dal disegno, la grafica, il *collage*, cioè dagli elementi di maggior interesse da un punto di vista figurativo. Il pittore Zenon Wasilewski è considerato il pioniere di tale cinema per il suo film di pupazzi animati *O krolu Krakusie, Il re Krakus* (1946). Il disegno animato, proprio come la pittura, può disobbiettivizzare il fenomeno, idealizzarlo, per tornare alla realtà da un altro angolo: questo provoca la curiosità dello spettatore perché, più lontana dalla realtà è la sua immagine ideale, più potente è la sensazione estetica che si prova. Dal 1956 prese avvio un progressivo disgelo, tendente a favorire film d'autore come quelli di Jan Lenica e Walerian Borowczyk. Di Daniel Szczechura citiamo *Fotel* (1962), *Hobby* (1968) e *Podroz* (1970). Witold Giersz realizza nel 1960 *Maly Western*, costituito da dipinti a olio; con la stessa tecnica *Czerwone i czarne* (1963) e *Kon* (1967); dal 1956 lo si vede confrontarsi con le più diverse tecniche, come in *Rondò alla turca* (1993).

Jan Lenica realizza i primi film in Polonia in collaborazione con Walerian Borowczyk (*Dom*, 1958), poi in Francia e in Germania; nella sua opera confluiscono esperienze, tradizioni, culture che fanno parte di quella che è definita la civiltà europea. *Monsieur Tete* (1959) realizzato con Henri Gruel, su un testo di Ionesco, è un'allucinante e alquanto assurda storia di metamorfosi e trasformazioni, in cui Lenica mette a profitto, in uno stile grafico fortemente incisivo, le ricerche precedenti condotte nel campo del disegno animato. Anche i successivi *Labirynt* (1962), *Die Nashorner* (1963) e *A* (1964) possono essere inseriti, per certi aspetti, in un'esperienza estetica e morale simile, dove il tema dell'impossibilità umana di essere veramente liberi, al di fuori dei limiti imposti dalla società, trova i giusti toni e le giuste cadenze di un apologo esistenziale. Con *Adam II* Lenica tratta il tema della solitudine in una società massificata e disumana, che ha distrutto i vecchi equilibri tra l'uomo e la natura, l'uomo e l'ambiente sociale, lo spirito e il corpo, in cui le nuove strutture determinate da una visione scientifica e meccanica della realtà, sono più angoscianti. A opere di maggior impegno, ha affiancato film di più libera concezione formale, come l'incantato *La femme fleur* (1966) e *Fantorro, le dernier justicier* (1971), alternando il disegno animato alla *pixillation*, l'animazione di esseri viventi.

L'oggetto, il mondo degli oggetti, il rapporto che si instaura tra l'uomo e l'oggetto, la vista stessa degli oggetti e i condizionamenti cui sottopongono l'uomo, sono i temi ricorrenti di un discorso che, di film in film, si dipana con esemplare coerenza in Walerian Borowczyk, come in Les *astronautes* (1959), *Renaissance* (1963), film dedicato a Hy Hirsch, *Le phonographe* (1969). La macchina, quando sfugge al controllo razionale dell'uomo, non si ribella contro il suo creatore e lo soggioga, quanto invece è impiegata dall'uomo per far violenza sugli altri uomini. E' il principio di ogni totalitarismo che Borowczyk condanna senza appello, mettendo a nudo proprio la disumanità e la crudeltà che si nascondono dietro il paravento della legalità e della rispettabilità, come in *Theatre de M. et Mme Kabal* (1967).

Ivanov-Vano e il cinema sovietico

E' un cinema che va visto e giudicato nell'ambito di una produzione destinata essenzialmente a un pubblico infantile, secondo una tradizione educativa che si è andata fossilizzando negli anni. Oltre a Ivan Ivanov-Vano, Roman Kacanov, Michail Kameneckij, si possono ricordare Ivan Ufimizev per il grazioso *C'i v lesu siski?*, *Di chi sono le pigne della foresta?* (1965), Vadim Kurceskij per il grottesco *Moj zelenyj krokodil*, *Il mio coccodrillo verde* (1965), E. Tuganov per il trittico spiritoso e moraleggiante *Oslik, seledka i metla*, *L'asino, l'aringa e la scopa* (1969), Andrey Chrzanovskij con una critica all'assurdità della burocrazia comunista e paradossalmente approvato dalla casa di produzione statale Sojuzmul'tfil'm *Zil-byl Kozjavin*, *There Lived Kozyavin* (1966) e V. Kotenocikin per una parodia Disney, *Pogodi!*, *Aspetta un momento!* (1969), realizzata con personaggi e stile prettamente disneyani.

L'autore più significativo è Fedor Chitruk, il cui stile, non particolarmente originale ma vivace, ricco di felici invenzioni narrative è già visibile in *Istorija odnogo prestuplenija*, *Storia di un cirmine*, (1962) in cui il disegno richiama a moduli figurativi di derivazione occidentale, europea e americana. Il film, con il suo humor nero, è un monito agli urbanisti moderni: il protagonista perde il senno per i rumori di altre persone che vivono nello stesso condominio e lo tengono sveglio tutta la notte. L'animazione minimale e stilizzata, le prospettive piatte, il tipo di vestiti, le superfici murarie di mattoni portano il disegno animato russo al passo con i tempi, in confronto alle storie tradizionali realistiche, ispirate allo stile disneyano. Con *Toptycka* (1964), una delicata favola infantile, la narrazione si fa più agile e scorrevole anticipando la migliore opera di Chitruk, *Kanikuly Bonifacija, Le vacanze di Bonifacio* (1965), che narra le avventure di un leone da circo che trascorre un periodo di vacanza in Africa, secondo i moduli del cinema per l'infanzia; ma l'invenzione grafica, il preciso senso cromatico della composizione, il ritmo narrativo spigliato e originale, l'indovinato commento musicale e la finezza psicologica con cui è tratteggiato il protagonista, danno al film una sua autonomia artistica e una validità espressiva che lo pongono al di fuori di ogni classificazione. Chitruk realizza altri film satirici e ricchi di ironia, come *Celovek v ramke, Man in the frame* (1966), *Film, film, film* (1968), *Ostrov* (1973), *Ikar i mudrecy, Icarus and the Wise Men* (1976), che esibisce il potenziale della parabola sociale e *Lev i byk, Lion and Bull* (1984), un ammonimento contro la guerra, inclusa quella nucleare.

Jurij Norštejn

Tra i suoi lavori citiamo *L'airone e la gru* (1974), *Il riccio nella nebbia* (1975) e *Il racconto dei racconti* (1979), una serie di episodi associati in modo casuale, senza un ordine logico. Il film tenta di imitare il pensiero umano, in cui ogni cosa riporta alla memoria un'altra, narrando ogni ricordo, da quelli personali dell'animatore, che si collegano alla memoria collettiva della Russia, fino a quelli universali dell'uomo, semplici o straordinari, grandiosi o tristi. Norštejn lavora con stili differenti collaborando con artisti diversi, tra i quali uno dei padri dell'animazione russa, Ivanov-Vano; proprio questo il film si caratterizza per una grande varietà di tecniche, animazione da ritagli, complessi sfondi, primi piani a più livelli, facendone un'esperienza ipnotica e commovente. Ha in cantiere dal 1981 un film basato sul racconto *Il cappotto* di Gogol. In quel periodo è attivo Roman Kacanov, che lavora per tanti anni come animatore, disegnatore di layout e assistente alla regia, prima di passare alla regia e dirigere *Krokodil Gena, Gena il coccodrillo* (1969), in cui fa la sua prima apparizione il personaggio più noto dell'animazione russa, Ceburaska: ha l'aspetto di un bambino, un orsetto di peluche e di una scimmietta, con due enormi orecchie rotonde. Ceburaska sarà poi protagonista di altri tre film, *Ceburaska* (1971), *Sapokliak* (1974), *Ceburaska va a scuola* (1984) e nel 2009 di una serie tv giapponese.

Popescu-Gopo e l'Animafilm

Sue le prime animazioni rumene fatte dopo la guerra, *L'ape e il colombo* e *L'anatroccolo disubbidiente* entrambi del 1951, cui seguirà l'anno dopo *Due coniglietti*. Sarà *Scurta istorie, Una storia breve* (1957) a imporre il suo nome anche all'estero: il film si libera in modo definitivo dalle influenze disneyane; lo stile grafico e narrativo, più sciolto e ritmato, deriva da una semplificazione del tratto, un ritorno alle origini del disegno animato, a un maggior valore espressivo dato al segno grafico, che *Sapte arte, Sette arti* (1958) e *Homo sapiens* (1960) rendono ancora più evidente.

Il cinema d'animazione a Budapest, Dresda e Sofia

Jozsef Nepp si afferma fin dalle prime opere artista di facile vena umoristica e di sottile ironia, che si esprime in uno stile chiaro, sintetico, costruito sulla successione di *gags*. Dopo l'esordio con *Szenvedely, La passione* (1961), egli si fa notare con *Holnaptol kezdve, Da domani* (1963), un film sull'accidia, ricco di trovate comiche e di fine senso dell'*humor*, trattato in termini di balletto.

Bruno J. Bottge, prolifico autore di film di *silhouettes* che illustrano temi e soggetti consueti della favolistica classica, realizza *Die sieben Geisslein* (1953), *Der Teufel und der Drescher* (1954), *Die Bremen Stadtmusikanter* (1955) a altri cortometraggi per la Defa Animation Film, presso la quale esordisce con *Frechheit siegt nicht* (1956), un racconto satirico. Bottge riprende la tecnica di Lotte

Reiniger e la utilizza con sempre maggiore scioltezza, raggiungendo a volte sorprendenti risultati espressivi.

Todor Dinov esprime la sua poetica in *Gramootvodat, Il parafulmine* (1962), una satira sui pusillanimi; *Revnost, Gelosia* (1963), parodia astratta del cinema western; *Iabalkata, La mela* (1963), sull'assenza di senso morale; *Margaritka, La margherita* (1965), una favola morale contro la violenza; *Prometei XX, Prometeo XX* (1970), in cui un'umanità padrona dei propri mezzi tecnici-scientifici è però venata di malinconia. In questi lavori lo stile di Dinov è lineare e poco concede alle suggestioni scenografiche: la sua vena satirico-umoristica si manifesta nella rappresentazione di certi difetti della natura umana.

Nota XIII - L'Europa occidentale del secondo dopo guerra

Cinema d'animazione francese

Le sue radici si fondano in una tradizione che risale agli inizi del cinematografo, a Emile Reynaud. Su queste premesse, ancora in gran parte artigianali, si sviluppa dopo la liberazione nel 1944 un cinema che seguirà due strade parallele: la produzione di alto artigianato, con pretese artistiche e culturali (Paul Grimault) e quella industriale con intenti esplicitamente commerciali (Jean Image, che oltre alle centinaia di cortometraggi, produce il primo lungometraggio francese, Jeannot *l'intrépide*, 1950).

Jean Image è riuscito a creare un'industria sul modello di quella hollywoodiana, che ha sfornato per il cinema e per la televisione numerosissimi film di serie e alcuni lungometraggi. Si possono citare alcuni film di più fresca invenzione grafica e narrativa come *Rhapsodie de Saturne* (1946) e *L'aventure du Père Noel* (1957). Staccatosi da Image, Albert Champeaux dopo avere realizzato film pubblicitari comincia una regolare produzione in collaborazione con Pierre Watrin, che era stato collaboratore di Grimault. Si vedano *Paris-Flash* (1958), *Villa mon reve* (1961), una satira di costume e il poetico *La fleur bleue* (1964). La figura forse più interessante di questo gruppo di nuovi autori è Henri Gruel, già collaboratore di Arcady e eccellente sperimentatore delle più varie tecniche e dei più diversi materiali artistici, dal disegno alla fotografia, dal *collage* alla ripresa dal vero. Le sue influenze, dalla moda *fin-de-siècle* al dadaismo, la visione disincantata della realtà seguita da una critica corrosiva sono visibili in opere come *La Joconde* (1957), *Contes Zaghava* (1966) e *Monsieur Tete* (1959) realizzato in collaborazione con Jan Lenica.

Paul Grimault subito dopo la guerra realizza tre piccoli capolavori: *Le volver de paratonnèrrés* (1945), *La flute magique* (1946) e *Le petit soldat* (1947). Alla base del suo cinema c'è il populismo di Prevert e compagni, il desiderio di trasferire in termini di fiaba il dibattito delle idee, la lotta per la conquista di nuovi rapporti umani e sociali come condizione per un'autentica convivenza. Il disegno di Grimault è infantile, senza essere disneyano, è corposo, richiama a certa grafica pubblicitaria degli anni trenta. Da citare il lungometraggio *La bergére et le ramoneur* (iniziato nel 1950, per poi essere finito soltanto nel 1979 con il nuovo titolo *Le Roi et l'Oiseau*, dopo un allontanamento dello stesso Grimault dall'animazione durato fino al 1967) e *Le diamant* (1970). Negli anni Grimault ha creato una vera e propria scuola, i cui allievi hanno saputo attingere dalla sua opera la visione fantastica e progressista del mondo, attualizzandola poi ciascuno a suo modo. Tra questi vanno citati Jean-Francois Laguionie e Jacques Colombat.

Nei lavori di Laguionie l'incanto fiabesco si tramuta in una meditazione sull'uomo; usando la tecnica del *découpage* realizza *La demoiselle et le violoncelliste* (1965) e *La traversée de l'Atlantique à la rame* (1978). Il suo nome è legato soprattuto a *Gwen, le livre de sable* (1984): rimasto dimenticato per tanto tempo, è un lungometraggio affascinante sia dal punto di vista narrativo sia da quello visivo; per evitare l'aspetto tipico dei piatti contorni neri su rodovetro, il film è dipinto a "guazzo", in ogni fotogramma i tessuti vengono tratteggiati e animati in maniera quasi tridimensionale, con un effetto di grande verosimiglianza. La storia è ambientata in un mondo post-apocalittico coperto di sabbia e popolata da terribili creature notturne. I lavori di Colombat realizzati in carta ritagliata sono, nonostante la goffa animazione, plastici e graficamente incisivi, gioiosi e sovversivi. La rappresentazione grottesca della realtà rivela uno spirito profondamente morale; tra i suoi lavori *Marcel, tua madre ti chiama* (1961), *La Montagne* (1969) e il lungometraggio *Robinson et compagnie* (1991).

L'incontro tra René Laloux e Roland Topor, due artisti rispettivamente del cinema d'animazione e della grafica, avvenne agli inizi degli anni sessanta. *Les temps morts* (1964) è un *collage* di immagini differenti, documenti d'attualità, illustrazioni, disegni di Topor, fotografie. Les escargots (1965) narra della rivolta degli umili compressi dalle strutture sociali, la quale provoca il crollo della società che si regge sull'ingiustizia. Laloux riesce a animare in maniera al tempo stesso infantile e allucinante i disegni di Topor, conferendo alla storia e ai personaggi una dimensione tragica e apocalittica, raggiungendo risultati espressivi di rara efficacia e di notevole contenuto drammatico. Questa esperienza narrativa è approfondita nel lungometraggio realizzato con una tecnica definita *papier découpé en phases (carta tagliata in fasi)*, che consente l'animazione sciolta e più naturale dei personaggi di carta ritagliata; si tratta di Il pianeta selvaggio (1969-72), ispirato al romanzo di Stefan Wul *Homo Domesticus* (*Oms en série*, 1957). Rispetto alle precedenti opere questa volta è presente una visione della realtà che potremmo definire illuministica, per cui le contraddizioni, gli orrori, la violenza del mondo contemporaneo, possono trovare uno scioglimento laddove subentri nei rapporti umani e sociali, la ragione e la tolleranza. Il dramma è sempre presente, ma non è così esplicito se non in particolari situazioni dove esplode; l'atmosfera è carica di tragedia nelle descrizioni paesistiche, nella rappresentazione della vita quotidiana dei "giganti", un'atmosfera piena di attese e angosciante, che diventa il vero contenuto espressivo dell'opera e che ci consente di leggere questa storia fantascientifica in chiave tanto politica quanto esistenziale. Uno stravolgimento della realtà, dai riflessi abnormi e conturbanti, che ritroviamo anche in *La montagne qui accouche* (1973) di Jacques Colombat, realizzato in collaborazione con René Loloux, che nel 1981 realizza *Les maitres du temps*.

Manuel Otero, un collaboratore di Henri Gruel e coautore con Leroux di alcuni disegni animati, va ricordato per *Contre-pied* (1965), *La ballade d'Emile* (1966), *Arès contre Atlas* (1967), *Univers* (1968) e *Sec et debout* (1970). Egli pare sempre meno preoccupato della "bella forma" in senso tradizionale e la sua opera si apre a nuove esperienze estetiche, frutto di un ampliamento delle prospettive politiche entro le quali inquadrare la critica della società e del costume contemporaneo.

La produzione britannica

Se George Pal fu un tecnico abilissimo, che ha dato al cinema d'animazione pubblicitario un nuovo carattere basato sulla suggestione delle immagini semoventi e sui "trucchi", John Halas fu invece il primo vero creatore dell'industria del disegno animato britannico, con la casa fondata insieme alla moglie Joy Batchelor. *Handind Ships* (1945), commissionato dalla Marina inglese fornisce le istruzioni per manovrare le navi; *History of the cinema* (1956) costituisce il primo lungometraggio animato inglese; *The insolent matador* (1959), su disegni di Harold Whitaker è pieno di eleganti soluzioni formali e di *gags* e *Automania 2000* (1963), una satira della motorizzazione condotta con gusto e sottile ironia. Sul piano di un umorismo intelligente, al di fuori di un discorso satirico, si pongono i film della serie tratta dai disegni grotteschi di Gerard Hoffnung, che sono tra i prodotti migliori usciti dagli studi di Halas e Batchelor. Tra *nonsense* e rappresentazione deformata della società, la poetica di Hoffnung è visibile nella serie *The Hoffnung symphony orchestra* (1965), nei corti dello stesso anno di Halas e i suoi collaboratori, *Bird bees and storks*, *The Palm Court orchestra*, *The vacuum cleaner*. Ma il film che fece fare un salto di qualità alla casa londinese fu la produzione *La fattoria degli animali* (1955), dal romanzo di George Orwell. Nella seconda metà degli anni '60, lo studio d'animazione inglese si pose all'avanguardia, in campo europeo e mondiale, iniziando a operare in campo della computer animation. *What Is a Computer* (1967) e *Contact* (1967) furono i primi esempi; *Autobahn* (1979) per la musica dei Kraftwerk e *Dilemma* (1982) ne furono i migliori. Il cinema di Halas e della Batchelor può essere visto come un ottimo prodotto di consumo, in cui raramente si trova l'invenzione originale, ma dove il livello artistico è spesso superiore a quello delle altre case produttrici di cinema d'animazione, sia europee, sia americane o giapponesi.

Tra gli iniziatori del disegno animato britannico non convenzionale c'è Stanley Hayward, soggettista e sceneggiatore di alcuni dei migliori film di Bob Godfrey, George Dunning e Richard Williams. Lo spirito caustico di Hayward, il *nonsense* indirizzato verso una rappresentazione satirica della realtà, il gusto del paradosso trovano, negli stili diversi dei singoli registi, un'espressione di volta in volta grottesca, lirica, umoristica di grande efficacia. Dopo aver collaborato con Paul Grimault a *La Bergère et le ramoneur*, lavorato alla Halas e Batchelor, e come direttore artistico in *Yellow Submarine*, Alison de Vere realizza *Café-Bar* (1975), per Chanel 4, *The Black Dog* (1987) e *Psiche ed Eros* (1994). Nel 1983 la Cosgrove Hall Films produce in stop-motion per la tv inglese *Il vento tra i salici*, *The Wind in the Willows*, realizzato da Mark Hall e Chris Taylor; il successo del progetto spinge la casa a realizzarne una serie per la tv (52 episodi) e un secondo film, *A tale of Two Toads* (1989).

Bob Godfrey

Bob Godfrey si affermò con *Polygamous Polonius* (1958), in cui la polemica antifemminista assumeva i caratteri di una rappresentazione condita di *humour*, dai risvolti grotteschi e dal segno graffiante. Un narrare i casi quotidiani della vita sotto l'angolo visivo del sesso e della sua invadenza nella società contemporanea, che costituiscono il tema ricorrente dei suoi film, trovano i giusti toni della commedia di costume e della satira sociale in *Henry 9 'til 5* e in *Kama Sutra rides again* entrambi del 1971. Godfrey racconta ancora la rigida società britannica in *Great* (1975), corto che vince l'Oscar. La sua lezione ha segnato una traccia significativa nella produzione britannica, come nei lavori di Vera Linnecar, *Springtime for Samantha* (1965) e *When Roobarb made a spike* (1972). Dopo aver lavorato allo studio Larkins, Godfrey fonda una propria compagnia, la Biographic, con cui realizza nel 1961 *Do It Yourself Cartoon Kit*. Il film è un'animazione a ritagli rapida e ossessiva, che racconta della vendita promozionale di un kit per cartoni animati fai-da-te; il disegno è portato a un minimalismo tale da andare oltre lo stile limitato diffuso all'epoca, che potremmo definirla animazione "lo-fi".

Oliver Postgate e Peter Firmin con la serie *The Clangers* (1969), animali fatti a maglia che vivono su "un piccolo pianeta molto, molto lontano", realizzano una surreale animazione televisiva a basso costo; insieme i due fondano la compagnia Smallfilms e producono serie animate per bambini, come *Bugpuss* (1974), *Ivor the Engine* (1975) e *Noggin the Nog* (1979). Lo stile di Richard Condie è simile a quello di Bob Godfrey: disegni semplici, personaggi appena caratterizzati, linee tremolanti. Con *The Big snit* (1985) sembra dirci che, al di là dei nostri miseri conflitti, il mondo è meraviglioso e non aspetta che noi; tra i collaboratori del film c'è Cordell Baker, che più tardi realizzerà un altro classico della comicità demenziale canadese, *The Cat Came Back* (1988).

George Dunning

Stilisticamente rigoroso, alla ricerca di una figurazione che non si limiti a rappresentare la realtà ma ne metta in luce le complesse strutture formali, George Dunning ha imposto uno stile che in parte ha dominato il disegno animato, non solo britannico, degli anni '60. Le sue ricerche, debitrici di varie esperienze nel campo della grafica, hanno portato l'animazione a un livello espressivo alto, aprendo la strada per successive sperimentazioni. Nato in Canada, frequenta l'Ontario College of Art presso il National Film Board sotto la direzione di Norman McLaren, dove nel dopoguerra realizza *Three blind mice* (1945) e *Cadet Rousselle* (1947); per quest'ultimo cortometraggio utilizza una particolare tecnica d'animazione, impiegando strisce di metallo ritagliate e colorate, con interessanti e poetici risultati espressivi.

La sua fertile stagione comincia dopo il 1956, quando, dopo aver lavorato per lo studio UPA a New York sulla serie *Gerard Mc Boing Boing*, si trasferisce a Londra per dirigere la sede inglese dell'UPA, che chiuderà da lì a poco. Dunning, insieme a John Coates, fonda la TV Cartoons (TVC) nel 1957 e assume molti ex-membri dell'UPA londinese. Specializzandosi nella produzione di film pubblicitari e di serie televisive, tra le quali va ricordata quella dei Beatles prodotta nel 1966, Dunning continua a realizzare cortometraggi sperimentali come *The wardrobe* (1959), *The apple* (1962), *The Flying Man* (1962) e *The Ladder* (1967), in cui sviluppa la tecnica delle pennellate che sarebbe ricomparsa nella sequenza *Lucy in the Sky with Diamonds*, rivelano il gusto del paradosso e del *nonsense* proprio della sua poetica, ma anche il grafismo lineare, la ricerca di una forma essenziale, in sintonia con il tema trattato. Ricerche che trovano terreno per un'applicazione rigorosa e artisticamente interessante nel lungometraggio del 1968 *Yellow Submarine*, su disegni di Heinz Edelmann e su uno scenario basato su testi e canzoni dei Beatles. L'esile vicenda aggrovigliata da una serie di curiosi accadimenti è il pretesto per uno spettacolo affidato all'incanto scenografico delle immagini, allo splendore del disegno, allo sfolgorio del colore, ai motivi musicali e dei dialoghi spiritosi. E' una rappresentazione che, dinamica quanto si voglia, appare statica, una sorta di "sospensione" del tempo e dello spazio, per cui i personaggi, gli ambienti e le avventure assumono una dimensione nuova. Il film mostra così un affrancamento dell'animazione dai condizionamenti del cinema dal vero, indicando una possibile via per un disegno animato finalmente libero dagli schemi formali ed estremamente rigidi dei film disneyani. Dunning torna poi al cortometraggio con *Moonrock 10* (1970), *Damon the Mower* (1972) e *The maggot* (1973). In seguito inizia a pianificare un adattamento de *La Tempesta* di Shakespeare, lavoro che non riuscirà a portare a termine. Con la TVC guidata da John Coates decide di spostare la produzione dalla pubblicità ai film educativi e all'intrattenimento, soprattutto con adattamenti di libri per l'infanzia. Tra i lavori del nuovo corso della TVC citiamo *The Snowman* (1982), *Quando soffia il vento* (1986), *Father Christmas* (1991), la serie televisiva *The Word of Peter Rabbit and Friends* (1992) e *Il vento tra i salici* (1995).

Richard Williams

L'opera di Williams, non molto cospicua al di fuori dei film pubblicitari e dei titoli di testa per alcuni film spettacolari, è continuamente in bilico tra una visione filosofica della realtà che evidenzia più il mistero che l'assurdità, come in *The little island* (1958), e l'interesse tecnico-espressivo per la grafica per rappresentare della realtà gli aspetti rivelatori in termini estremamente sintetici, interesse visto e manifestato appieno in *Christmas Carol* (1971). Basato sull'omonimo racconto di Dickens, il film è costruito con un rigore narrativo eccellente e si avvale di un disegno "realistico" che si ispira alle illustrazioni, alle stampe, alla pittura dei tempi di Dickens, tanto da riuscire a esprimere il carattere della Londra di quegli anni. Il grande successo internazionale arriva con la direzione delle animazione di *Chi ha incastrato Roger Rabbit* (1989) e subito dopo si rimette al lavoro per completare il film iniziato nel 1964, *The Theif and the Cobbler*, che però per dissidi con la Warner Bros gli viene sottratto, per finirlo senza di lui; alcuni personaggi vengono tagliati e inserite nuove sequenze musicali, il film sarà quindi molto diverso da quello che Williams aveva immaginato e verrà distribuito nel 1993 con un titolo diverso, *Arabian Night*. La sua ossessione al dettaglio, la sua più grande forza, è finita per diventare la sua rovina. Nel particolare settore dei titoli di testa, ambito non secondario, Williams e i suoi collaboratori hanno lavorato per film come *The charge of the light brigade* (1968) di Tony Richarson, *A funny thing happened on the way of the Forum* (1964) di Richard Lester, *Casino Royale* (1966) di John Huston. Il suo ultimo corto *Prologue* (2015) riceverà una nomination all'Oscar.

Terry Gilliam

Dopo alcuni anni passati a Los Angeles e a New York (scrittore e fumettista per la rivista *Help!* di Harvey Kurtzman), Gilliam si trasferisce in Gran Bretagna dove diventa membro dei Monty Python, affermandosi come maestro di un'animazione surreale e anarchica. Per il gruppo realizza brevissime animazioni per accompagnare alcuni monologhi, che successivamente vengono unite per formare il cortometraggio *Storytime* (1968). Dovendo lavorare con poco budget e con tempi stretti, si inventa quello che diventerà il suo marchio stilistico fatto di foto ritagliate, immaginario vittoriano, macchine surreali e illustrazioni bizzarre. Gilliam continuerà l'esperienza in *Monty Python's Flying Circus* (1969), *Monty Python and the Holy Grail* (1975) e *Brian di Nazareth* (1979). Il suo stile selvaggio, inventivo e anticonvenzionale ha influenzato molti registi, dal "lo-fi" Michel Gondry ai creatori di South Park, Trey Parker e Matt Stone.

Nel 1982 hanno inizio le trasmissioni di Channel 4, emittente fondata per decreto del governo, con il mandato di provvedere agli interessi minori che rimanevano ignorati dalla televisione inglese e di commissionare opere al di fuori dei tradizionali canali di produzione. Il primo film animato che il canale finanzia è *The Snowman* (1982) di Dianne Jackson, dal libro illustrato di Raymond Briggs. In seguito arrivano Tim Webb, *A is for autism* (1992) e Marjut Rimmeni; sono solo alcuni degli artisti emersi in questo canale che dedicherà alla animazione un'attenzione primaria, come più tardi farà la BBC, attraverso la filiale regionale di Bristol, finanziando mediometraggi a costo più elevato, come *Wallace & Gromit* (1989) della Aardman Animations o *Manipulation* (1991), premio Oscar, e *Flatworld* (1997) di Daniel Greaves.

Aardman Animation

Fondata dai compagni di scuola Peter Lord e Davis Sproxton nel 1972, lo studio d'animazione si è specializzato nell'animazione in spot-motion con modellini, caratterizzata da uno humor eccentrico e molto british, e sostenuta dai suoi particolarissimi personaggi come Wallace, il cane Gromit e la pecora Shaun. Lord e Sproxton cercano di realizzare delle animazioni che piacciano anche al pubblico degli adulti; in *Conversation Pieces* e *Lip Synch*, per Channel 4, usano registrazioni di conversazioni reali per farne il punto di partenza per i film, personaggi, ambienti e storia compresi. Una tecnica utilizzata anche nei corti di *Interviste mai viste, Creature Comforts* (1989-2005) di Nick Parker, il neo acquisto dello studio, dove l'uso delle conversazioni preregistrate crea una situazione comica, di tenerezza e di ironia del tutto autonoma, dallo stile documentaristico e socialmente impegnato di Sproxton e Lord: le interviste di gente comune sulle proprie condizioni di vita, animata come un'inchiesta tv fra gli animali dello zoo, rende tutto esilarante, umano, ma anche assolutamente normale. Nick Park è anche l'inventore dei personaggi più popolari della Aardman, Wallace e Gromit, nati dal lavoro del diploma *A Grand Day Out* (1989) e terminato allo studio, in cui la strana coppia di plastilina fanno un viaggio sulla luna in cerca di formaggio. Fu l'inizio dell'affermazione della Aardman nel mercato non soltanto britannico, ma la filosofia dello studio rimase la stessa: proporre varietà di stili e tecniche, lavorare con autori diversi, investire in talenti e creatività, realizzando opere di ogni tipo, tra video musicali, pubblicità, cortometraggi, serie televisive e lungometraggi.

Belgio, Germania, Svizzera e paesi minori

Nei paesi dell'Europa occidentale, il cinema d'animazione si è sviluppato dopo la fine della seconda guerra mondiale, soprattutto nel campo della pubblicità cinematografica e televisiva, e solo di rado, grazie ai guadagni ottenuti, nel campo dello spettacolo o delle ricerche sperimentali. In Belgio, Ray Goossens diede l'avvio alla serie *Tintin* (1959), il noto personaggio dei fumetti di Hergé, realizzato dalla casa Belvision di cui era il direttore artistico. Goossens diresse anche il primo lungometraggio belga a disegni animati, *Pinocchio dans l'espace* (1964), una mediocre produzione belga-americana che aprì però la strada ad altri lungometraggi di un certo successo di pubblico, come *Astérix le Gaulois* (1968) e *Astérix et Cléopatre* (1969), ambedue di René Goscinny e Albert Uderzo, o ancora *Lucky Luke* (1971), tutti prodotti dalla Belvision.

Nati dai fumetti di Peyo nel 1958, i Puffi sono i protagonisti di una serie di nove cortometraggi negli anni '60 e di un lungometraggio, *Il flauto dei puffi* (1976); nel 1981 Hanna-Barbera iniziano a produrne una serie per la televisione americana (421 episodi, 1981-90). In quegli anni opera il danese Borge Ring *Oh! My darling* (1978), premio al Festival di Cannes e *Anna & Bella* (1985), premio Oscar. Hubert Sielecki realizza i suoi primi lavori insieme a Zbigniew Rybczynski, occupandosi della produzione, della sceneggiatura e della musica. In seguito collabora con pittori come Maria Lassnig per *Maria Lassnig Kantate* (1992) e scrittori come Karin Spielhofer per *Ein Stein rollt* (2006). Tra gli altri lavori citiamo *Air Fright, Paura di volare* (1995). Lejf Marcussen, autore di *Tonespor* (1983) e *Den Offentlige Rost* (1988), porta avanti una serie di ricerche pittorico-musicali non verbali: l'animazione deve riempire lo spazio che le parole non riescono a raggiungere.

Una figura rappresentativa del cinema d'animazione belga, tanto da costituirne quasi il simbolo, è l'eclettico Raoul Servais, insegnante all'Accademia di Gand. In *Chromophobia* (1966) e *Sirène* (1968), compaiono alcuni temi che saranno sviluppati in seguito, come la forza dell'individuo contro le avversità, l'aspirazione a un mondo migliore e una visione ironica della realtà; anche lo stile si farà più maturo e l'uso del colore unito a un disegno dai contorni marcati consente una maggiore individuazione formale dei temi. Opere come *Operation X-70* (1971) e *Pegasus* (1973) sono certamente i suoi lavori più complessi e validi, che danno una visione del mondo contemporaneo che scuote l'indifferenza e la passività dello spettatore. Il disegno corposo, d'un realismo che si richiama a certe tendenze della grafica e della pittura contemporanee, il ritmo delle immagini secondo le migliori regole del cinema spettacolare, un ottimo uso dei contrasti visivo-sonori, fanno di questi film dei prodotti indubbiamente inconsueti nel panorama del cinema d'animazione.

In Germania, più che altrove, il cinema d'animazione è legato alla pubblicità e alla televisione. Tra gli artisti citiamo Wolfgang Urchs, dal disegno incisivo e polemico; i suoi film rientrano in un discorso politico chiaramente antiborghese, con una loro originale e forte carica paradossale, come *Nachbarn* (1973). Sul tema dei dispetti reciproci tra due vicini di casa, e su una traccia narrativa che ricorda *Piccolo* di Vukotic, il film dispiega un umorismo nero, ritmato sulla successione rapida di situazioni grottesche, il cui risvolto polemico è ancora la satira della borghesia e dell'egoismo individualistico.

Franz e Ursula Winzentsen, autori di *Staub* (1967), rappresentano la lotta del bene e del male con un simbolico rincorrersi di pulviscoli neri e bianchi, invero alquanto ingenuo. La loro tecnica, che consiste nell'animazione di polvere, con cui è possibile modificare continuamente le figure che di volta in volta sono tracciate mediante impercettibili movimenti dei contorni, fu successivamente utilizzata e perfezionata da Ernest Ansorge, svizzero, che giunse a risultati di notevole suggestione formale, come in *Les corbeaux* (1967), *Fantasmatic* (1969) e *Alunissons* (1970).

Tuttavia sembra che la poetica di entrambi, non sempre chiaramente espressa, sia alquanto esile, sicché il loro discorso si esaurisce per lo più in un formalismo estremamente raffinato.

Dell'animazione svizzera citiamo i divertenti spot televisivi di Edmond Liechti, autore di *Guillème Tole* (1971), grottesca parodia di Guglielmo Tell, e di Daniel Suter il violento *Chewingo-home* (1971) e il grottesco *Le macaque* (1972). Citiamo anche l'alto livello tecnico-espressivo raggiunto dal cinema d'animazione olandese che si manifesta appieno nel film pubblicitario, come in *1+1=2* (1972) di Per Lygum, realizzato per la Philips e in Finlandia con i raffinati giochi di Seppo Suo Anttila, *Impressio I* e *Impressio II* (1969-1972), in cui l'animazione di bottiglie e vasi raggiunge effetti drammatici notevoli. George Schwizgebel va ricordato per *La jeune fille et les nuages* (2000) e soprattutto per il corto dipinto su vetro *L'homme sans ombre* (2004), coprodotto con il National Film Board of Canada.

In Norvegia, Ivo Caprino si fa notare con *Tim and Terry* (1949), un film con i pupazzi animati, realizzato con una tecnica da lui perfezionata per muovere i personaggi in tempo reale, una prima versione dell'*animatronics*. Caprino realizza molti corti e spot pubblicitari, un lungometraggio dal vero con sequenze in stop-motion, *Owls in the Marsh* (1959) e il noto *The Pinchcliffe Grand Prix* (1975). Altro lungometraggio che, prodotto in un paese non tradizionalmente "centrale" per l'animazione, ottiene una distribuzione internazionale è l'ungherese *Hippo, l'ippopotamo* (1975) della Pannonia Filmstudio e diretto da William Feigenbaum e Jozsef Gémes.

In Ungheria, la Pannonia Filmstudio produce *The Fly* (1981) di Ferec Rofusz, premio Oscar 1981; narrato dalla prospettiva di una mosca, il film è realizzato al rotoscopio con uno stile realistico e con il supporto di riprese fatte in *fisheye*. Tra gli altri lavori di Rofusz, *Dead Point* (1982), sulla vittima di un plotone di esecuzione e *Gravitation* (1984), su una mela che cade da un albero.

Spagna

Dopo *Hotel elettrico* (1917) del pioniere Segundo de Chomon, talentoso operatore e direttore degli effetti speciali che viaggerà in Europa per lavorare a progetti d'animazione, il primo lungometraggio animato spagnolo arriva nel 1945, a opera di Arturo Moreno. Mentre cerca un distributore per il suo cortometraggio *El Capitan Tormentoso* (1942), Moreno realizza *Garbancito de La Mancia*, tratto dal poema di Julian Pemartin, un film che avrà il suo seguito in *Alegres vacaciones* (1948). Altro lavoro degno di nota è *El mago de los Suenos* (1966) di Francisco Maciàn.

Nota XIV - In Italia, l'animazione negli anni del boom economico

Anche in Italia, in quegli anni, gli artisti dell'animazione di indirizzarono quasi esclusivamente verso l'attività pubblicitaria. Nel 1957 nasce in Rai il contenitore pubblicitario *Carosello*, ideato per aggirare il divieto di fare pubblicità durante i programmi televisivi: la regola principale era che la parte di spettacolo (il "pezzo", da 1'45"), doveva essere separata e distinguibile da quella puramente pubblicitaria (il "codino", 30"). *Carosello* ha contribuito a rilanciare gli studi di animazione, come la Gamma Film di Gino e Roberto Gavioli, la modenese Paul Film di Paul Campani, lo studio Pagot (Nino e Toni Pagot), e altri ancora. Da citare Guido De Maria che, oltre agli spot, negli anni settanta creò un programma di sola animazione, *Gulp!*. I corti spaziavano dai cartoni animati ai filmati in *stop-motion*; tra i personaggi *Angelino* (detersivo Supertrim della Agip) e l'*Omino coi baffi* (Bialetti) di Paul Campani, il *Vigile e il foresto* (brodo Lombardi) e *Ulisse e l'ombra* (caffè Hag) dei fratelli Gavioli, *Salomone pirata pacioccone* (Fabbri), *Calimero* (Mira Lanza) dei fratelli Pagot, autori anche di *Jo Condor* e *Grisù il draghetto*, fino a *La Linea* (pentole Lagostina) di Osvaldo Cavandoli. Alcuni personaggi continuarono a essere prodotti dopo la fine di *Carosello*, nel 1977, in televisione o per campagne commerciali. Tra i film in *stop-motion* menzioniamo *Caballero e Carmencita* (Caffè Lavazza), *Papalla* (Philco), entrambe di Armando Testa, e quelli realizzati in *claymation* (Fernet Branca) di Fusako Yusaki. Questi studi inoltre hanno dato il loro contributo al settore delle sigle dei programmi tv, come Bruno Bozzetto per *Scommettiamo?* o Osvaldo Piccardo per *Rischiatutto*, e a quello dei titoli di testa di film, come i fratelli Gavioli per due western di Sergio Leone (*Per un pugno di dollari* e *Il buono, il brutto e il cattivo*), Emanuele Luzzati per *L'armata Brancaleone* e Giulio Cingoli per *Giulietta degli spiriti*.

Dalla spinta di queste produzione, nel corso degli anni sessanta, con i lavori di Bruno Bozzetto, Pino Zac, Emanuele Luzzati e Giulio Gianini, dei fratelli Gavioli e di altri, si assisterà alla vera nascita del disegno animato italiano, per troppi anni incerto tra pubblicità e spettacolo, tra disneysmo e antidisneysmo.

Dopo aver rifiutato l'offerta della Disney, i fratelli Roberto e Gino Gavioli nel 1953 fondano una propria casa, la Gamma Film, producendo tra i primi lavori *Night and Day*, sulla canzone di Cole Porter e *La pentola miracolosa* (1955). In collaborazione con Paolo Piffererio, producono *La lunga calza verde* (1961), realizzato per il centenario dell'Unità d'Italia su soggetto di Cesare Zavattini; il lavoro costituisce per diversi motivi una novità nel campo del disegno animato tradizionale, con un'acuta satira di costume, resa evidente da un disegno fortemente caricaturale, che si richiama in parte alla tradizione pittorica ottocentesca, e da un ritmo figurativo incalzante. I Gavioli realizzano nel 1967 il lungometraggio *Putiferio va alla guerra*, una favola dai risvolti politici, fiacca nell'invenzione figurativa e narrativa. Tra gli altri lavori citiamo *La ballata del west* (1967), l'interessante *Crepuscolo veneziano* (1969), *Quando gli animali parlarono* (1970), *Zero* (1969), *Un fantasma nel castello* (1970) e *Maria d'oro* (1973).

Pino Zac (Giuseppe Zaccaria), disegnatore e caricaturista, dopo aver svolto una intensa attività in giornali e riviste politiche, dimostrando un acuto senso dell'attualità e un gusto preciso per il segno graffiante e l'allusione mordace, esordì con *Welcome to Rome* (1960); realizzato con Miro (Vladimiro Grisanti), è una critica al turismo di massa. Ma è *Un uomo in grigio* (1961), dove rappresenta paure e angosce dell'uomo contemporaneo immerso in una società consumistica e disumanizzante, il lavoro della maturità espressiva. Sulla stessa linea sono i successivi *L'ultimo pedone* (1961), *Una vita bollata* (1962) e *Uomo, superuomo e poveruomo* (1962), un po' meno *L'iradidio* (1965), *Cenerentola* (1966) e *Radice quadrata* (1970). Quello di Pino Zac è un cinema socialmente impegnato, ricco di umori contestatari e che soggiace talvolta a un anarchismo romantico; per realizzare le animazioni di questi lavori, Zac si serve dei materiali più disparati, come fotografie e frammenti di oggetti. Nel 1969 realizza il film a tecnica mista *Il cavaliere inesistente* dal romanzo di Italo Calvino.

Dopo una lunga attività nel campo pubblicitario e nel cinema d'animazione di pupazzi, nel 1968 Osvaldo Cavandoli viene ingaggiato dalla Lagostina per realizzare dei cortometraggi per *Carosello*. Il successo di quei lavori lo spinse a realizzare dei film a soggetto in cui il personaggio lineare deve superare le più impreviste difficoltà tra il comico e il grottesco; nasce così la serie *La linea* (90 episodi, 1972-91). I riferimenti a Cohn e al suo disegno lineare continuamente mutevole sono evidenti.

In direzione di un superamento del disegno animato di consumo e di un recupero delle esperienze dell'avanguardia si muove Osvaldo Piccardo. Già attivo con alcuni film pubblicitari, dove il suo tratto sperimentale è ripreso da quello lanciato dall'UPA (tra il 1953-61 realizza *Il processo, H20, Miraggi, Lascia o cancella, Complessi, L'aumento*), egli produce film come *Gigetto carogna e il capostazione* (1963), *L'onesto Giovanni* (1963), *L'asfodelo* (1964) e *Egostrutture I* (1970). Nei suoi lavori Piccardo dà alle figure una forma funzionale che sembra privarle di corpo e di consistenza, dai contorni liberi nello spazio, mentre le scenografie appaiono spesso pure presenze astratte.

Bruno Bozzetto

I film di Bozzetto e di Luzzati, sono distanti del disegno animato tradizionale e sono tra i più significati e originali di quegli anni, e non solo dell'animazione italiana. La loro validità sta nella semplicità e nell'immediatezza dello stile: quello di Bozzetto tutto concreto nella definizione dei caratteri dei personaggi e del contesto sociale in cui essi agiscono, quello di Luzzati ingenuo e quasi *naif* nel porre alcuni temi umani e sociali sul piano della fiaba, nei modi e nelle forme.

Bozzetto esordisce con *Tapum! la storia delle armi* (1958); l'anno seguente realizza, prodotto da John Halas, *La storia delle invenzioni:* lavoro in cui la storia dell'uomo è vista come una infinita e sanguinaria comica, stile che ritroveremo poi in *Cavallette* (1990). Il film che impose all'attenzione Bozzetto, non solo in Italia, fu *Un Oscar per il signor Rossi* (1960), che ruota sulla mentalità piccolo-borghese, con il protagonista alle prese con disavventure quotidiane e l'incomprensione del prossimo, a cui seguirono altri soggetti (alla fine il personaggio appare in 7 corti, 3 lungometraggi, una serie da 11 puntate e una miniserie da 6); sono film chiaramente di consumo, ma intelligenti e ricchi di *gags* e di un sottile spirito comico-satirico; tra questi *Il signor Rossi compre l'automobile* (1966) dove è ben definita la poetica di Bozzetto, fatta da una certa cattiveria, un gusto genuino per la satira di costume e un umorismo immediato ma non volgare.

Una maturità creativa che ovviamente non arriva subito e ha le sue tappe. Il segno grafico, ancora incerto nei suoi primi film, trova in *Alfa Omega* (1961) e in *I due castelli* (1963), la giusta proporzione visiva e la forza rappresentativa propria dell'essenzialità (nel primo la vita di un un uomo sempre in campo; nel secondo i personaggi sono poco più che puntini neri nel grande spazio bianco), risolto in un disegno lineare, alla Cohl, carico di forza drammatica e di evidenza contenutistica che consente una chiarezza narrativa, senza indulgiare in compiacimenti o pause inutili. Il tema dell'alienazione in una società che ci condiziona in ogni aspetto della vita, già presente in *Alfa Omega*, viene sviluppato in *Una vita in scatola* (1967), *L'uomo e il suo mondo* (1967), *Ego* (1969), *Sottaceti* (1971), una collezione di brevi e brevissimi film su argomenti quali la fame, la guerra, le conquiste, e *Opera* (1973), giocosa divagazione sull'opera lirica, realizzato con Guido Manuli, collaboratore in molti suoi film. Manuli realizzerà ancora con Bozzetto *Striptease* (1977), poi da solo *Fantabiblical* (1977), *Count-Down* (1979), *S.O.S.* (1979), dove uno scienziato scopre che le donne sono extraterrestri, *Erezione (a ciascuno la sua)* (1981), *Solo un bacio* (1983), dove un'artista si innamora di Biancaneve, *Incubus* (1985), *Più uno meno uno* (1987), sull'influenza che ognuno di noi può avere e *L'eroe dei due mondi* (1994).

Bozzetto rappresenta in una forma sempre più libera dai concetti tradizionali del *bello stile*, le contraddizioni sociali in cui l'individuo è soggetto alle più varie pressioni intellettuali e morali, come in *Self Service* (1974), sullo sfruttamento della Terra e in *Mister Tao* (1988), Orso d'oro a Berlino.

A fianco all'attività legata al cortometraggio spettacolare e di quella ben più numerosa svolta nella pubblicità, Bozzetto ha realizzato due lungometraggi che, se marcano il passaggio a una visione più industriale e commerciale del cinema d'animazione italiano (*West and soda* aprì nel 1965 la strada ad altri film, come quelli dei Gavioli, di Pino Zac, dei Cenci), rimangono ancorati agli schemi contenutistici e formali tradizionali, e si pongono un poco al di fuori della sua poetica. *West and soda* è una parodia del cinema western, ma il tutto risulta troppo diluito in episodi e situazioni tradizionali per porsi come spettacolo originale. Più elaborato è *Vip, mio fratello superuomo* (1968) che narra le avventure di un piccolo e sfortunato *superman* alle prese con gli inconvenienti di una società di massa, disumanizzata dalla pubblicità e dal consumismo, ma anche questo lavoro purtroppo non ha lo spirito caustico e la genuina comicità dei cortometraggi, rimanendo come *West and soda* sospeso tra il divertimento per l'infanzia e la satira per gli adulti. *Allegro ma non troppo* (1977) è invece un film maturo e divertente, in cui le parti animate sono arricchite da preziosismi tecnici e continue variazione tematiche e stilistiche. A differenza di *Fantasia* della Disney, il film non cerca di visualizzare la musica attraverso i disegni, ma sviluppa le proprie tematiche, usando la musica come accompagnamento, e animando brani decisamente diversi tra loro.

Emanuele Luzzati

La sua favolistica, d'ispirazione classica e filtrata con il lavoro di scenografo teatrale, si esprime in modi e forme che rimandano al teatro dei pupi e alle maschere della commedia dell'arte. Colori accesi, disegni infantili, personaggi di carta ritagliata che si muovono come marionette, scenografie fantasiose, sono gli elementi della composizione figurativa e ritmica dei film di Luzzati, che trova nell'operatore Giulio Gianini il suo collaboratore perfetto. I due realizzano *I paladini di Francia* (1960), con elementi di carta ritagliata, di fattura infantile e alquanto rozza, dai vividi colori sullo sfondo dipinto a tinte violente, ottenendo risultati espressivi di grande suggestione. In linea con questo stile va anche *La gazza ladra* (1964), dove dietro la favola si fa sempre più evidente un intento satirico; la poetica di Luzzati si può in qualche modo avvicinare, in campo letterario, a quella di Rodari e di Calvino, di cui i suoi film ripetono, in termini figurativi e ritmici, l'incanto fantastico. Da menzionare gli altri due lavori *L'italiana in Algeri* (1968) e *Pulcinella* (1973), sempre in collaborazione con Gianini. Il mix di ironia e malinconia, l'integrazione fra musica e immagini, l'esaltazione della dimensione fantastica nella condizione umana, tutto si combina mirabilmente. Il *cut-out* di Gianini ha la fluidità del disegno su *cel* e le sue figurine dal viso fisso hanno la stessa espressività della più pura *character animation*. La dimensione teatrale dei lavori di Luzzati e Gianini trova un suo completamento nel *Flauto magico* (1978): se le storie della precedente trilogia rossiniana erano ispirate direttamente dalla musica, nel *Flauto magico* assistiamo a una vera e propria messa in scena dell'opera di Mozart.

All'inzio degli anni '70 escono *Un burattino di nome Pinocchio* (1972) di Giuliano Cenci, dal clima magico della favola, e *Il giro del mondo degli innamorati di Peynet.* (1974) di Cesare Perfetto, realizzato sui caratteri e le illustrazioni di Raymond Peynet. Manfredo Manfredi, pittore, scenografo, è noto per la collaborazione con il regista Guido Gomas; i due per la Corona Cinematografica realizzano una serie di corti di denuncia sociali, come *L'albero* (1965), una polemica sulla distruzione del verde in città; *Ballata per un pezzo d novanta* (1966), *Terun* (1967), sui problemi dell'emigrazione interna, *Su sambene non est aba* (1969), sul banditismo sardo, *Sonata per violino solo* (1967) e *La spaccata* (1967), che cerca di coinvolgere lo spettatore adulto. Finito il sodalizio, Manfredi realizza *Sotterranea* (1973) e *Dedalo* (1973). Alla fine degli anni '90, per la RAI traspone in animazione il *Canto XVI della Divina Commedia* di Dante Alighieri e *Le città invisibili* di Italo Calvino. Nel 2017 *realizza Lo spirito della notte.* Gomas realizza *La famiglia Spaccabue* (1972) per il programma *Gulp!*, con i disegni di Jacovitti.

Nel 1972 la RAI trasmette *Gulp!*, un programma di Guido De Maria e Bonvi, la produzione era dello studio Cartoncine di Modena; dal 1977 al 1981 il programma ritornò come *SuperGulp!, fumetti in tv*. Tra i personaggi presenti Il signor Rossi, Collo Bill, Tex Willer, Asterix, l'uomo ragno, i Fantastici Quattro, Corto Maltese, fino all'originale Nick Carter di Bonvi, dove i personaggi rimanevano fermi come nei fumetti e l'azione era data dai movimenti di camera, dai *balloons*, dai suoni e dai rumori.

Vanno menzionati Pierluigi De Mas per la serie televisiva *Tofffsy* (26 episodi, 1974); Giuseppe Laganà per *L'om salbadgh*; Enzo D'Alò della Lanterna Magica, che dai filmati didattici realizzati per le scuole, si è affermato con *La freccia azzurra* (1996) e *Storia di una gabbianella e del gatto che l'insegnò a volare* (1998); Maurizio Forestieri realizza *Passione, breve storia dell'amore* e *Orpheus*; fino ad Alessandro Rack, *L'arte della felicità* (2013) e Marino Guarnieri, *Gatta Cenerentola* (2017).

Nota XV - La scrittura per il cinema d'animazione

"Non si possono fare cose fantastiche,
se non prima non si conosce il reale".
W. Disney

Scrivere per l'animazione presuppone una grande capacità immaginativa, rappresentativa e anche compositiva. Scritto il concept e la bibbia del progetto, il *character design* realizza la bibbia grafica che traduce i personaggi, gli ambienti e i *props* in elementi visivi. A seguire gli sceneggiatori scrivono per il lungometraggio o per le singole puntate, che se approvate dallo *story editor*, vanno al regista, al *character design* e allo *storyboard artist* che fanno lo spoglio e definiscono insieme gli ultimi elementi grafici da realizzare per le scene e le inquadrature. Per definire ogni elemento in maniera chiara e puntuale, lo sceneggiatore spesso allega le *reference* principali che si sono utilizzate per costruire i luoghi e i personaggi.

Sono fondamentalmente cinque le domande che riguardano lo studio della progettazione per un lavoro d'animazione:
1) target: a chi è destinato?
2) piattaforma: dove verrà fruito?
3) formato (7', 13', 26' di durata x 13, 26 o 52 episodi): come va strutturato?
4) genere: che taglio ha il prodotto?
5) budget: quanto costa?

Definiti all'inizio a grandi tratti queste questioni più generali, ci si concentra alla scrittura del progetto d'animazione, seguendo tutta una serie di passaggi:

1) *idea o concept* (6 righe): contiene l'idea narrativa, i personaggi principali, le coordinate spazio-temporali, il genere; un buon concept deve riassumere in maniera sintetica, semplice e visiva gli elementi principali di un progetto; può riguardare una singola storia o un corpus di storie per una serie.

2) *bibbia letteraria*: include la descrizione dei personaggi, degli ambienti, la struttura e lo sviluppo narrativo del progetto; in sintesi prevede il titolo, la *logline* (la frase evocativa che sintetizza il cuore del progetto e crea interesse in chi legge), le specifiche tecniche riguardanti il target, la tecnica di realizzazione, numero e lunghezza di puntate se trattasi di un prodotto seriale, l'idea o concept, i personaggi principali ovvero i protagonisti e gli antagonisti che muovono la storia, indicandone caratteristiche e modi di rapportarsi tra loro, i personaggi secondari, il contesto spazio-temporale in cui è ambientata la serie (mondo di riferimento), stile e tono sia narrativo sia grafico che definiscono e danno carattere al prodotto. Infine, se trattasi di una serie, include il format/scansione drammaturgica, ovvero la struttura tipo di ogni episodio che scandisce le singole puntate e fa progredire la storia, il soggetto e la sceneggiatura della puntata pilota e se utile anche altri soggetti delle puntate. Può anche indicare le declinazioni cross-mediali o trans-mediali (come il progetto possa essere declinato su piattaforme diverse), le finalità didattiche e il licensing (il potenziale sfruttamento degli elementi della serie per realizzare altri prodotti). Il *tono* (identificativo del genere) e lo *stile* (i tratti formali caratterizzanti, come il ritmo, le scelte grafiche, fino alla tecnica d'animazione) di una storia sono definiti già nella bibbia.

3) *soggetto* (dalla 1/2 a tre cartelle, dipende dal prodotto): è una sintesi della storia che vogliamo raccontare e deve far comprendere quali siano i suoi elementi strutturali (inizio, sviluppo, fine) e mostrare il contesto e i personaggi. Più sarà dettagliato, scrivendo tutti i punti di svolta della storia, sviluppati in maniera logica e coerente, più facile sarà affrontare gli step successivi; per questo motivo è bene definire: 1)

equilibrio iniziale, 2) incidente scatenante, 3) intreccio più o meno complesso, con punti di svolta mediani, 4) crisi, 5) risoluzione, 6) nuovo equilibrio. Qui è necessario scegliere gli eventi "portanti" della vita dei protagonisti e combinarli in maniera avvincente.

4) *scaletta*: il soggetto viene sviluppato sia dal punto di vista drammaturgico, sia espositivo; se da un lato si definiscono le scene una per una, per crearne di più efficaci possibili e fare in modo che ciascuna offra una svolta significativa alla storia, dall'altro si stabilisce l'ordine in cui devono essere concatenate per dare vita all'arco narrativo dei protagonisti e rendere meglio la nostra *argomentazione centrale* (per scena definiamo un'*azione*, stimolata da un *obiettivo* e generata da un *conflitto*, che *modifica* a livello valoriale la condizione esistenziale di un personaggio; essa avviene in una condizione spazio-temporale più o meno invariata. All'interno della *continuity* della storia, le scene devono sempre operare come punti di svolta). Definito l'ordine logico della storia, va poi definito quello del racconto, con la consapevolezza che quello lineare non sempre si mostra il più accattivante. Scrivere una scena significa descrivere gli elementi fondamentali che la compongono, *spazio*, *tempo* e *azione*, in maniera univoca e il più possibile dettagliata: il numero dell'episodio, se trattasi di una serie, il numero progressivo della scena, EST/INT per indicare l'ambientazione, se siamo in esterno o in interno, e poi il luogo dove si svolge la scena, specifico o generico che sia, GIORNO o NOTTE, per indicare il tempo in cui si svolge la scena, o se è necessario essere più specifici, alba, mattina, mezzanotte, ecc., e la durata "stimata" della scena, con la consapevolezza che in fase di sceneggiatura questa durata potrà essere profondamente modificata. Le intestazioni delle scene sono scritte in grassetto maiuscolo e sotto di esse vi è un'altra stringa, in corsivo, che indica i personaggi presenti in scena, dai principali ai secondari, fino alle semplici comparse. Alcuni elementi di drammaturgia:

- *la struttura in tre atti*: proviene dai principi enunciati dalla poetica aristotelica, elaborati e codificati nel cinema americano. Atto 1 (ca 30'): presentazione dei fatti e dei personaggi in situazione di quiete, con colpo di scena finale. Atto II (ca 60'): svolgimento dell'intreccio nel suo conflitto/tema principale. Atto III (ca 30'): conclusione. Nel definire gli atti bisogna poi individuare tre momenti culminanti della storia, posti in punti strategici per farla progredire in maniera irreversibile: si tratta del *primo colpo di scena* alla fine del primo atto, del *plot point* a metà del secondo atto e del *secondo colpo di scena* alla fine del secondo atto.
- ogni atto raggiunge un'intensità maggiore del precedente costruendo un *climax* che segue l'intera storia e si conclude nel momento culminante del terzo atto. Aristotele definisce il finale di una storia come *inaspettato* e *inevitabile*.
- il viaggio dell'eroe di Vogler ci viene in aiuto per indicarci le tappe che il protagonista deve compiere per poter completare il suo arco di trasformazione: 1) mondo ordinario; 2) chiamata all'avventura; 3) rifiuto della chiamata; 4) incontro con il Mentore; 5) superamento della soglia; 6) prove, alleati e nemici; 7) avvicinamento alla caverna profonda; 8) prova centrale; 9) ricompensa; 10) la via del ritorno; 11) resurrezione; 12) ritorno con l'elisir.
- per *beat* si intende qualunque atto effettuato dal protagonista per raggiungere l'obiettivo che si è posto e qualunque reazione conseguente ad esso.
- in ogni scena i protagonisti sono chiamati a fare delle scelte, che non devono essere scontate, ma difficili e sofferte. Devono mettere in scena un *dilemma*: scegliere tra desideri inconciliabili, dove qualunque sia la decisione, qualcosa verrà sacrificata.

5) *sceneggiatura*: come per la scaletta, il primo comandamento è "mostrare", descrivere, in modo da visualizzare e fare visualizzare nella maniera più vivida e particolareggiata possibile ciò che si sta raccontando; la stesura della sceneggiatura parte dalla scaletta: dalle intestazioni si stende l'*action*, descrivendo le azione e tutti gli elementi fisici, dai personaggi alle ambientazioni, i dialoghi e qualche transizione, quando necessaria alla narrazione. In un prodotto d'animazione il dialogo incide poco rispetto al visivo e alla colonna audio, e ad

esso sono date due funzioni: raccontare i personaggi e far progredire la storia. Il *gramelot* è un modo di comunicare composto verbalmente da suoni onomatopeici che possono richiamare parole o suoni della realtà; saranno le variazioni di tono e volume, la mimica del personaggio e le sue azioni a far capire che cosa voglia dire, non capendo integralmente quello che pronuncia.

6) *puntata pilota*: la sua funzione è quella di testare la struttura drammaturgica ipotizzata per le singole puntate e l'efficacia dei protagonisti nel portare avanti le storie; il suo obiettivo è pure quello di far comprendere la validità del progetto a un eventuale acquirente.

Ogni storia è sviluppata su due livelli, quello superficiale, più avvincente, su cui si fonda il pretesto narrativo e quello profondo, che fa muovere gli animi dei personaggi, ognuno con le scelte da compiere. Definito quest'ultimo, gli elementi fondamentali che danno vita a una storia sono il *cambiamento* (la presa di coscienza e la trasformazione di un personaggio) e il *conflitto* (il tentativo del personaggio di raggiungere un determinato obiettivo). Questa dinamica è alla base della struttura drammaturgica di quasi tutte le storie e ne determina l'*argomentazione centrale*: ogni personaggio, ambientazione e situazione ne terrà conto e saranno strutturati in base ad essa.

Anche se appaiono come figure sfaccettate, capaci di prendere qualunque decisione in maniera autonoma e inaspettata, i personaggi in realtà sono costruiti per affrontare in un determinato modo l'unica trama possibile per cui sono stati creati. Ogni storia è costruita per poter essere affrontata in un'unica maniera da quel determinato personaggio, così che le sue scelte risultino plausibili e verosimili. E riferito al cinema d'animazione, i personaggi possono essere di qualunque natura: umani, animali, creature fantastiche o mostruose, e addirittura oggetti. Qualunque sia la loro categoria d'appartenenza, hanno due caratteristiche fondamentali, ovvero quello di essere *entità viventi* (la capacità di agire e reagire) e *verosimili* (coerenti con se stessi, con il mondo circostante e gli altri personaggi che lo popolano).

Nella bibbia letteraria sono indicati in maniera dettagliata protagonisti, antagonisti e personaggi secondari che prendono parte alle vicende. Dei personaggi principali sono descritti in maniera accurata sia la *caratterizzazione esterna* (come si vestono, parlano, si muovono), sia la loro *essenza profonda* (le loro attitudini e il loro modo di essere), segnalando azioni o frasi ricorrenti che li caratterizzano. Queste due componenti, raccontate attraverso il dialogo e l'agire dei personaggi, li spingono a fare delle scelte e a prendere delle decisioni che spesso sono in contraddizione. Non sempre i personaggi sono sfaccettati e in quelli semplici, *caratterizzazione esterna* e *essenza profonda* coincidono. L'aspetto dei personaggi comunque si rispecchia sempre nelle loro caratteristiche superficiali e profonde, e nella bibbia letteraria si indicano con l'uso di *reference* grafiche, elementi essenziali da cui il *character design* prende spunto per la definizione dei personaggi.

L'elemento principale che definisce il protagonista di una storia è il suo *obiettivo*. Cosa desidera? Per cosa sarebbe pronto a dare il tutto per tutto? E' l'obiettivo a dare spessore al protagonista e a far progredire la storia costringendolo ad agire. Esso può essere *conscio* (relativo al valore superficiale della storia e deriva dalla *caratterizzazione esterna*) o *inconscio* (relativo al valore profondo, su cui si fonda l'*argomentazione centrale* e deriva dalla sua *essenza profonda*). La tipologia dei conflitti e il loro superamento è funzionale alla trasformazione del personaggio, che deve possedere delle precise peculiarità: la volontà di agire, le qualità per riuscire nella sua impresa, essere empatico e avere carisma, avere almeno un punto debole, sia esso fisico o psicologico.

Attorno al protagonista vive poi una costellazione di altri personaggi, ognuno con una propria identità, desideri da realizzare e un ruolo preciso: operare affinché l'*argomentazione centrale* si compia. Sono presenti in maniera funzionale attorno al protagonista, per spingerlo nella storia fino al compimento del suo arco di trasformazione. Nella storia sono presenti delle forze antagoniste che che contrastano con gli obiettivi del protagonista, dagli ostacoli posti dall'ambiente, a quelli psicologici: l'antagonista è il personaggio che si oppone in maniera forte e diretta all'obiettivo del protagonista e rende la sua storia degna di essere raccontata. L'antagonista agisce per una motivazione pari a quella del protagonista, ha delle qualità che lo rendono umano, un punto debole, degli affetti, una motivazione tragica per le sue azioni, stravolgere la continuità della storia e mette il protagonista in una situazione da cui non può più tornare indietro.

Il mondo di riferimento e ambientazione di una storia è composto da coordinate spazio-temporali in cui si muovono i personaggi: è qui che hanno luogo i conflitti e si compiono gli archi dei protagonisti. Solo avendo chiare le leggi che regolano il questo mondo, i luoghi da cui è composto e tutte le sue componenti, che possiamo seguire i personaggi in modo coerente, dove ogni loro azione non può che provocare una sola possibile reazione. Un processo che si chiama *sospensione volontaria dell'incredulità*: lo spettatore accetta delle situazioni che, se nel mondo reale apparirebbero incoerenti, nel mondo di finzione risultano verosimili in funzione delle leggi, delle coordinate spazio-temporali e del sistema di regole definito dagli sceneggiatori. Regole che, una volta definite, sono mantenute per tutta la storia, pena la perdita della credibilità. L'amplificazione simbolica sfrutta poi gli archetipi condivisi e gioca sulle aspettative dello spettatore.

Nota XVI - Il cinema d'animazione canadese

Il cinema d'animazione canadese si è trovato in una situazione simile a quella dei paesi socialisti, in cui la produzione è stata sovvenzionata dallo stato, con i vantaggi finanziari che è facile immaginare. Ne è derivato un cinema altamente specializzato, formalmente curato e tecnicamente eccellente, che ha raggiunto un alto livello espressivo nel documentario, nella divulgazione, nell'intrattenimento e nella sperimentazione. Nel 1939 John Grierson, arrivato dalla Gran Bretagna, fonda a Ottawa il National Film Board e nello stesso anno chiama Norman McLaren affidandogli la realizzazione di alcuni film astratti di propaganda, che diventano lo spunto per una serie di variazioni formali, artisticamente e tecnicamente elaborate, come *V for Victory* (1941) e *Hen hop* (1942). Nel 1943 lo stesso McLaren organizza una sezione dell'animazione e chiama a sé artisti come George Dunning, Grant Munro, René Jodoin e altri, che costituirono la struttura portante del cinema d'animazione canadese. Tra le prime iniziative ci fu quella dell'illustrazione, con disegni, pupazzi, elementi di carta ritagliata, di canti popolari, non soltanto canadesi, con la serie *Chants populaire* (1943-47).

Si cominciò con questo tipo di lavori a cercare nuove strade per il cinema d'animazione, ponendosi su un piano molto distante sia da Disney, sia dall'UPA di Bosustow, utilizzando tutte le possibilità al di fuori degli schemi del cinema di consumo o dei canoni consueti dell'umorismo o della comicità superficiale, su cui erano costruiti i disegni animati americani, in gran parte derivati dai fumetti. Era anche il tentativo di non cadere nell'errore estetico e culturale delle *Silly Symphonies* e delle loro imitazioni, in cui la falsa poesia delle immagini, dell'illustrazione stucchevole e accattivante della favolistica, mascheravano l'assenza di una vera ragione di intenti, genuinamente culturali e divulgativi. La produzione canadese fu quindi orientata verso un cinema d'animazione più adulto, lontana dagli allettamenti del formalismo e dai facili successi della barzelletta sceneggiata.

René Jodoin si interessò maggiormente alla didattica e usò l'animazione spesso in termini astratti, per illustrare efficacemente problemi tecnici o scientifici; si vedano *Square dance* (1961) e *Notes sur un triangle* (1966); sempre nel campo della didattica scientifica meritano di essere menzionati *Four-line conics* (1962) di Trevor Fletcher, *Alphabet* (1966) di Eliot Noyes, dove viene impartita una lezione di lingua ai bambini di prima elementare, *Tchoutchou* (1973) e *The Sand Castle* (1977) entrambi di Co Hoedeman, *Cosmic zoom* (1968) di James Wilson, Wayne Trickett, Tony Ianzello e Raymond Dumas, un affascinante corto a tema scientifico, in cui si viaggia fino al punto più lontano dell'universo conosciuto e poi di nuovo indietro fino alla più piccola particella di materia. Curiosamente nello stesso anno, i disegnatori Ray e Charles Eames realizzano *Powers of Ten*, anch'esso ispirato al libro del 1957 *Cosmic View* di Kees Boeke. Altri lavori da citare sono *Evolution* (1971) di Michael Mills, *Fields of space* (1971) di Sidney Goldsmith e *What is life* (1970) di Kern Horn. Gerald Potterton, già collaboratore di George Dunning per *Yellow Submarine* (1968), attento alla sperimentazione formale e autore di film a tecnica mista, realizza *My financial career* (1962), *Superbus* (1969), *The charge of the snow brigade* (1970) e *Last to go* (1970) su soggetto di Harold Pinter.

Pierre Moretti realizza *Cerveau gelé* (1969), illustrazione astratta di una canzone di Claude Dubois. Ancora nell'ambito del cinema astratto da segnalare Pierre Hébert e il suo *Op hop, hop op* (1967), un film in bianco e nero di un rigore formale ineccepibile. Laurent Coderre realizza *Les fleurs de Macadam* (1969), illustrazione di una canzone con la trasformazione di disegni a macchie di colore, i cui movimenti ricordano la tecnica di Hubley. Dopo aver lavorato a Londra in *Yellow Submarine*, Paul Driessen si trasferisce in Canada dove lavora per il NFB. E' interessato a narrazioni multiple, visive e non lineari, sperimenta spesso *split screen* e storie parallele. Tra i suoi lavori *Les bleu perdu* (1972), dalla grafica originale, *Jeu des coudes* (1979), *The End of the World in Four Season* (1995), in cui le azioni dei riquadri interferiscono tra loro, con il risultato di un collasso alla fine di ogni episodio, e *3 Misses* (1998). Alcuni dei suoi studenti vincono l'Oscar, come Christoph e Wolfgang Lauenstein con *Balance* (1989) e Tyron Montgomery e Thomas Stellmach con *Quest* (1996).

Tutto il settore del cinema d'animazione canadese, anche fuori dalla produzione del NFB, si è sviluppato lungo la strada tracciata da McLaren, cioè quella di una sperimentazione continua, mai paga di se stessa e dei risultati raggiunti, a rischio anche di una certa monotonia o di una pericolosa gratuità. Lo "stile canadese", facilmente riconoscibile tanto da diventare un marchio di fabbrica, ha raggiunto un eccellente livello tecnico e formale; questo però ha spesso frenato lo sviluppo dell'espressione, intesa come via d'accesso alla rappresentazione critica della realtà.

Il disegno diretto su pellicola

E' la tecnica più artigianale ed economica: si esegue disegnando, grattando, bucando, fotogramma per fotogramma, la pellicola non ancora impressionata o già impressionata. Grattando la pellicola si possono rivelare i colori dell'emulsione, a seconda della profondità dell'incisione. Caposcuola di questa tecnica è stato Norman McLaren, che ha perfezionato anche la tecnica per disegnare la colonna sonora, realizzando alcuni cortometraggi come *Dots* (1940) e *Synchromy* (1971).

Norman McLaren

Nelle opere di Norman McLaren è contenuta la risposta al *computer film* sul piano di un alto artigianato, in cui il lavoro artistico è controllato in maniera meticolosa in ogni suo minimo aspetto, manualmente, disegnando come abbiamo appena visto direttamente sul fotogramma o sullo spazio della colonna sonora; al cinema elettronico egli contrappone quello artigianale, secondo la grande lezione di Oskar Fischinger, di Alexandre Alexeieff e di Len Lye, che a buon diritto possono essere considerati i suoi maestri. Ne sono prova i primi lavori, come *Begone Dull Care* (1949), *Mosaic* (1965), *Pas de deux* (1968), *Lines vertical* e *Lines horizontal* (1969), *Spheres* (1969), *Synchromy* (1971), realizzati dopo i film di propaganda per il National Film Board, *Hen Hop, Dollar Dance, V for Victory*. Per *Synchromy* McLaren ha fotografato dei ritagli rettangolari, ha organizzato queste forme in sequenze sulla colonna sonora ottica per produrre dei suoni, riproducendo la sequenza di forme colorate nella porzione di immagine del film: lo spettatore vedrà così le forme che sta anche ascoltando, come suoni. Questa tecnica (*suono grafico*), era stata scoperta da Rudolf Pfenninger e Nikolai Voinov. Alla base della sua poetica, in tutti i suoi film di vario genere e di tecniche differenti, lo sperimentalismo costituisce soltanto un aspetto, ma che esprime un sottile umorismo, un lucido spirito democratico, un genuino anticonformismo e un lirismo autentico.

Fu John Grierson, visti i suoi primi lavori, a invitarlo a lavorare presso il General Post Office Film Unit; qui già lavorava Len Lye e McLaren fu indubbiamente influenzato da *Colour box* tanto che in alcuni dei film propagandistici realizzati nel 1937 per il GPO troviamo sia il disegno su pellicola sia il suono sintetico. Le sue ricerche in questo campo proseguiranno nei film *Loops* (1940), *Neighbours* (1952), in *pixillation*, e *Rythmetic* (1956), tutti basati su colonne sonore disegnate direttamente su pellicola. Nel 1941 è chiamato ancora da John Grierson in Canada presso il National Film Board e inizia una sistematica sperimentazione nei diversi campi dell'animazione, dal disegno su pellicola al disegno animato, dagli elementi di carta ritagliata agli oggetti, dalla pittura a pastello alla *pixillation* (l'animazione di esseri viventi, tecnica di cui diverrà un vero maestro), alla combinazione di tecniche differenti, che costituirà non soltanto la base della sua poetica, divisa tra astrattismo, simbolismo e realismo, ma anche un inventario continuamente aggiornato di possibilità espressive.

Molteplici temi sono presenti nell'arte di McLaren: innanzitutto il gusto coloristico e grafico a volte persino invadente, come appare in certe sue prime opere; un fascino visivo che nasce da questa sua totale partecipazione alla forma, dallo sviscermento di tutte le possibilità espressive del colore e della linea; poi la comicità e il sottile umorismo di marca britannica, che, seppure appena accennati, costituiscono una delle componenti fondamentali della sua poetica. Si vedano *Chairy tale* (1956) e *Opening speech* (1960). In *Begone dull care* (1949) l'interazione fra suono e immagine è così stretta che si può dire che la musica si esprime in colori e forme, e che questi danno origine alla musica, in un continuo interscambio di sensazioni estetiche e di suggestioni formali. In *Blinkity blank* (1954), fra il suono e le immagini i rapporti si fanno sempre più rigorosi e al tempo stesso contengono nuovi elementi di indagine espressiva come, in questo caso, l'intermittenza. Brandelli di suoni e brandelli di immagini astratte, con inframezzati particolari zoomorfi, si compongono e scompongono in un *continuum* spettacolare che riesce a inglobare le pause, i silenzi, gli spazi bianchi e neri: un lavoro di straordinaria efficacia espressiva, che può essere considerato un punto d'arrivo e uno slancio verso tutta una serie di nuove ricerche.

Rythmetic (1956) e *Le merle* (1958), accomunabili fra loro sul piano tecnico, costruiti sull'animazione di figure di carta ritagliata, sviluppano in due diverse direzioni un sottile umorismo che è possibile cogliere nel tono di fondo della composizione filmica. Il primo è un piccolo trattato di matematica elementare, in cui i numeri assumono il carattere di personaggi e i loro rapporti, apparentemente logici, si placano alla fine in una perfetta calma "matematica"; una canzone popolare realizzata con la massima semplificazione del segno è il tema del secondo film. In quest'ambito di ricerche differenti, legate all'impiego di varie tecniche d'animazione, da vedere i tridimensionali *Now Is the Time* (1951) e *Around is around* (1949), realizzato con Evelyn Lambert e Chester Beachell, utilizzando l'oscillografo, riuscendo a ottenere dei risultati formali estremamente suggestivi e che, per certi versi, richiamano i lavori di Alexeieff; mentre *Canon* (1964) illustra, animando cubi, *silhouettes*, un personaggio vivente e un gatto, i principi strutturali del canone, fornendone una visualizzazione esemplare e al tempo stesso poetica.

In *Mosaic* (1966) e in altri film simili, McLaren ha raggiunto i confini dell'animazione elettronica, quella di John Whitney e degli altri artisti del *computer film*, mantenendo però quella impercettibile ma indispensabile impronta personale e umana, ridando alla tecnica la sua funzione subalterna in un'epoca in cui pare che la tecnologia domini la società. Tutto il suo straordinario artigianato è un continuo richiamo ai valori umani fondamentali, una lezione di rigore morale che non deve essere perduta. Lo stesso McLaren affermava: "Per me l'arte morale è il tipo più alto di arte. L'arte amorale, come la pittura o la decorazione, certi generi di musica o di danza, ecc., fa appello eminentemente ai nostri sensi e se pur costituisce una parte essenziale dell'attività umana, è comunque di un ordine inferiore a quello dell'arte morale, la quale non fa appello solo ai sensi ma, attraverso di essi, all'intero nostro essere".

Ishu Patel si trasferisce definitivamente dalla sua India a Montreal nel 1973, entrando nello staff del NFB. Dopo i primi lavori, nel 1974 realizza *Perspectrum*, il più sperimentale e astratto dei suoi film, sempre attento a veicolare una narrazione e un messaggio nelle sue opere; in questo caso si trattò di un saggio sul colore, ottenuto impressionando in diversi tempi espositivi un solo quadrato colorato. *Afterline* (1978), nuova sperimentazione tecnico-linguistica, narra il mondo dell'Aldilà come viene immaginato e descritto in particolare dalla cultura indiana; Patel usa la plastilina spalmata su un vetro opaco illuminato dal basso, è gioca sui colori traslucidi che ne derivavano. Tra gli altri suoi lavori *Top Priority* (1981) e *Paradise* (1985). Autore sensibile alla propria cultura, trova nel più vivo colorismo e nel racconto ora chiaro, ora allusivo, il suo stile.

Allievo del NFB e di Norman McLaren, Ryan Larking produce negli anni '60 una serie di film pluripremiati con uno stile figurativo e psichedelico, in cui propone spesso una libera successione di scenari e immagini che si trasformano l'una nell'altra. Il suo primo lavoro, *Syrinx* (1965), si basa sulla mitologia greca, mentre il successivo *Cityscape* (1966) affronta il tema, più contemporaneo, dello sviluppo di una città; in *Walking* (1968) figure dallo stile impressionista attraversano varie identità durante un viaggio; *Street Music* (1971) narra dell'effetto procurato da un musicista di strada sui passanti. Nei vent'anni a venire Larkin conosce sempre più difficoltà psicologiche e personali. Viene aiutato da Chris Landreth, che ne ammira le opere e che userà il suoi lavori come base per *Ryan* (2004); nel frattempo Larkin si rimette all'opera nel 2005 per realizzare dei lavori per MTV.

Richard Roger Reeves è noto per i suoi lavori astratti, dove riprende la tecnica del disegno diretto sulla pellicola e del suono inciso sulla colonna sonora della stessa, come la sua prima animazione, *Linear Dreams* (1997). Fautore del cinema in 8mm e 16mm, nel continuo esplorare il cinema come forma d'arte spazio-temporale. Altro artista che orbita al NFB è Carolyn Leaf che inizia con la *sand animation*, di cui diventerà maestra; tra i suoi lavori Le Mariage du Hibou (1974), in collaborazione con Co Hoedeman, *The Street* (1976), realizzato con la tecnica della pittura su vetro, *The Metamorphosis of Mr. Samsa* (1977) e *Two Sisters* (1991).

Il NFB fu la prima istituzione cinematografica al mondo a dotarsi, in accordo con il Consiglio Nazionale delle Ricerche del Canada, di uno studio di *computer animation* e a mettere a punto nel 1968 il primo sistema di animazione gestita dal calcolatore. Peter Foldès realizzò *Metadata* (1971), otto minuti e mezzo di immagini interamente prodotte dal calcolatore sul tema del disagio della coppia moderna. In un'epoca in cui dai calcolatori uscivano unicamente immagini algide e levigate su loghi semi moventi, Foldès propone, pur nei contorni dell'astrazione, un vero film narrativo. Con *Narcissus-Echo* (1971), dello stesso anno del precedente, Foldès ribadisce gli intenti e le sue opere, insieme a quelle di John Whitney, avranno una larga influenza negli anni a seguire. In *La Faim* (1974) le immagini bidimensionali si trasformano l'una dopo l'altra per narrare la storia di un uomo insaziabile come metafora dell'occidente industriale, consumistico ed egoista. Il cinema di Foldès si pone su di un piano di totale indipendenza artistica, fuori dagli schemi e dalle mode, e costituisce uno dei capitoli più interessanti dell'animazione contemporanea.

Nota XVII - Il cinema d'animazione asiatico

Cina

In Cina il cinema d'animazione nasce ad opera di Wan Laiming e dei suoi tre fratelli, tutti nativi di Nanchino. Attratti sin da bambini dalle fiere in movimento, nel 1922 creano il loro primo film, la pubblicità *La macchina da scrivere con caratteri cinesi di Shu Zhedong*. Il primo lavoro a soggetto è *Rivolta nell'atelier* (1923); nel 1930 realizzano *La ribellione dell'uomo di carta*, che piace molto, tanto che il potente Lianhua Studio, a Shanghai, li mette sotto contratto e offre loro mezzi tecnici adeguati. Fino al 1933 girano sia film di spettacolo, sia di propaganda per la guerra. Rimasti in tre, producono il primo film di animazione cinese sonoro, *La danza del cammello* (1935). Pur lodando l'animazione di altri paesi, americana, sovietica e tedesca, i fratelli Wan sostengono la necessità di lavorare per uno stile e una comicità cinesi, e che il loro obiettivo oltre all'intrattenimento doveva essere quello di insegnare. L'impresa più audace sarà il primo lungometraggio asiatico, *Tie shan gong zhu, La principessa dal ventaglio di ferro* (1941), un lavoro che si ispira a un classico della letteratura cinese, ovvero al *Viaggio in Occidente* di Wú Chéng'ēn.

Nel 1949 Norman McLaren viene inviato dall'Unesco a Peh Pei e pone le basi per l'organizzazione di un centro di produzione audio-video e l'animazione, nei suoi effetti più immediati, serviva a divulgare alcuni concetti fondamentali di igiene, di alimentazione e di puericultura. Nel 1950 i fratelli Wan fondano col supporto del governo lo Shanghai Animation Film Studio, sperimentando varie tecniche d'animazione derivate dall'arte cinese tradizionale, come la pittura su carta di riso e le *silhouette* di cartone ritagliato, come in *Da nao tian gong, Uproar in Heaven* (1965). Negli stessi anni escono i lavori di Wan Guchian, uno dei fratelli

Wan, specializzato nei film di *silhouettes*, secondo la migliore tradizione del teatro d'ombre cinesi: *Il porco mangia un'anguria* (1958), dal carattere favolistico e *Il piccolo pescatore* (1959), che utilizza i temi della fiaba per svolgere un discorso chiaramente satirico-politico. Comincia così a nascere un genere che mescola le antiche storie popolari alla lotta politica e sociale combattuta giorno per giorno nel paese, con variazioni di forme che contraddistinguono una *équipe* dall'altra, un gruppo di lavoro dall'altro. Tra le tante opere che vedono la luce in questi anni, meritano una citazione *Perché il corvo è nero* (1955) di Tsien Kiakiun, *Il pennello magico* (1955) di Tsin-si, *Il generale orgoglioso* (1957) e *Mamma, dove sei?* (1961) di Teh-wei, *Pressapoco* (1964) di Hu Hsiong-hua e *Il bovaro e il suo flauto* (1964) con i paesaggi incantati del pittore Li Ken-jan; tra quelli realizzati con la tecnica tradizionale della carta ritagliata *Piccoli eroi* (1959) di Jin Shi, *I furbi anatroccoli* (1960) di Yu Zheguang, *Lo spirito di Ginseng* (1962) e *La conca dorata* (1964) di Wan Guchian.

Nel campo del disegno animato, il cortometraggio di maggiore bellezza fu *I girini alla ricerca della mamma* (1960) di Te Wei e Kian Jajun, realizzato con la tecnica dell'acquarello unito a inchiostro di china, adattata per l'occasione al cinema. Ma il film di maggior impegno e prestigio di questi anni di animazione cinese fu *Subbuglio in cielo* (1961-64), secondo lungometraggio di Wan Laiming. Dal 1967 la Rivoluzione culturale di Mao Tse-tung investe lo studio dei fratelli Wan, ogni animatore ritenuto dissidente viene allontanato per essere rieducato; solo nel 1978, lo Shanghai Animation Film Studio riprende la produzione con il suo ormai riconoscibile stile. *Il piccolo trombettiere* (1973), che narra la vicenda di un pastore che diventa trombettiere dell'armata rossa durante la seconda guerra civile, 1927-37, è distribuito senza il nome del regista, fatto indicativo dell'ideologia collettivista dei suoi produttori. Saranno poi due veterani come Te Wei e Jin Xi ad assicurare la ripresa della produzione dal 1978. Lo studio di Shangai operò in tre dipartimenti, dedicati ai disegni animati su rodovetro, ai pupazzi e alle figure ritagliate. Tra gli animatori di quel periodo citiamo: Xu Jingda, meglio noto come "A Da", che dirige *Nezha trionfa sul re drago* (o *Nezha agita il mare*) (1979), dal romanzo mitologico *L'investitura degli dèi, I tre bonzi* (1980), sulla solidarietà ritrovata, *La sorgente delle farfalle* (1984) e *36 caratteri cinesi* (1985), basato sui caratteri pittografici che ancora mantengono una somiglianza con l'oggetto che nominano; Hu Jinquing realizza tra disegni e acquarello (*lavis*) *La lotta fra il martin pescatore e la conchiglia* (1984); Tang Cheng con *Un elefante poco somigliante* (1978) e *Il sonaglio del cerbiatto* (1982); Qian Jaiun con *Il cervo maculato* (1981) riprende lo stile degli affreschi delle grotte di Dunhuang. Tra i film realizzati in pupazzi animati merita una menzione *Effendi* (1980) di Jin Xi, dominatore in Cina di questa tecnica; con la tecnica delle figure ritagliate citiamo *Le scimmie pescano la luna* (1981) di Zhou Keqin.

Giappone

In Giappone, nonostante sia ancora aperto il dibattito su quale sia stato il primo film d'animazione, il primato è stato spesso attribuito a *Saru kani kassen, The Crab Gets His Revenge on the Money* (1917) di Seitaro Kitayama. Nel 1932 esce *Chikara to onna no yo no naka, The world of power and women* di Kenzo Masaoka, il primo cortometraggio giapponese sonoro. Molti animatori giapponesi di quella generazione lavorano presso lo studio di Kitayama a Tokyo, per poi sperimentare differenti stili di animazione su carta, tentando di imitare l'effetto dei rodovetri che all'epoca erano troppo costosi per le produzioni locali. La produzione degli anni venti sarà pertanto una attività legata a pochi artisti indipendenti che lavoravano in condizioni artigianali, come Noburo Ofuji.

Dopo aver lavorato con uno dei tre pionieri dell'animazione giapponese Junichi Kouchi (*The Sword of Hanawa Hekonai* e *The Blunt Samurai Sword*, del 1917; il terzo, insieme al citato Kitayama è Oten Shimokawa, *Imokawa Muzuko, il portinaio*, 1917), Ofuji realizza *Hanami zake* (1924), dove usa fogli sottili di carta colorata semitrasparente, chiamata *chigoyami*. Ofuji ha sviluppato una tecnica simile a quella delle *silhouettes* di Lotte Reiniger per realizzare *Kujira, La balena* (1953) e *Yuerei sen, La nave fantasma* (1955). Yasuji Murata impose in Giappone la tecnica dell'animazione totale utilizzando per primo la *cel animation* d'importazione americana; utilizzò uno stile caricaturale e molti personaggi zoomorfi, come nel film *L'osso del polpo, Tako ho Hone* (1927). Tra gli anni '30 e gli anni '40 il governo giapponese sostiene e finanzia film educativi e didattici; come strumento di propaganda morale, ideologica e culturale, vengono raccontate storie tradizionali o che enfatizzano temi nazionalisti. Il modello di riferimento è *Momotaro no umiwashi, Momotaro Sea Eagles* (1943) di Mitsuyo Seo, che realizzerà poi il primo lungometraggio animato giapponese, nel 1945, *Momotaro uni no schinpei, Momotaro. Divine Soldiers of the Sea*. Degno di menzione anche *L'amo d'oro, Kogane no Tsuribari* (1939) di Wagoro Arai.

Negli anni cinquanta la produzione si fa più intensa, ma sempre nell'ambito di un cinema di largo consumo, spesso debitore di esperienze estetiche occidentali, fra tutte quella disneyana. Questi anni vedono emergere i *manga* come fenomeno sociale e culturale, capace di suscitare interesse in tutte le fasce d'età e l'industria dell'animazione si svilupperà intorno a questo fenomeno. Quei pochi animatori rimasti attivi nel dopoguerra, nel 1956 vengono assunti dall'imprenditore Hiroshi Okawa, presidente della casa cinematografica Toei Company, che fonda la Toei Animation con l'intenzione di produrre film d'animazione simili a quelli di Walt Disney. L'esordio avviene nel 1958 con *Hakuja den, Il serpente bianco incantatore* di Taiji Yabushita, il primo lungometraggio animato a colori giapponese. L'intento di Okawa è di produrre un film animato all'anno, puntando su opere di sicura presa. Lo studio Toei Animation sviluppa così un processo creativo, uno stile artistico e una narrazione assolutamente giapponesi, che danno ordine alle caratteristiche tipiche degli attuali anime: utilizzo dell'animazione limitata per concentrare una maggiore attenzione su alcune sequenze più spettacolari (tra le serie prodotte citiamo *Candy Candy*, 1976, 115 episodi, dal manga di Kyoko Mizuki e Yumiko Igarashi). Si trattava di una produzione a getto continuo, sia quella dei lungometraggi sia quella delle serie tv, di opere di intrattenimento nelle quali la qualità era data dai disegnatori dei manga/anime e dagli sceneggiatori. Sarà proprio alla Toei Animation che muoverà i primi passi nel campo dell'animazione l'autore di *manga* Osamu Tezuka, prima di fondare la sua casa di produzione, la Mushi Productions. Comunque anche la Toei Animation diede seguito alla tradizione precedente: fra i lavori migliori che vanno su questa linea, *Il gattino disegnatore* (1957) di Yasuji Mori, *Il bambino di sogno* (1958) di Koji Fukiya e *Il matrimonio dei topi* (1961) di Sadao Tsukioka. Rimanendo tra gli anni '50 e i primi '60, si segnalano i lavori di Shiniki Kanbavashi, *Ari to hato*, *La formica e la colomba* e *Inaka nezumi to machi nezumi*, *Il topo di città e il topo di campagna*, entrambi del 1960, interessanti per una loro ingenuità tecnica e formale quasi *naive*, e i lavori di un altro indipendente, Riyuichi Yokoyama, come *Fukuchan e il sottomarino* (1944) e *Più di 50.000 anni* (1961), una satira sulla civiltà dell'uomo proiettata in un futuro fantascientifico. Yokoyama nel 1955 sarà il fondatore della Otogi, prossima a diventare un colosso della produzione. Di tutt'altro genere è l'animazione di Yoji Kuri, Taku Furukawa e Sadao Tsukioka, che riprendono i temi dell'attualità politica e sociale, ma anche quella della tradizione letteraria e figurativa nazionale, come l'ultima fatica di Noburo Ofuji, postuma, *Shaka no Shogai*, *La vita di Budda* (1961), realizzato con la tecnica delle ombre cinesi. Nel cinema d'animazione debutta nel 1939 Kon Ichikawa, uno dei massimi registi nipponici di quegli anni insieme a Kurosawa e Mizoguchi, con *La lepre si vendica del procione*, un film vistosamente debitore delle *Silly Symphonies* disneyane, ma notevole per l'uso espressivo del disegno.

Yoji Kuri e il cinema di contestazione

Opponendosi decisamente non soltanto al cinema d'animazione del suo paese, rivolto a un largo pubblico, ma anche a gran parte del disegno animato postdisneyano, rinnovato nella forma e negli stili grafici ma sostanzialmente ancorato a un tipo di narrazione tradizionale, Kuri ha cercato di creare con i suoi film un nuovo genere di animazione sintetica, sincopata, quasi statica - con scene il più delle volte fisse -, in cui esprime compiutamente la sua poetica contestataria, piena di elementi tratti dal surrealismo, dalla letteratura "nera", dalla tradizione culturale giapponese, dalle più varie correnti della grafica contemporanea, con originali recuperi in diverse direzioni: la guerra crudele e violenta dei sessi presenti in *Human zoo* (1960), *Here and there* (1961) animato con disegni, ritagli di giornale, fotografie, *Locus* (1963), *Love* (1963), *Man, woman and dog* (1964) e *Au fou!* (1966); tematica diversa esprime *The button* (1963), sulla fine del mondo a causa del famoso "bottone" atomico; *The chair* (1963) sulla solitudine dell'uomo, realizzato con la tecnica della *pixillation*. I risultati più alti raggiunti da Kuri in direzione di un cinema d'animazione fantastico e agghiacciante, dove i riferimenti alla realtà contemporanea e alla situazione esistenziale dell'uomo sono filtrati da una deformazione surrealista degli oggetti, in cui predominano immagini violente e dove l'umanità raggiunge l'abisso della bestialità e della depravazione, sono quelli di *Aos* (1964), *Samurai* (1966), *The egg* (1966), *Crazy world* (1970), *The bathroom* (1971), *Fantasy for piano* (1972), *Living on the boughs* (1972), *The midnight parasites* (1972). Artista originale e difficilmente catalogabile, ha usato tecniche, moduli espressivi, grafica diversi secondo la diversa formulazione dei temi affrontati. La sua poetica è stata troppo personale e "privata" per lo sviluppo di un'eventuale scuola nazionale, ma non per la nuova generazione di artisti.

Taku Furukawa, già assistente e collaboratore di Kuri, costruisce un mondo fantastico, pervaso da reminiscenze surrealistiche e neo dada, aggiornata sulle ultime mode artistiche, prima fra tutte la *pop* art; realizza così *New York trip* (1971), una satira sulla società dei consumi, *Head spot* (1971), una sorta di storia dell'uomo oggetto e *Beautiful planet* (1973). Neo dadaismo e pop art sono presenti anche in *Kachi-kachi yama meoto no sujimichi, Catch-catch* (1966) di Tadanori Yokoo. Su un piano di un più dichiarato umorismo si muove Sadao Tsukioka, autore di *Aru otako na baoi, Un uomo* (1966), *Peace or resistance* (1970), *Spotlight* (1971) e *Science non-fiction* (1972). Su una sorta di realismo magico va invece *Oni, La strega* (1972) di Kihachiro Kawamoto. Renzo Kinoshita, dopo aver lavorato per anni per la televisione e diverse produzioni, fonda la Lotus Film e insieme alla moglie realizza una serie di cortometraggi tra cui *Made in Japan* (1972) e *Pica Don* (1978).

Gli altri paesi asiatici

Dagli anni '60 si sviluppa una significativa industria dell'animazione in paesi come la Corea. Dal primo *Hong Gil-dong*, 1967 di Shin Dong-Hun, fino ad *Aachi & Ssipak*, 2006 di Jo Beom-jin: è un lungometraggio ambientato in un bizzarro mondo fantascientifico in cui le feci umane servono da carburante; il film è una combinazione estrema tra disegni semplificati realizzati in 2D e sfondi in 3D iperrealistici; tutto è denso di violenza e dal ritmo martellante, tipico dei film d'azione coreani. Corea, Filippine, India, Vietnam e Cina seguono comunque uno schema simile a quello giapponese, più discontinuo però, producendo un numero limitato di corti e lungometraggi, spesso realizzati attraverso finanziamenti governativi, per poi fungere da service per alcune produzioni americane e giapponesi; in Corea si sono realizzati, in parte, *I Simpsons* (1987) e *Justice League Unlimited (2004)*.

Da Hong Kong arriva McDull, il tenero maialino molto popolare anche in Cina e nato dai fumetti di Alice Mai e Brian Tse. *My Life as McDull* (2001) di Toe Yuen è il primo lungometraggio; i personaggi disegnati in uno stilizzato 2D, sono immersi in un intenso e colorato paesaggio urbano in 3D.

Vietnam

Nel 1959 l'esercito vietnamita fonda l'Hanoi Cartoon Studio per realizzare corti propagandistici e storielle morali. Il primo successo internazionale arriva nel 1966 con *The Kitty*, la storia di un gatto che si organizza per contrastare un esercito di topi, realizzato da Ngo Manh Lan. Lo studio crea le basi della prima industria dell'animazione vietnamita, anche se, dalla fine degli anni '60 la principale forma d'animazione prodotta è quella commissionata dalle società occidentali.

India

Fatti salvi i primi esperimenti realizzati negli anni '10 dal pioniere Dhundiraj Govind Phalke (nel 1917 realizza *Fun with Match-*

sticks, *Agkadyanchi*, ispirato a *Les allumettes animée* di Emile Cohl, in cui vengono animati fiammiferi e monete), è nel 1956 che l'industria indiana dell'animazione ha il suo inizio con il Cartoon Film Unit fondato dal Ministero dell'informazione. L'animatore della Disney Clair Weeks ne viene messo a capo insieme all'animatore indiano G. K. Gokhale. I primi lavori erano di carattere didattaico-propagandistico, come *Chaos* (1969), sul tema del controllo demografico e dei pericoli della sovrappopolazione; *Tandava* (1970), narra una leggenda popolare, di Gokhale. Negli stessi studi di animazione, formato da Weeks, inizia a lavorare Ram Mohan che realizza vari film, tra cui *Baap Re Baap* (1968). Nel 1972 Mohan fonda un suo studio d'animazione e con i suoi cinquant'anni di carriera ha offerto un importante contributo, formando e ispirando una generazione di animatori. Negli anni '90 l'industria indiana dell'animazione diventa un centro di manodopera per la produzione di serie televisive occidentali e inizia anche la produzione di lungometraggi animati come *Ramayana: Rama-Oji Densetsu, Ramayana: The Legend of Prince Rama* (1992), una coproduzione fra Mohan e il giapponese Yugo Sako, *Sinbad: Beyond the Veil of Mists* (2000) una coproduzione indo-americana che usa la tecnica della *motion capture* e *Freedom Song* (2000) di Narayan Shi, che trae spunto dalle forme tradizionali dell'arte popolare indiana e dalla brillantezza della pittura Madhubani e Kalighat; il film narra di un re che cattura un pappagallo, che una volta in gabbia smetterà di cantare.

Iran

In Iran, l'Istituto per lo sviluppo intellettuale dei bambini e dei giovani promuove la produzione di disegni animati legati alla cultura figurativa nazionale. Citiamo due film dell'illustratore di libri per l'infanzia e pittore Farshid Mesghali, che ha saputo recuperare la tradizione pittorica iraniana in un contesto narrativo e figurativo d'ispirazione popolare: *Agaye hayoola, Il signor mostro* (1970) e *Pasar va saz va parandeh, Il bambino, l'uccello e lo strumento musicale* (1971).

Nota XVIII - L'animazione nel resto del mondo

America latina

In Argentina si produce quello che potrebbe essere il primo lungometraggio d'animazione prodotto: si tratta di *El Apòstol* (1917) di Quirino Cristiani, un disegnatore di origini italiane, lavoro di cui non rimane ad oggi neppure una copia. Nel 1931 lo stesso Cristiani realizza il film sonoro *Peludòpolis*, un lavoro che non raggiunge il successo del precedente.

Una caratteristica che accomuna i paesi dell'America latina è la mancanza di una certa produzione regolare, se si esclude Cuba con l'organizzazione della cinematografia messa in piedi dopo la vittoria di Castro. Pertanto spesso si tratta di film sporadici, il più delle volte frutto dell'attività di qualche artista e realizzati in con un'impronta cineamatoriale, con scarsi mezzi tecnico-produttivi. A Cuba, Jesus de Armas organizza all'interno dell'Istituto un gruppo di disegnatori, animatori, registi e sceneggiatori, per lo più giovanissimi, che nel giro di qualche anno costituiscono l'ossatura tecnica e artistica del cinema d'animazione cubano. I film di Armas, come *El manà* (1959), *La prensa seria* (1960), *El cow-boy* (1961), *El tiburon y las sardina* (1962), sono ingenui, ma riflettono uno spirito pungente sul piano di un piacevole e innocuo divertimento. Di maggiore rilievo *La cosa* (1962) di Harry Reade, allegoria contro l'imperialismo, *El gusano* (1963) di Enrique Nicador, *Osain* (1967) e *Oro rojo* (1969) Hernan Henriquez.

Degli altri paesi dell'America latina citiamo *El gallo Manolin* di Emery Hawkins che nel 1954, in Messico, ha avviato la serie di disegni animati di consumo, di scarso interesse. Dall'Argentina citiamo *La pared* (1962) di Jorge Martin; tra gli artisti più attivi Juan Oliva, che lavorò per qualche anno con Cristiani, Dante

Quinterno, che dopo un viaggio negli Stati Uniti per visitare gli *studios* dei Fleischer e di Disney, radunò attorno a sé una equipe di animatori per realizzare *Una en apuros* (1942), il primo disegno animato argentino a colori, un suo allievo Jorge Caro, l'animatore di pupazzi Carlos Gonzales Groppa, l'avanguardista Victor Iturralde Rua, Manuel Garcia Ferré, Jorge Martin.

O Kaiser (1917) del caricaturista Seth (Alvaro Marins), è considerato il primo film d'animazione brasiliano. *Dragaozinho Manso* (1942) di Humberto Mauro, uno dei pionieri del cinema in Brasile, inaugurò l'uso dei pupazzi animati nel suo paese. Nel 1953 arriva il primo lungometraggio animato di Anelio Latini Filho, *Sinfonia Amazonica*. Nel 1957 Roberto Miller, dopo un soggiorno di sei mesi alla National Film Board con McLaren, realizzò il suo primo film disegnato su pellicola, *Rumba*. Altri due astrattisti furono Bassano Vaccarini e Rubens F. Lucchetti, direttori del Centro sperimentale di cinema e realizzatori di film come *Abstracoes* e *Tourbillion* (1961). Nel 1962 Hamilton de Souza con il Grupo Tan Tan realizza il corto satirico *Uma historia do Brazil, tipo exportacao;* nel 1968 da Jorge Bastos arriva l'interessante *A linha*. Molto dotato, per l'invenzione visiva e grafica, fu José Rubens Siqueira, dal disegno secco ed elegante. Da citare anche *Batuque* (1970) di Pedro Ernesto Stilpen.

Un posto speciale occupa poi Mauricio de Sousa, vero e proprio "Disney brasiliano", che dal 1959 riuscì a far pubblicare nel quotidiano in cui lavorava, "Folha de Manha", la prima *strip* a fumetti. Il successo fu immediato e nel 1979 i suoi studi di animazione cominciano a produrre filmati per la televisione. L'attività più rilevante furono peraltro i lungometraggi, tutti firmati da Souza stesso, come il primo *Princesa e o Robot* (1983). Infine dall'Uruguay citiamo *Creation* (1962) di Eduardo Darino.

Africa

Il cinema d'animazione africano si caratterizza per l'impiego di tecniche a basso costo e per i temi sociali affrontati, con delle trame e dei soggetti "neorealisti". Negli ultimi anni, la produzione franco-belga-canadese *Kirikù e la strega Karabà* (1998) del francese Michel Ocelot, ha avuto un impatto sul cinema di questo continente. Il protagonista è il piccolo Kirikù, che sceglie di "nascere" in un villaggio africano, la cui vita è funestata dalla presenza della strega Karabà. Profondo e poetico, dall'approccio favolistico, il film affronta temi inerenti alla società africana, come il ruolo della donna e la superstizione.

Tra gli autori africani, vanno citati Moustapha Alassane, definito spesso un naïf, per la sua produzione basata su mezzi semplici, economici e dalla finitura finale volutamente approssimativa; si è occupato di *disegni su pellicola* e di *animazione di pupazzi*, come in Bon Voyage, Sim (1966) e Kokoa 2 (2001). Jean-Michel Kibushi Ndjate Wooto stu-dia in Europa e lavora anch'egli in maniera artigianale; fra i suoi lavori *Muana Mboka*. William Kentridge è un artista sudafricano, i suoi film sono ambientati in zone industriali e minerarie di Johannesburg, emblema di abusi ed ingiustizie. Le sue opere sono in gran parte costituite da riprese del disegno a carboncino in divenire, un continuo cancellare e ridisegnare, fino alla fine della scena; lasciando poi le tracce dei precedenti disegni cancellati, il risultato finale viene sovrapposto ad altri disegni, come per ribadire la naturale sovrapposizione dei ricordi o della storia. Tra i suoi lavori *Johannesburg: 2nd Greatest City After Paris* (1989) e *Felix in Exile* (1994).

A Cape Town ha sede The Blackheart Gang, un collettivo di animatori. *The Tale of How* (2006) esplora e sovverte l'estetica vittoriana in maniera analoga ai lavori di Karel Zeman, Terry Gilliam e Tim Burton. Il film, è la seconda parte di una trilogia intitolata *The Dodo Trilogy*, realizzato con sfondi animati in 2D che si muovono su decine di livelli, con piccoli personaggi, animali e altri bizzarri dettagli.

Australia

Artù e i cavalieri della tavola rotonda (36 episodi, 1966-68) è una serie animata australiana basata sulla leggenda di Re Artù di Camelot. Prodotta da Air Programs International, studio acquisto nel 1972 da Hanna-Barbera, è stata scritta da Alex Buzo e Rod Hull, e diretta da Zoran Janjic. I protagonisti sono Re Artù, la moglie Ginevra, il cavaliere Lancillotto, il mago Merlino, il Giullare, il Cavaliere Nero e Morgana le Fata.

Polacco di nascita, dopo una breve attività in Israele, Yoram Gross nel 1968 emigra in Australia con la moglie Sandra, fonda una casa di produzione e realizza la serie di lungometraggi avente come protagonista la bambina Dot, tratto dal romanzo per ragazzi dell'anglo-australiana Ethel C. Pedley. Nel primo *Dot and the Kangaroo* (1977), recupera una tecnica utilizzata da Eric Porter (*Waste Not, Want Not*, 1939), il padre dell'animazione australiana, ossia quella di mettere i personaggi animati su degli sfondi fotografati o ripresi, tecnica che diviene presto il suo marchio di fabbrica. Tra gli altri suoi lavori citiamo *We Shall Never Die* (1958) e *Chanson sans paroles* (1959).

Adam Elliot, artista della *claymation*, è l'autore della trilogia *Uncle* (1996), *Cousin* (1998) e *Brother* (1999). il 2003 è l'anno dell'Oscar vinto per *Harvie Krumpet*, film anche questo in *claymation*, o meglio come lo stesso Elliot la definisce, in *clayography*, in quanto narra di biografie di derelitti, caratterizzate da un umorismo e da un certo pathos, ispirate alla sua vita, quella della sua famiglia e dei suoi amici. Come nei successivi *Mary and Max* (2009), il suo primo lungometraggio, e *Ernie Biscuit* (2009). Anche Peter Cornwell usa l'animazione in *stop-motion*. *Ward 13* (2003) è un corto horror, d'azione e comico allo stesso tempo che racconta di un paziente mentre scopre gli orribili esperimenti fatti dai medici sui loro pazienti.

Nota XIX - La produzione creativa per il cinema d'animazione

Più che nel cinema "dal vivo", la regia nel cinema d'animazione è il settore dove è richiesta una maggiore responsabilità creativa e che necessita della conoscenza di tutti gli aspetti produttivi. Per capire come si costruiscono i cartoon, prima bisogna immaginarseli. *"Se puoi sognarlo, puoi farlo."* diceva Walt Disney. Il regista è dunque colui che sin dall'inizio ha una visione e che sa trasmetterla alla squadra di lavoro affinché la realizzi, è il responsabile del racconto filmico, della scelta di *cosa* dire e *come* dirlo. Secondo Miyazaki: *"Devi essere talmente ossessionato da pensare di poter cambiare il mondo con il tuo film"*. Se un po' di sana ossessione serve a tenere dritto il timone della creatività, un buon regista è anche un capo progetto che sa ascoltare, mettersi al servizio degli altri, ma anche prendere le decisioni. A proposito: le produzioni filmiche non sono democratiche, nel migliore dei casi sono monarchie illuminate.

Fare sempre la scelta giusta. Se amiamo cercare la verità, scopriremo che, quand'anche risultasse scomoda a chi venderà il prodotto o a chi lo acquisterà, ha molto a che fare con la bellezza, col valore e col senso di quello che facciamo. Il cinema d'animazione è prima di tutto immagine in movimento: sono le azioni, molto più dei dialoghi, a rivelare le emozioni del personaggio. Bisogna sempre tenere a mente i principi dell'analogia, del contrasto e della concretezza: dicamo che l'animazione non riproduce la realtà, la reinterpreta attraverso la sintesi e l'esagerazione, per lavorare di continuo per sottrazione.

Per provare a intendere meglio questo concetto citiamo le *Lezioni americane* di Calvino, per applicarne il ragionamento:
- la leggerezza, intesa non come frivolezza, ma come reazione al peso di vivere

- la visibilità, come la capacità di pensare per immagini e di esplorarne i significati
- la rapidità, come forza della sintesi, ritmo e disinvoltura
- la molteplicità, come visione sfaccettata e plurale del mondo

I fondamentali

Ogni inquadratura, reale, virtuale o disegnata, definisce il punto di vista e dunque concorre con la scenografia a definire la composizione di un'immagine. Il suo compito non è solo quello di rendere leggibile una scena, ma di contribuire a darle un senso e su questo i primi ragionamenti vanno fatti sui movimenti di camera: facciamo un movimento di camera o la teniamo ferma? Nello specifico il disegno animato ha due possibilità: o realizzare il movimento di macchina, ridisegnando fotogramma dopo fotogramma sia il personaggio sia l'ambiente, oppure lavorare su uno sfondo molto grande, sul quale poi la macchina da presa farà un movimento in fase di *compositing*.

Fare animazione e non saper disegnare è come non poter camminare con le proprie gambe. Bisogna migliorarsi tecnicamente il più possibile, non solo con gli insegnanti, i corsi e i libri giusti, ma mettendosi sempre alla prova. Prima di tutto facciamo tanti disegni dal vero e realizziamoli in modo rapido. Andiamo al parco, proviamo a schizzare la posa di un passante in quei pochi attimi in cui la mantiene; saremo costretti a trovare le linee più sintetiche ed efficaci. Dovremo anche conoscere a fondo l'anatomia e la prospettiva, che sono gli altri pilastri della tecnica del disegno. E se il cuore ci porta verso personaggi buffi e semplici o verso uno stile *manga* conviene padroneggiare prima con il disegno realistico. Investiamo sulla tecnica, anche se ci risulta difficile, mettendo in conto una sana dose di fatica e pazienza.

Formati delle immagini e dei video. Quello più usato oggi è il Full HD, ovvero 1920x1080 pixel, ed è la qualità del Blu-ray. C'è poi da considerare il tipo di proporzioni dello schermo, ossia il rapporto tra i lati dello schermo. Lo standard televisivo è il 16:9, dunque il FullHD e l'UltraHD (esattamente il doppio 3840x2160) sono in 16:9, mentre le vecchie tv erano in 4:3. Il *widescreen* cinematografico, invece, non è un 16:9 esatto, ma è un po' più allungato e la proporzione è 2,39:1. Per completezza diciamo che l'SD, lo standard per i DVD, è un 16:9 con una risoluzione quasi dimezzata rispetto il full HD, ossia 1024x576; il formato 4K è quattro volte l'SD e, di conseguenza poco più del doppio del FullHD, ossia 5096x2304. Nella pratica, infine, al cinema pochi si accorgono della differenza tra una proiezione in FullHD o Ultra HD e una in 4K.

Di base troviamo i pixel rettangolari per i formati video, quelli quadrati per la fotografia e il cinema. Il consiglio è di impostare il lavoro in pixel quadrati ed eventualmente in montaggio esportare su un formato a pixel rettangolari. C'è poi la distinzione tra 1080i e 1080p: "i" sta per interlacciato, "p" per progressivo: per l'animazione è meglio lavorare in progressivo, ovvero con le singole immagini indipendenti, come fossero una sequenza di fotografie. Quante però al secondo? Il consiglio è di lavorare a 24 fotogrammi al secondo, perché è più facile calcolare il passo. Altrimenti i 25 frame vanno comunque bene. Se si lavora in CGI si possono ottenere senza fatica anche più fotogrammi al secondo, ma non è detto che se ne abbia bisogno.

La profondità colore, ovvero 8, 16 e 32 bit per canale (rosso, verde, blu): più alto è il valore e più l'immagine è pesante, ma anche in grado reggere meglio una manipolazione del colore. Un buon criterio è quello di lavorare a 16 bit ed esportare a 8. In fase di esportazione o di salvataggio, dobbiamo scegliere il formato dell'immagine: i non compressi (PSD, TIFF, TGA, PNG) mantengono per intero tutte le informazioni ma, risultano pesanti; i formati lossy (con perdita), come il JPG, comprimono le informazioni e ne fanno una specie di riassunto. C'è poi il *canale alfa*, le informazioni di trasparenza di un'immagine, cruciale in fase di compositing, dove si sovrappongono i personaggi agli elementi dello sfondo. Quando salviamo un'immagine o un video che ha delle trasparenze (anche solo un ritaglio), ricordiamoci di indicare se ci interessa mantenere il *canale alfa*.

Le animazioni si creano fotogramma per fotogramma, e dunque avremo una sequenza di immagini piuttosto che un video, immagini che un software può importare, sotto nostra indicazione, come sequenza e mostrandoci quindi un filmato. Al pari di quello detto per le immagini, si può avere un video non compresso, che è molto pesante, oppure compresso. Il codec di compressione più usato oggi è H.264, che è un po' l'equivalente del JPG e spesso va bene in fase di esportazione definitiva.

Un altro dato da considerare è lo spazio colore: le immagini per il web sono in RGB o sRGB; per la stampa in CMYK. Per l'HD c'è l'HDTV (Rec.709), per l'UltraHD il Rec.2020. Un esempio di flusso di lavoro: per ogni inquadratura di film in stop-motion, le foto potrebbero essere scattare in RAW a 16 bit; per realizzare su LightRoom la maggior parte della correzione colore ed esportarle in TIFF a 8 bit con spazio colore sRGB; su After Effect fare il *compositing*, per trasformare le inquadrature in una sequenza video, un file *.mov* in ProRes 4:2:2, convertendo lo spazio colore in HDTV (Rec.709). Alla fine vengono importati su Premiere tutti i file *.mov* per assemblare il film nel montaggio finale.

Lo sviluppo

Riguarda la definizione dello stile visivo e della catena produttiva per produrre il film: si tratta di pianificare esattamente quanti e quali professionisti coinvolgere, in che luoghi e con che strumenti, i tempi di lavoro, i costi e dove reperire i finanziamenti. Lo sviluppo in genere definisce (ne vedremo soltanto alcuni):

1) l'aspetto visivo del film (moodboard, concept art, ecc.)
2) lo storyboard
3) il videoboard
4) un demo tecnico
5) l'organizzazione del lavoro
6) il piano finanziario
7) il piano distributivo

Ricerca grafica. Fare ricerca serve prima di ogni cosa a chiarirsi le idee, poi a comunicarle ai membri della squadra, evitando che lavorino alla cieca. Se è il regista a disegnare, la ricerca aiuta a non procedere per tentativi casuali: si passa a identificare film simili per tecnica, stile o contenuto a quello si vuole realizzare; la *moodboard* include così tutto il materiale visivo che serve per comunicare le atmosfere e gli umori del futuro film: può contenere illustrazioni, fotografie, poesie, sonorità, brani musicali, colori, in pratica qualsiasi elemento che possa rappresentare la modalità espressiva su cui si vuole articolare il design. A differenza della *reference* (strumento che vedremo più avanti quando si parlerà di *character design*), la *moodboard* si compone di materiale che facilita unicamente la comprensione dell'atmosfera, illustra il particolare approccio comunicativo, si concentra nell'individuare suggestioni e deve affascinare ed evocare.

La *concept art.* Definito lo stile, si realizzano le illustrazioni dei momenti salienti del film, per mostrare i personaggi nell'ambiente. In genere si parte da semplici schizzi, in modo da esplorare rapidamente soluzioni alternative. In una seconda fase si passa a illustrazioni più rifinite. Questa esplorazione serve a definire anche la quantità di dettagli necessari, i colori, dunque l'atmosfera dei momenti principali del film. E' importante inserire i personaggi nelle ambientazioni per avere una visione d'insieme, sia in termini di regia, sia di stile visivo: gli ambienti e i personaggi devono integrarsi, bisogna sentirli parte di un mondo visivo coerente. La *concept art* è importante, perché può suggerire nuove idee a livello di sceneggiatura e pertanto sarebbe utile farla già in fase di stesura del soggetto. Possiamo parlare di *image board* per indicare una serie più sistematica di illustrazioni che coprono tutti i momenti salienti della storia.

Il design dei personaggi. La definizione delle *silhouette* può essere un punto di partenza, oppure uno strumento di controllo per il perfezionamento del design; la visione in silhouette dei protagonisti messi in gruppo, ad esempio, aiuta a verificare che non ci siano personaggi troppo simili. A volte, la ricerca di un design inconsueto risponde alla necessità di distinguersi nella vastità del mercato, molto dipende anche dal contesto culturale e dalla destinazione dell'opera. Per intendere meglio, in paesi come la Francia c'è molta attenzione all'unicità grafica, che diventa ricerca e segno distintivo dell'autore; diversamente da paesi come il Giappone, dove all'originalità si preferisce la variazione sul tema, motivo per cui i personaggi dei *cartoon* (gli *anime*, traslitterazione giapponese della parola inglese *animation*), nei loro tratti essenziali, si assomigliano un po' tutti. Fumettisti come Mutsuru Adachi o Leiji Matsumoto hanno disegnato per un'intera carriera una ridotta gamma di personaggi, variandone semplicemente il nome, un ciuffo, un abito e a volte nemmeno quelli. A noi occidentali i personaggi di questi autori possono sembrare troppo simili tra di loro, per il pubblico giapponese sono invece diversi quanto basta e piacevolmente riconoscibili.

Dettagli, stilizzazioni, esagerazioni. Nel disegno animato, dove ogni posa viene ridisegnata, un elevato numero di dettagli rende l'animazione molto laboriosa costosa. Dunque produrre tanti disegni con tanti dettagli è uno sforzo produttivo eccessivo. Di solito si semplifica il design, tenendo conto che quello che non si può nascondere conviene ostentarlo. Nello stop-motion e nella CGI, in parte anche nel cut-out, la creazione dei dettagli avviene una volta sola, quando si crea il "pupazzo", questo non va poi ridisegnato, ma semplicemente mosso. La stilizzazione estrema è la faccina con due punti per gli occhi e una lineetta per la bocca: lo *smile* è il minimo possibile per comunicare la presenza di un personaggio. Si tratta di un livello iconico, astratto, che comunica il concetto di faccia, dunque un volto qualunque, non uno specifico. All'estremo opposto c'è la realtà, noi esseri umani, ciascuno irriducibilmente diverso dall'altro, con un'infinità di dettagli e micro espressioni facciali. In mezzo infinite possibilità: più aumenta la presenza di elementi umani nei personaggi, più facilmente li troviamo familiari e ci immedesimiamo.

Stilizzare significa sintetizzare la complessità di un corpo o di una faccia in forme più semplici, un'elaborazione che sfrutta l'esagerazione (un volto quadrato, a triangolo, rotondo), per esaltare certe caratteristiche e creare unicità. Si può lavorare anche deformando i volumi anatomici, restringendo alcune parti, gonfiandone altre, cambiando le proporzioni, le distanze tra le parti del corpo, per ottenere una stilizzazione più complessa.

Uncanny valley (la valle inquietante). Con l'avvento della CGI, sia nel videogioco che nell'animazione, si tende ad inseguire il realismo nelle fattezze dei personaggi. Spesso però capita che, paradossalmente tanto più un personaggio è realistico, tanto più ci sembra rigido, artefatto, quasi morto, soprattutto quando questo si muove. La nostra empatia, in questi casi, crolla.

Occhi specchio dell'anima. Il tipico occhio con il grande bulbo bianco e la pupilla consente una vasta gamma di espressioni pur nella sua semplicità grafica, e non a caso è la soluzione più adottata nei *cartoon*. La scuola disneyana non solo ingrandisce gli occhi ed esagera le espressioni, ma deforma gli stessi volumi dei volti, così che ogni sfumatura emotiva vissuta dal personaggio venga espressa con la massima chiarezza. Molti dei *cartoon* giapponesi non vogliono, né si possono permettere, le espressioni disneyane e puntano tutto sui dettagli degli occhi, che si riempiono di luci e ombre. Sono tipici i casi in cui questi riflessi vibrano dentro un occhio fermo (che diventa un universo da indagare) e questa vibrazione può comunicare qualsiasi stato emotivo: gioia, sconcerto, angustia e così via.

Lo storyboard. E' una sequenza di disegni che definisce cosa accade in ciascuna inquadratura del film: è in questo strumento che si concretizza il racconto filmico, dove si capisce se il film funziona. Sono visualizzate tutte le scene scritte in sceneggiatura, indica le azioni principali dei protagonisti e i movimenti di camera, evidenziati con un'apposita simbologia fatta di frecce e riquadri dai colori differenti. I disegni chiave (*key frame*) sono accompagnati a didascalie che ne indicano le azioni principali, i dialoghi, gli effetti da inserire e le transizioni. Spesso, condiviso tra pochi addetti ai lavori, può essere disegnato in modo elementare, tenendo in considerazione prospettive e personaggi, che si possano riconoscere nelle pose e nelle intenzioni. Quando invece si lavora in una grande produzione, serie o lungometraggio che sia, lo storyboard diventa un riferimento per decine di persone, e in questo caso non ci si può permettere che i disegni vengano male interpretati. Gli storyboardisti più che in altri casi devono essere dei bravi disegnatori. Su chi disegna lo *storyboard* ci sono due approcci: quello autoriale vuole che a disegnarlo sia il regista stesso, oppure quello commerciale (*studio system*), che presta più attenzione alla catena produttiva e che richiede che la storia possa essere arricchita dalle idee di più persone. Nei due casi, un accorgimento utile per la realizzazione dello *storyboard* è quello di realizzare lo sfondo solo nel primo disegno di una inquadratura, mostrando poi soltanto quello che successivamente si muove nella stessa inquadratura.

La formattazione della pagina di uno *storyboard* è personalizzabile a seconda delle esigenze, ma di norma indica:
- numero di scena / numero dell'inquadratura
- durata (in sec. o in fotogrammi)
- MdP, movimento di camera
- inquadratura (indicazione dei campi: dettaglio, medio, lungo, lunghissimo; piani: particolare, primissimo piano, primo piano, mezza figura, piano americano, figura intera)
- altezza/angolazione (carrellata, panoramica, piano sequenza, zoom; dal basso, dall'alto, obliqua)
- azione sviluppata in scena
- luci (naturale, da set)
- audio (suoni, musica, rumori, dialoghi)

I piani, già indicati in sede di sceneggiatura, vengono scelti in rapporto all'importanza che devono assumere i personaggi animati, gli oggetti e l'ambiente che interessano alla chiarezza del racconto filmico, mostrandoli in tutta la loro evidenza narrativa. Riguardo invece le loro dimensioni, per dare l'illusione di spostamento ad esempio da un PPP verso l'infinito o viceversa, cioè di allontanamento o di avvicinamento, viene tracciata sul foglio una linea immaginaria che determina il percorso reale che il personaggio compie sulla scena, con agli estremi della traiettoria la dimensione massima (in PPP) e quella minima (verso l'infinito, in CLL) delimitate da un cerchio. Fatto ciò si stabilisce il ritmo di velocità che il personaggio assume nel percorrere tutta la linea, tenendo conto che gli oggetti che si allontanano dal punto di partenza sono meno veloci rispetto a quelli che si avvicinano.

Il *videoboard*. La durata in fotogrammi, ancora approssimativa, viene definita con il *videoboard*, ovvero la messa a video dello storyboard. Con l'avvento delle tavolette grafiche, si disegna lo storyboard in funzione del *videoboard* e il montaggio di immagini, con una bozza di colonna sonora e magari di qualche dialogo provvisorio, utile per definire il ritmo e le atmosfere, insomma una pre-visualizzazione del film. Alla luce di tutto questo è chiaro che lo storyboardista non è soltanto un bravo disegnatore, ma è anche qualcuno che conosce bene il linguaggio filmico, che sa raccontare con le immagini e ha confidenza con l'animazione. Con lo *storyboard* e il *videoboard* si può avere un'idea abbastanza precisa della durata del film, della tenuta della narrazione e della mole di lavoro, ovvero la quantità di personaggi, fondali, effetti, animazioni, interventi con tecniche diverse, voci, musiche e altro. Con uno *storyboard* si può costruire un piano di lavoro, diversamente la produzione diventa un salto nel buio.

Il color script. E' una sorta di storyboard colorato che mette in sequenza un'immagine per ognuna delle scene, a volte anche per ognuna delle inquadrature. In questo modo si controlla a colpo d'occhio il ritmo cromatico del film.

Il demo tecnico. Un buon *videoboard* può dare tante garanzie di riuscita del film, ma lo sviluppo di un progetto spesso contempla la realizzazione di un filmato che presenti alcune scene con il loro aspetto definitivo. In questo caso si parla di film pilota per un lungometraggio (2-3 minuti), che è l'equivalente di un trailer cinematografico di un film che ancora non esiste. Nel caso invece di una serie si realizza un episodio pilota, che tra i vari episodi già sceneggiati, è spesso quello più indicativo per mostrare il format della serie, dunque non necessariamente il primo.

Il *character design*

Il piacere che noi traiamo da una narrazione deriva in gran parte dall'idea che ci facciamo dei personaggi: appena vediamo qualcosa che assomiglia vagamente a un volto ne cerchiamo subito l'essenza esteriore ed è come se scattasse un interruttore che ci fa ignorare che si tratta di un disegno. I suoi elementi ci fanno intuire qualcosa, direttamente collegato a quel tutto e quando il design dei personaggi è ben progettato funziona anche indipendentemente dalla storia. Per rendere concreti ed efficaci i disegni bisogna osservare e immaginare, rimanendo sempre legati a un gesto personale e volontario, libero da schemi predefiniti. Il *character design* è una disciplina che non conosce regole, ma strategie che tengano conto di come i personaggi non sono mai visti per come sono loro, ma per come siamo noi.

Un buon metodo è stato quello adottato da Walt Disney e poi ripreso da molti studi di animazione. Il lavoro viene articolato in tre fasi e ciascuna si svolge in un luogo diverso: 1) *la stanza della creatività*: tutte le idee, per quanto bizzarre e stravaganti, sono le benvenute ed è proprio proibito bloccarle; 2) *la stanza dei bozzetti*: le idee trovano una loro rappresentazione visiva, il motto è costruire, ossia dare forma ai concetti, è il luogo in cui i personaggi vengono alla luce con diverse alternative di design e con un'ampia varietà di forme, dimensioni e proporzioni; tra tutte queste si sceglierà quale portare avanti per la finalizzazione. In questa fase si genera anche lo *storyboard*, altra invenzione di Walt Disney, ottenendo così una prima visualizzazione di ciò che si è stato immaginato in precedenza; 3) *la stanza delle torture*: il progetto viene messo a nudo, analizzato nel suo insieme e sezionato nelle singole parti, valutandone carenze e criticità. Sono bandite le soluzioni complesse, banali, confuse, poco coerenti o non funzionali, per concludere con un elaborato finale che definisce nei minimi dettagli la struttura, le articolazioni, la postura e i movimenti. Il tutto senza perdere mai la visione d'insieme.

Si impara a disegnare solo quando si impara a osservare. Per osservare bisogna desiderare, cercare, avere la volontà di scoprire qualcosa che ancora non si conosce. Le immagini selezionate in fase di osservazione faranno parte di una raccolta detta *reference* utilizzata due volte: per individuare la linea stilistica, trovando nuove idee grafiche o rielaborando vecchie idee, e successivamente in una fase di sviluppo, per delineare in modo verosimile i dettagli. Nella fase di ricerca il materiale si concentra quindi nell'individuare riferimenti e suggestioni, con l'intento di affascinare ed evocare; nella fase di sviluppo, ovvero della realizzazione del design, questa documentazione diventa lo strumento principale per la definizione dei vari personaggi.

Il percorso del character design

Nella fase che abbiamo chiamato la *stanza della creatività* si definisce il *character briefing*, ovvero il documento che descrive le caratteristiche dei personaggi, a quale pubblico sono indirizzati e con quale stile ci si propone di disegnarli. Chi sono i personaggi lo definisce il *character profile*, in cui si stabilisce l'identità e il ruolo dei singoli personaggi nella narrazione, specificando le loro relazioni e i vari conflitti che affronteranno. Le spinte motivazionali indicano l'intensità con la quale il personaggio cerca di soddisfare i suoi desideri. La sfida del disegnatore sarà quella di di rappresentare la forma visibile, l'esteriorità, ciò che è apparenza, partendo proprio da questa parte invisibile.

Riguardo il pubblico, bisogna stabilire un dialogo attraverso i personaggi e ancor prima di immaginarli, bisogna pensare alle persone a cui i personaggi sono rivolti: ogni fascia d'età ha le sue modalità di visualizzazione, di pregiudizi e aspettative, e in base a questo cambiano i codici grafici e narrativi adottati dal *character design* per descrivere i suoi personaggi. Per l'infanzia le narrazioni sono molto semplici e ripetitive, servono a scoprire il mondo che ci circonda, in una prospettiva molto soggettiva; funziona un universo grafico tutt'altro che realista, con immagini sintetiche e bidimensionali, colori piatti e vivaci, linee curve e uniformi, la percezione deve essere chiara e priva di ambiguità; le proporzioni sono sbilanciate, con la testa dalle dimensioni molto grandi rispetto al corpo, così da mettere in primo piano la sfera emotiva. Nell'età prescolare si sviluppa il pensiero intuitivo, iniziano a definirsi le conoscenze e i valori che andranno a costituire l'identità della persona; ci si interroga sulla realtà che ci circonda e si vuole capire il più possibile come funziona il mondo. Nell'età scolare il filone educativo puro perde di fascino mentre aumenta la curiosità verso le narrazioni più complesse, in cui la conoscenza si mescola con l'azione. Nella pre-adolescenza ci si inizia a proiettare verso il mondo adulto e vengono assiduamente seguite le proprie passioni; le valutazioni, le opinioni personali diventano più importanti, sopratutto all'interno della famiglia; le creature immaginarie, i mostri e ancora di più i mutanti sono figure che attraggono poiché rappresentazione di un'inquietudine latente, che esploderà durante l'adolescenza con i cambiamenti profondi della propria corporalità. Nell'adolescenza si cercano personaggi capaci di dare senso alla propria esistenza attraverso l'acquisizione di diverse identità, ma anche figure che consentano di legarsi agli altri, sviluppando rapporti. Il passaggio poi verso il mondo adulto risulta il più delle volte incerto, labile, estendendo la propria giovinezza in una zona senza tempo; il disegno dei personaggi si priva di tutte le estremizzazioni, le idealizzazioni tipiche del periodo adolescenziali per lasciare spazio ai dettagli, alla cura dei particolari, alle sfumature psicologiche. Nell'età adulta il tempo diventa un bene prezioso, vengono privilegiate narrazioni che coinvolgono la famiglia per un prodotto adatto a più fasce di età; una strategia ricorrente consiste nell'ammiccare al periodo in cui i genitori erano a loro volta bambini. La senilità è un pubblico troppo articolato per essere facilmente classificato, quindi le narrazioni includono un'ampia varietà di stili, generi e sottogeneri; non si punta alla novità, ma si cerca di trovare la qualità nei contenuti e di raggiungere stati d'animo profondi.

L'ultimo punto del *character briefing* è quello di individuare lo stile grafico con cui si definiscono i personaggi. Uno stile personale è il risultato di un lungo processo di costruzione che si basa sulle contaminazioni e sulle continue evoluzioni. Riguardo le influenze e le contaminazioni, quando un disegnatore studia un altro autore, riflette, si chiede cosa lo colpisce, perché attira la sua attenzione, quali sono gli elementi che sente parte della propria sensibilità. Messosi al lavoro, tra le infinite rielaborazioni grafiche di ogni personaggio è possibile individuare almeno tre tendenze: stile fotografico, stile sintetico e stile espressivo.

Nello stile fotografico si guarda e si registra ciò che si vede, senza aggiungere altro. Nello stile sintetico, all'opposto al realismo fotografico si trova il piano dell'astrazione, selezionando i segni capaci di dare sinteticamente l'immagine, eliminando ogni tratto inutile: per funzionare i personaggi disegnati con uno stile sintetico devono essere sempre intrisi di significato, capaci di generare associazioni, nuove suggestioni. Nello stile espressivo la realtà può essere distorta, ma non troppo, almeno non tanto da non essere più riconoscibile; quando si segue questo stile, si osserva con attenzione il soggetto che interessa, si capta al volo cosa lo caratterizza e infine si lascia spazio all'esagerazione, arrivando poi allo stile caricaturale, dove si evidenziano non solo i difetti fisici, ma anche quelli interiori, caratteriali, arrivando se serve a ribaltare i canoni estetici, a rovesciare gli schemi e trasgredendo le regole del conosciuto, in particolare se i personaggi sono dotati di tratti eroici, solenni, che li elevano in direzione un mondo superiore e trascendente.

Come si costruisce un personaggio. Come per tutto, non esistono regole, ma si possono delineare dei metodi comuni e in gran parte condivisi tra i disegnatori. Solitamente si disegna prima il volume della testa e lo scheletro semplificato, poi su questo si vanno a definire le masse: corpo, arti, mani e piedi, e infine si completa la figura con tutti i dettagli. E' importante risolvere già questa prima figura con poche linee, dato che dovranno essere ripetute tante volte, con volumi che siano facilmente ripetibili e proporzionali da qualunque angolazione si debbano disegnare (di fronte, di profilo, di 3/4, ecc.). Altra cosa importante, ai fini dell'espressione, è stabilire la proporzione tra la testa e il corpo: questo sarà molto utile quando si dovrà disegnare il personaggio in formato più grande o più piccolo del normale. Definito il personaggio in tutte le sue proporzioni e risolto da ogni lato, bisogna poi cercare delle posizioni caratteristiche ed espressioni particolari; questo lavoro preliminare permetterà di andare molto più spediti nella produzione dell'animazione e anche di scoprire i punti di vista migliori e più espressivi, da tenere presente in fase di sceneggiatura. Poi occorre anche dare una dimensione alle caratteristiche psicologiche: la regola è che tutto deve essere esagerato, per non correre il rischio di passare inosservato.

Cosa serve per fare questo tipo di lavoro?
- *registro*: una sbarretta con due o tre punzoni, con la funzione di tenere "uniti" i vari fogli di animazione, prima su carta poi su celluloide, sempre in coincidenza.
- *banco d'animazione*: un piano inclinato con una apertura rettangolare con vetro smerigliato, sotto la quale va posta una lampadina. A filo del margine superiore del vetro va fissato il *registro*. Esso permette di vedere per trasparenza più disegni contemporaneamente.
- *carta punzonata*: con fori nella parte superiore o inferiore, della stessa misura e disposizione del registro (misura cm 35x60).
- *mascherino*: foglio di cartoncino nero punzonato come i fogli, che delinea al centro l'inquadratura che verrà ripresa. Serve quindi per centrare i personaggi, per farli entrare e uscire di campo, per controllare le scenografie, ecc.
- una *matita molto morbida*, una 2B o una F sono perfette.

Rough layout: è il disegno preparatorio, il bozzetto preliminare del personaggio. Spesso si realizzano molti *rough layout* per studiare più variazioni di design, lavorando prima sui personaggi protagonisti, poi sui secondari e infine sulle comparse. Potremmo definire i disegni di questa fase "appunti visivi" (*thumbnail sketches*), degli schizzi in miniatura, dove l'area di disegno è molto piccola per controllare velocemente la composizione evitando errori nelle proporzioni: la loro funzione è quella di registrare le prime intuizioni per poi approfondirle e farle fiorire. Non ci sono errori, solo gesti spontanei, semplici bozzetti, note e niente colori, niente luci, niente dettagli. Soltanto un groviglio di linee che si sovrappongono, si incrociano e si accavallano. La parola chiave è la velocità per non perdere di spontaneità: una rappresentazione vaga del personaggio consente di mantenere intatto tutto il suo potenziale evolutivo, per sperimentare nuove varianti. Di norma, come detto prima, si inizia con la testa, definendo i volumi generali e i contorni esterni: il volto come insieme è molto più importante e riconoscibile di ciascuna delle sue parti prese individualmente. Non vi è una regola fissa, ma è in genere si sceglie una visione di tre quarti, in quanto sintesi della vista frontale e di profilo. Tracciato il volto e disegnati i capelli, si accennano gli assi orizzontali e verticali che passano dal centro del viso (le cosiddette linee di costruzione), che forniscono i riferimenti per posizionare i vari elementi, come orecchie, occhi, naso e bocca, prima ancora di studiarne forme e dimensioni. Il volto di un personaggio non è soltanto un attributo fisico, è un'aspettativa e tutti i connotati vanno messi in relazione con questa aspettativa: è qui che si gioca tutta la partita del *character design*. E' un continuo generarsi di volti, alla ricerca della combinazione che meglio si adatta al personaggio che il disegnatore vuole creare, improvvisando e entrando in sintonia con le sue emozioni e arrivando a diventare quel personaggio, così che il pubblico possa fare lo stesso. Il volto, e poi tutto il resto, si configura pertanto come un viaggio esplorativo; attraverso le diverse variazioni il disegnatore prende confidenza con la grafica del soggetto, ne approfondisce le caratteristiche e familiarizza con l'immagine. Tutto fino a quando il disegno avrà l'aspetto giusto e non sarà più tollerabile alcuna modifica.

Construction model sheet: è il documento che rivela la struttura compositiva alla base del personaggio. E' definito da figure geometriche piane o, ancora meglio, solide. Sparisce l'agitarsi frenetico delle linee, il rumore delle traiettorie che si scontrano, l'energia primaria della creazione. Utilizzando una matita blu, si disegnano soltanto i volumi, in una composizione di sfere, coni, cubi, cilindri, come per svuotare le pastose linee nere, rendendole leggere, eteree. I personaggi diventano più leggibili, si vedono le parti nascoste, le regole compositive, le relazioni tra le parti, ma la cosa più importante per il disegnatore è che diminuisce il rischio di errore, raccordando più agevolmente le varie unità del corpo, controllandone i movimenti in modo sempre coerente.

Silhouette: per rendere ben riconoscibili i personaggi il disegnatore valuta valutare se la loro *silhouette*, ovvero la semplice rappresentazione in nero dei soli contorni esterni, riesce a far percepire con facilità il personaggio stesso.

Clean up: è la fase di rifinitura e pulizia dei personaggi dopo che i loro bozzetti sono stati testati e approvati. In questa fase vengono rimossi tutti i tratti imprecisi, le linee in eccesso e i segni grezzi. Per questa operazione si lavora con una matita 3H o, se ci si sente più sicuri, con un pennarello. La sicurezza arriva dalla consapevolezza che i disegni che a questo punto si hanno davanti sono la migliore versione del nostro personaggio e così come un musicista sceglie l'intensità delle note, il *character design* che esercita una maggiore o minore pressione sul foglio, rende mobile e versatile il proprio disegno. A livello percettivo, il nostro occhio rivolge l'attenzione alle figure che si presentano con dei contorni nitidi e ben definiti, con qualche accenno alle linee interne per dare l'idea dei volumi, tralasciando invece ciò che risulta confuso, impreciso e sfuocato. La texture aiuta a dare consistenza e peso alle forme, un pò come le linee volumetriche: è più di un effetto grafico, è un modo di pensare alla materia.

Altra considerazione è quella che i vari personaggi assumo un senso solo all'interno delle loro relazioni. La loro identità grafica partirà da qui e non è detto che lo stile debba essere omogeneo, nessuna variazione è vietata: il protagonista potrebbe avere un design realistico, mentre gli altri hanno un aspetto più caricaturale, così da accentuarne il contrasto, un esempio su tutti *Biancaneve e i sette nani* di Disney. L'importante è mantenere un'atmosfera generale e far intendere che tutti i personaggi appartengono allo stesso contesto. Una volta stabilita la fisionomia di tutti i personaggi, si definisce anche qualche dettaglio, tenendo conto che il *character design* deve trovare la giusta misura, inserendo solo gli elementi che aiutano a definire meglio l'immagine, senza appesantire la futura animazione, ma neanche tanto miseri da rendere le figure spoglie e incomplete. Ecco che si inseriscono magari degli elementi culturali condivisi e consolidati, come stereotipi, *topoi*, metafore visive, immagini allegoriche, archetipi, per arricchire di questi elementi ogni personaggio. Il gruppo di personaggi risulterà una sintesi di questi pezzi di mondo, portatore di tante immagini a noi già note, tante corrispondenze, da diventare un centro in grado di attirare inevitabilmente la nostra attenzione. Oltre alle parti del corpo, o ai dettagli dei loro vestiti, per questo motivo, bisogna prestare attenzione agli oggetti importanti per i personaggi, affinché possano compiere la propria narrazione e le proprie imprese e noi identificarli meglio.

Naming: attraverso i nomi si qualificano i personaggi come individui unici, a riconoscerli nell'azione. Il che è fondamentale per creare un senso di familiarità e aiutare il processo di immedesimazione, ma anche per costruire il racconto. A volte l'anonimato può diventare una regola, perché ha un forte potere protettivo, come nelle fiabe in cui molti personaggi sono identificati con termini generici come il re, la matrigna, il principe e la principessa.

Colori: se vogliamo leggere la lingua dei colori dobbiamo tenere conto di tre dimensioni precise che li contraddistinguono: la *tonalità* (è l'attributo a cui solitamente si fa riferimento, ovvero il colore puro senza aggiunta di altro; in base a questo parametro i colori si dividono in caldi, il giallo, arancione e rosso, e freddi, verde, indaco, violetto, blu), la *luminosità* (che indica la qualità di bianco o nero presente nel colore; una tinta luminosa serve ad attirare lo sguardo, a isolare gli elementi o a raggrupparli) e la *saturazione* (che indica l'intensità di un determinato colore). Un colore comunque non si può definire in assoluto, ma occorre tenere conto anche dell'insieme delle relazioni che intrattiene con le altre tinte, del resto sono pochissimi i personaggi monocromatici. Nel definire i colori di un personaggio infine non possiamo trascurare le relazioni tra tutte le altre figure della narrazione e la questione apre ad altre considerazioni sul mondo dei colori: le tonalità non solo si distinguono tra loro, ma sono sintonizzate all'interno di un gruppo più o meno esteso di personaggi. Le combinazioni di toni poi saranno un gioco di equilibrio tra due andamenti, l'uniformità e il contrasto, per costruire una sinfonia di colori senza dimenticare di considerare il chiaroscuro, tra i valori chiari e quelli grigi. Ogni personaggio ha una propria *master palette*, il gruppo di colori ad esso attribuiti e utilizzati durante l'intera produzione per garantirne la coerenza.

Dai model sheet alla bibbia grafica

Definito il design dei personaggi e delle scene, vengono realizzati dei modelli (*model sheet*) che servono da riferimento per le diverse figure professionali coinvolte nella produzione e rendere uniforme ogni aspetto visivo da una scena all'altra. Il primo strumento di fondamentale importanza è il *character turnaround*: i personaggi vengono studiati mediante disegni ortografici che li mostrano da più angolature, come se gli si stesse ruotando intorno. Si riportano i volumi con coerenza nelle tre dimensioni e solitamente su quattro punti di vista differenti: frontale, laterale, di tre quarti e posteriore (un tempo si realizzavano dei modellini in creta, oggi la prassi è utilizzare il computer). Per mantenere la continuità dei vari punti di vista, senza perdere il senso della figura nel suo insieme, un espediente consiste nel disegnare un elemento che ruoti attorno al personaggio, qualcosa come una cintura, un fiocco, una corona. Si tratta di valutare la resa plastica, tenendo anche conto dell'illuminazione: con la luce si modificano le espressioni, i volumi hanno ombre marcate che possono modificare la riconoscibilità della figura. Questo è l'ultimo test per appurare che il disegno sia ben definito da ogni angolatura.

T-pose: si tratta di una rappresentazione dei personaggi in cui il corpo si trova in posizione verticale, la testa dritta e priva di espressione, i piedi accostati, le braccia distese con i palmi delle mani rigidamente rivolti in giù. Il significato della *T-pose* è simile a quello di un prospetto architettonico che mostra un edificio nel suo complesso, è una rappresentazione neutra che serve solo come riferimento, la cosiddetta *baseline*, in cui tutti i muscoli sono a riposo ed è possibile rendersi conto della misurazione e dei movimenti di ciascuna parte del corpo del personaggio. Per i modellatori 3D vi è anche una ragione pratica: gli arti sono più accessibili per la disposizione dei punti di controllo per l'animazione e così il personaggio viene costruito come una marionetta, calcolando anche il suo spettro di movimento.

Character line-up: è l'immagine in cui i personaggi sono disposti l'uno a fianco all'altro, una disposizione che fornisce una sintesi di tutto il lavoro, di valutare accuratamente le proporzioni tra le varie parti del corpo di ogni singola figura (stabilendo che il cerchio di costruzione della testa del personaggio principale sia preso come unità di misura): la bellezza non risiederà nei singoli elementi, ma anche nell'armonia dell'insieme. Lo studio delle proporzioni è uno strumento importantissimo, che va ad condizionare non solo l'aspetto visivo, ma anche le esigenze narrative.

Per far vivere i personaggi viene superata la staticità della *T-pose* ed ecco che i corpi cessano di essere rigidi manichini, si animano e prendono vita. I singoli atteggiamenti, gesti e posizioni, oltre a vivificare i soggetti, esprimono sempre un aspetto della loro personalità. Ci sono pose che utilizzano il linguaggio del corpo per manifestare chiaramente il carattere, scavano in profondità e permettono di cogliere i personaggi nella loro essenza, ci dicono chi sono. Queste posture sono chiamate *golden pose*: la rappresentazione di un corpo, che sia di un umano, di un animale, di un essere immaginario o di un robot, segue sempre la stessa logica, che si ritrova nella conoscenza delle ossa, dei muscoli, delle giunture tra gli arti e via dicendo, in pratica bisogna cimentarsi nell'*anatomical study model sheet*. Il suo studio aiuta a vedere in profondità, le forme ossee fanno sentire la presenza dei muscoli in superficie, le spinte interne aiutano a ricomporre i movimenti in modo fluido e naturale. Gli studi anatomici sono operazioni complesse, ma non per questo poco praticabili e i disegnatori di personaggi ne fanno ampio utilizzo. Successivamente, per costruire uno proprio stile, è fin troppo ovvio che più ci si allontana dal realismo, più è possibile svincolarsi da una rappresentazione anatomica rigorosa. Alcuni personaggi possono funzionare benissimo pur avendo gli arti flessibili come tubi di gomma e le proporzioni completamente sfalsate. Si analizza così in anticipo tutte le possibili espressioni, i movimenti e le interazioni, per essere consapevoli dei limiti e delle opportunità.

Le *golden pose* sono pertanto delle pose che vivono in autonomia, senza la necessità di un dialogo o di un fondale per essere compresa; non essendoci movimento, non essendoci sonoro, ogni azione viene bloccata in un'immagine fissa in cui si cerca la massima espressività visiva. Amplificare però non significa alterare la percezione come nella caricatura, ma ottenere il massimo impatto comunicativo. E' questo il momento di marcare le *linee d'azione*: se con la matita blu si sono disegnate le linee di costruzione per definire i volumi, con una matita rossa si indicano le correnti di energia. Solitamente per la figura umana vengono tracciate due linee d'azione: una per le braccia e una per la schiena. Comunque sia, prima di tracciare queste linee, il disegnatore si chiede cosa pensano i personaggi mentre si muovono, cosa li spinge a orientarsi in una determinata direzione e con quale intensità lo fanno. Ogni gesto, ogni azione, ogni postura corporea deve sapere esprimere una tensione interna. Una volta chiarito questo concetto ci si concentra sul disegno e sulle linee d'azione: più queste sono tondeggianti, più aumenta il dinamismo, la fluidità, la sensualità dei movimenti, più descrivono angoli acuti, più aumenta l'intensità dell'azione.

Style guide o bibbia grafica: è il manuale ufficiale che contiene tutto il materiale visivo (*model sheet*) relativo ai singoli personaggi, stabilisce i requisiti stilistici e tecnici nonché alcune posture base da seguire durante la produzione, fino a comprende una breve descrizione dell'identità dei personaggi. Vengono così inclusi gli sviluppi grafici (*character final layout, turnaround, line up*, ecc.), un corretto uso del colore (*master palette*, con i corrispettivi codici cromatici Pantone), alcune linee guida sugli sfondi, nonché tutta una serie di espressioni e posture che possono essere utilizzate per le comunicazioni promozionali e il merchandising. Nel caso di pose realizzate in 3D, è fondamentale scegliere bene l'illuminazione. Il materiale della *style guide* va poi protetto con il copyright, diventando così una proprietà esclusiva. Si tratta di un manuale indispensabile, quanto più il team che lavora alla realizzazione del film è numeroso e specializzato. L'obiettivo è quello di mantenere un controllo stilistico sui personaggi, evitando che vengano interpretati male o addirittura snaturati.

Nota XX - Le nuove avanguardie

Dopo aver compiuto studi di astronomia, di fotografia e di composizione musicale, John Whitney si interessa al cinema quando nel 1941, in collaborazione col fratello James, realizza una serie di *Variations*, in cui venivano animate forme geometriche, linee, contorni, sull'esempio di Oskar Fischinger. In seguito, sviluppando i principi estetici della correlazione ritmica fra il suono e l'immagine, costruiscono uno strumento ottico basato sulla combinazione di diversi pendoli luminosi, per incidere direttamente il suono sulla pellicola; frutto di questa esperienza è *Five abstract film exercises: studies in motion*, composto dai cinque saggi realizzati nel 1943-45. La struttura richiama il canone musicale, con le ripetizioni, le riprese alternate dei temi, le variazioni e le intersecazioni dei motivi. In questa direzione di ricerca, con risultati espressivi più compiuti e suggestivi si muovono anche i successivi *Mozart rondo* e *Hot house*, realizzati nel 1947-49.

Fu John Whitney ad usare, tra i primi, il computer nel campo del cinema d'animazione, realizzando in collaborazione col musicista Jack P. Citron presso il centro di ricerche della IBM di Los Angeles nel 1966-68 il film *Permutations*, una sorta di dimostrazione dei differenti metodi che si possono usare per fare dei film con l'uso del computer. A differenza di McLaren che rimase sempre legato al lavoro manuale, l'opera dei Whitney si pone sulla strada maestra della sperimentazione cinematografica. Il suo film che preannuncia le opere fatte col computer è *Catalogue* (1961), un'opera di raffinatissima fattura, un vero e proprio catalogo di effetti impiegati nelle sigle televisive e nei titoli di testa cinematografici, come quelli realizzati con la speciale apparecchiatura costruita da John Whitney per ottenere dei modelli grafici astratti e utilizzata da Saul Bass per i titoli di testa di *Vertigo* (1958) di Alfred Hitchcock.

Tra le altre opere di John Whitney realizzate col computer ci sono *1-2-3* (1970), *Matrix* (1971), *Arabesque* (1975), con le quali possiamo citare *Binari bit pattern* (1970) del figlio Michael, su musica di Charles Villiers. Lo stile di John Whitney è asciutto, dominato da un geometrico puro che tende all'annullamento di una qualsiasi cifra stilistica, a favore di elementi semplici. L'idea del disegno si annulla a favore di una sorta di purezza delle forme.

Separatosi dal fratello, James Whitney realizza nel 1950-57 il film *Yantra*, considerato un modello del genere; per la sua realizzazione mette a punto un suo metodo: punzona delle schede secondo uno schema preciso e poi dipinge la pellicola attraverso questi fori, ruotando man mano le schede per disegnare immagini dai caleidoscopici motivi, trattati con effetti fotografici per perfezionare ulteriormente il procedimento; il film sarà montato sulla musica elettronica *Cain and Abel* di Henk Badings e proiettato nel 1957 durante il Vortex Concerts al Morrison Planetarium di San Fransisco. *Yantra* è un'opera di un rigore assoluto, in cui le modificazioni all'interno del quadro raggiungono un altissimo livello espressivo. *Lapis* (1963-66), basato sulla continua trasformazione dell'immagine per successive dissolvenze, contiene effetti ritmici e figurativi di grande suggestione; aiutato da un primitivo computer analogico costruito dal fratello John, il film mostra una maggiore ipnotica complessità e intensità rispetto al precedente lavoro, inoltre l'uso del computer favorisce i movimenti di inquadratura. La sua ultima opera è pensata come una serie di quattro film, il primo dei quali, *Dwija* (1973) rappresenta il fuoco, il secondo, *Wu Ming* (1977), l'acqua, il terzo film, *Li* (1982, postumo), la terra e il quarto, *Kang Jing Xiang* (1982, postumo), l'aria. Con poche opere, James Whitney lascia nel mondo dell'animazione astratta un patrimonio potente e misterioso.

Luigi Veronesi, pittore, grafico, scenografo, fotografo, condivideva le sue ricerche nel campo astratto con gli artisti che facevano capo alla galleria del Milione a Milano (Licini, Melotti, Soldati, Fontana e in parte Reggiani). Tra il 1939 e il 1951 realizzò nove film, di cui quattro andarono distrutti e degli altri si sono salvati dei frammenti. Girati con diverse tecniche cinematografiche, dalla fotografia al disegno fatto su pellicola, Veronesi considerava il cinema complementare alla pittura, dove era necessario tenere un discorso visivo estremamente rigoroso: il cinema non è solamente un mezzo per animare forme e colori, ma anche un "oggetto" artistico costruito sul movimento, di cui occorre visualizzare le componenti dinamiche. Le opere rimaste sono *Film n.3 (La visage et la couleur), Film n.4*, dipinto sulla pellicola e quindi a colori, *Film n.6* e *Film n.9*.

Jordan Belson esordisce al cinema con *Transmutation* (1947) e *Improvisations N.1* (1948), lavori alla maniera di Hans Richter, in cui ogni singola immagine astratta dipinta su di un rotolo di carta veniva successivamente ripresa con la cinepresa a scatto singolo. Purtroppo i suoi film andarono distrutti e di essi si conservano soltanto i rotoli. Nel 1957-1960 si dedicò alla realizzazione di quei *Vortex Concert* organizzati al Morrison Planetarium di San Francisco, in collaborazione col musicista Henry Jacobs, in cui confluivano le più diverse esperienze dell'avanguardia teatrale, musicale e cinematografica, che costituirono gli antecedenti dell'*expanded cinema*. In *Allures* (1961), Belson e Jacobs studiano una colonna sonora elettronica, per una galassia di luci, punti, bagliori di diversi colori che ruotano in movimento ipnotico intorno a spirali cosmiche; questo lavoro diviene anche fonte di ispirazione ufficiale per la sequenza "Stargate" di *2001: odissea nello spazio* di Kubrick. Le opere recenti di Belson, di tecnica mista con prevalenza del cinema dal vero, si muovono verso una ricerca più ampia, che coinvolge una visione del mondo d'ispirazione buddista e spiritualistica; si tratta della sua tetralogia *Re-entry* (1964), *Phenomena* (1965), *Samadhi* (1967) e *Momentum* (1969).

Harry Smith realizza i suoi primi film tra il 1939 e il 1947, indicati con i titoli *Numer 1, Number 2* e *Number 3*; sono opere astratte eseguite con la tecnica che Len Lye aveva sperimentato (ma sembra che Smith non conoscesse i film di Lye) e che più tardi sarà propria di McLaren: il disegno diretto su pellicola. Smith usa il segno grafico, il colore, la raschiatura, il taglio, in una composizione formale del tutto libera di quelle regole ritmiche e figurative che invece sono alla base dell'opera di McLaren e di altri astrattisti. I suoi film sono realizzati con tecniche varie, come la sovrimpressione, il *collage*, la fotografia, con effetti spesso notevoli, come in *Number 12* realizzato utilizzando materiale di altri film, che è un *collage* di illustrazioni ottocentesche di moda femminile. Harry Smith era un uomo dall'esistenza *borderline* e il suo essere disarticolato e disomogeneo è una dichiarazione estetica che riafferma la libertà dell'artista e il suo essere svincolato da leggi stilistiche e di mercato. Due lavori, *N.10* (1956) e *N.11, Mysterioso* (1957), sono *collages* animati in cui le figure utilizzate rappresentano al meglio il sincretismo culturale.

Tony Conrad, matematico e musicista americano, realizza *The Flicker* (1966) in cui pone i limiti di un uso estremo della pellicola considerata come sequenza lineare di fotogrammi. Il film gioca sulla alternanza ritmica e pulsionale di una serie di fotogrammi bianchi e neri, con la precisa funzione di agire sulla percezione ottica degli spettatori, in modo da stimolare nei loro occhi la comparsa del colore o di forme inesistenti. Il titolo dell'opera è diventato il termine per indicare questa tecnica, usata in molte esperienze di montaggio velocizzato. Utilizzando la tecnica del *flickering*, Paul Sharits realizza *T.O.U.C.H.I.N.G.* (1968), dove con la successione di alcune fotografie, si vuole simulare non tanto la comparsa di forme, ma il loro movimento, minimale e ritmico.

Hy Hirsch, un fotografo di straordinaria perizia tecnica, realizzò film astratti servendosi di immagini fotografiche realistiche trattate in termini chiaramente astratti; a volte impiegò l'animazione e l'oscilloscopio con effetti spettacolari inediti e di grande interesse. Di lui ricordiamo *Come Closer* (1955), una composizione di cerchi luminosi che si muovono su sfondi colorati e *La couleur at la forme* (1959), in cui le ricerche ottiche e coloristiche giungono a risultati di rara suggestione.

I primi film di Peter Foldès, *Animated genesis* (1952) e *A short vision* (1955), in gran parte sperimentali e ancora formalmente scorretti e ingenui per il contenuto, indicheranno le linee di sviluppo che saranno riprese dopo dieci anni dedicati alla pittura, per realizzare *Un garcon plein d'avenir* e *Appétit d'oiseau* (1965). Graficamente si richiama a certi disegni di Picasso e all'opera grafica di Cocteau, con un'animazione della linea continuamente mutevole, che si rifà a Cohl. In questi due ultimi film c'è il rapporto e la lotta fra i sessi, l'aspirazione alla libertà dell'individuo in una società massificata, la corsa al successo e la delusione della sconfitta, tutto in una figurazione fortemente simbolica e lineare, che proprio sulle continue trasformazioni del segno grafico trova il suo fascino. Il rigore formale, con l'impiego di una grafica sempre più depurata ed essenziale, unito al simbolismo erotico, costituisce gran parte la poetica di Foldes, che si ritrova in *Plus vite* (1966), *Evelin* (1967), e nella sua opera più matura e artisticamente elaborata, *Visages de femmes* (1969).

Dal cinema astratto all' "underground"

I film di Cioni Carpi risentono delle ricerche di Norman McLaren, soprattutto nei primi film fatti in Canada come *Point and counterpoint* e *Spot* entrambi del 1960, realizzati con disegno diretto su pellicola e con musica sintetica. Esperimenti che trovano più ampia compiutezza nella serie *Chromograms* (1961-62) e nei successivi *The cast here and there* (1962) e *Un giorno in aereo* (1963).

In Canada, ma fuori dal National Film Board, lavora Al Sens, che utilizza una particolare tecnica d'animazione da lui chiamata *spit technique*, che consiste nel disegnare e cancellare il disegno davanti alla cinecamera, in modo da ottenere un'animazione fluida e scorrevole, che richiama in parte allo stile di Hubley. Le sue opere si basano su un disegno fortemente caricaturale, in cui gli elementi si fondono in un contesto narrativo di notevole suggestione, dal film di *collage* e con tecnica mista come *The puppet's dream* (1959), alla pittura in movimento di *The sorcerer* (1962), fino a *Once or twice upon a time and thrice upon a space* e *The sea hear talk dream and act film*, entrambi del 1965.

Due eccellenti esempi di cinema d'animazione, in cui la lezioni dell'avanguardia è stata ripresa e sviluppata in modi e forme di grande originalità, sono dati da *Tout écartillé* (1972) di André Leduc, prodotto da René Jodoin per il National Film Board, in cui la tecnica della *pixillation*, unita ad altre tecniche d'animazione e a riprese "dal vero", è al servizio di una rappresentazione travolgente, per ritmo e bombardamento di immagini, e da *Dear Janice* (1971-72) di Adam Beckett, che può essere definito una lettera d'amore scritta in termini cinematografici, con inserti di riprese "dal vero", in un turbinio di elementi formali, ritmati sulla musica di Bach.

In Europa, Piotr Kamler raggiunge risultati di indubbio interesse con la trilogia realizzata nel 1964 *Galaxie, Hiver* e *Conte*; il primo è un'invenzione formale su temi fantascientifici, il secondo una composizione astratta su musica di Vivaldi, il terzo una complessa elaborazione di elementi drammatici. Nei lavori successivi, *La planète verte* (1965), *Labyrinthe* (1969) e *Coeur de secours* (1973), si fa più evidente il discorso di tipo fantascientifico, in cui le angosce del mondo contemporaneo sono trasferite in una figurazione continuamente cangiante, secondo un tracciato narrativo e drammatico di tipo onirico. In seguito Kamler è stato tra i primi a impiegare l'animazione al computer, in *Le Pas* (1974) e nel lungometraggio *Chronopolis* (1982). Robert Lapoujade, nel discorso che fa sulla società contemporanea, sulle sue contraddizioni e sul posto dell'uomo in questa società, come nei lavori *Mise à nu* (1967) e *L'ombre de la pomme* (1967), egli affonda in una visione complessa dei problemi umani e sociali di oggi.

Jeff Keen si aspira agli elementi trash e banali della cultura pop, alla pulp fiction più cruda e allo stile di vita del mondo underground di motociclisti e beatnik piuttosto che all'arte alta. Monta poi insieme tutti questi pezzi in modo talmente frammentario e informe da far sembrare l'interno film un'animazione. *The Cartoon Theatre of Dr. Gaz* (1977) è un frenetico susseguirsi di clip a passo uno, con modellini di mostri e bambole seviziate montate insieme a buffonate dal vero, animazioni delle opere pittoriche di Keen che crescono sulla tela. Tra gli altri lavori citiamo *Instant Cinema* (1962), *Flik Flak* (1963) e *Irresistable Attack* (1995).

Twice Upon a Time (1983) è un film quasi dimenticato e diventato nel tempo un autentico cult. Realizzato da John Korty, cineasta indipendente, e dall'animatore Charles Swenson, descritto come un film d'azione comico, ha una trama bizzarra, convulsa e fantastica, piena di personaggi eccentrici e dialoghi ironici infarciti di slang e imprecazioni. Korty sviluppa una tecnica d'animazione a ritagli detta *lumage*, che consiste in ritagli traslucidi di tessuti o plastica, filmati su una tavola luminosa, tecnica che aveva già usato nel suo corto *Breaking the Habit* (1964).

Uno degli artisti più originali e significativi della cultura *underground* è Robert Breer. Scultore e pittore, ispirato dall'uso che Man Ray faceva della pellicola, influenzato dall'avanguardia, dalla poetica beat, dal jazz e dalle nuove arti performative, Breer realizza la sua animazione a forma libera, con disegni rapidi, appena abbozzati e non correlati, come in *Fuji* (1974) e in *A man and his dog out for air* (1958), in cui una linea veloce e spontanea, rappresenta semplici entità viste durante una passeggiata: nuvole, case, uccelli e altro, finché non scorgiamo il soggetto che sta vedendo tutte queste cose, ovvero un uomo e il suo cane. Breer sembra aggiornare la lezione di Cohl, mentre il successivo *Horse over tea kettle* (1962), è una composizione astratta nello stile di McLaren. Bree mantiene una profonda fascinazione verso l'immagine fissa e il suo potenziale in animazione, come nella serie continua di singoli fotogrammi in *Recreation* (1955), intuizione presente in *Bang!* (1985) e *What Goes Up* (2003). Su un terreno diverso si muove Stan Vanderbeek, che fa largo utilizzo di *collage* e di combinazioni di tecniche miste, come nel satirico *Science friction* (1958-65), e il complesso *Breathdeath* (1964), in cui la rappresentazione della realtà politica e sociale contemporanea assume i toni di una condanna apocalittica; sono dei lavori basati su di un montaggio estremamente libero di materiale disparato. Vanderbeek con *Three-screen-scene* (1958) preannuncia l'*expanded cinema*, ovvero il cinema a più schermi. Altri cortometraggi degni di interesse sono *Moirage* (1966-68) e *Euclidean Illusion* (1979). Carmen D'Avino realizza lavori tra l'astrattismo rigoroso e il divertimento dadaista, come *Tarantella* (1966) e *Background* (1973), che per i temi trattati e le tecniche impiegate richiama il cinema di Richter. Tra gli altri lavori del periodo citiamo *Ubu* (1978) di Geoff Dunbar e *La collina dei conigli* (1978) di Martin Rosen.

Jane Aaron realizza nel 1974 *A Brand New Day*, una sorta di manifesto della sua poetica, orientata allo studio del rapporto fra immaginazione e realtà. Altri suoi lavori sono *Plain Sight* (1977), *Interior Designs* (1980), *Traveling Light* (1985), in cui si vede una luce artificiale passare su diversi oggetti e luoghi domestici, e *Set in Motion* (1986). Sally Cruikshank riprende e adatta alla sensibilità moderna la lezione del *cartoon* hollywoodiano degli anni '30, venata di un particolare surrealismo colorato che ricorda *Yellow Submarine*. Tra i suoi lavori *Quasi at the Qauackadero* (1975), *Make me Psychic* (1978) e *Quasi's Cabaret Trailer* (1980). Nina Sorina realizza *Door* (1986) alla vigilia delle riforme politiche ed economiche di Gorbacev: il portone di un palazzo rimane sempre chiuso, mentre i residenti portano avanti le loro vite, ma quando lo stesso viene lasciato aperto, essi continuano le loro vecchie abitudini. *Asparagus* (1978) di Suzan Pitt affronta direttamente il sesso nelle sue declinazioni più narcisiste e feticiste: protagonisti una donna senza volto e un vistoso e imbarazzante asparago fallico.

Will Vinton, dopo aver lavorato come cineasta *free-lance*, collabora con lo scultore Bob Gardiner per realizzare un cortometraggio con la plastilina, *Closed Mondays* (1974), che vince l'Oscar: è la storia di un ubriaco che entra in un museo il giorno di chiusura e ai suoi occhi le opere prendono vita o subiscono metamorfosi, creando un'atmosfera divertente e irreale. Il film segna la nascita della *claymation*, la tecnica di animazione con la plastilina che Vinton porta a perfezione e usa come marchio di fabbrica depositato. Per la prima volta questo materiale fa il suo ingresso nel mondo del cinema d'animazione, dopo insuccessi e applicazioni parziali. Il suo intento era quello di superare tutta la tradizione dell'animazione di pupazzi di legno, tesa a farlo soltanto recitare e a recuperare le metamorfosi e le invenzioni surreali che aveva sempre offerto il disegno animato (il computer parlante che diventa un guanto con un volto, poi una mela e poi un ritratto di Einstein, poi un televisore, e così via), con l'aggiunta però della tridimensionalità. Allo stesso tempo però vi è una tendenza al virtuosismo della recitazione, parecchio presente nei successivi *Martin the Cobbler* (1976), da un racconto di Lev Tolstoj e *Rip Van Winkle* (1978), dal popolare racconto di Washington Irving, scena degli aquiloni a parte. Lo studio, costruito subito dopo *Closed Mondays* a Portland, in Oregon, prende la forma di una grande bottega, dove viene lavorata, fusa e colorata la materia prima per le riprese. Altri lavori interessanti saranno *The Little Prince* (1979), *The Great Coniglio* (1982) e il primo lungometraggio in *claymation*, *The Adventures of Mark Twain* (1985), forse un pò frammentario, ma sorprendente in particolare nella sequenza dedicata al *Diario di Adamo ed Eva*.

Bruce Bickford è un'artista outsider e underground, che a partire dai primi anni '70 realizza straordinarie animazioni in stop-motion con Frank Zappa in film come *Baby Snakes, Dub Room Special* e *The Amazing Mr. Bickford*. Bickford produce mondi allucinati che virano tra forze incantate e terribili viaggi infernali, pieni di esseri umani che si trasformano in mostri, hamburger, fate e tutto quello che la sua allucinata immaginazione possa tirare fuori. Queste visioni distorte costituiscono la narrazione di *Prometheus Garden* (1988), il film più lungo di Bickford (28'), per una visione grottesca e senza nessun filo conduttore del mito greco, in un guazzabuglio di cowboys, poliziotti e pizze.

Paul Glabicki, artista multimediale, coniuga nei sui lavori video, pittura, disegno, fotografia, installazioni artistiche, suoni, *computer imaging*, come in *Diagram Film* (1978), *Film-Wipe-Film* (1983), *Tape 1, 2, 3, 4* (1990-92), *Dark Room/Simple Roof* (1997-98), *Full Moon* (2001), *Red Fence* (2002). Altri artisti simili sono Bill Brand, *Masstransiscope* (1980), con proiezioni su muro, Gregory Barsamian con *Artifact* (2010) e Rose Bond con *Intra Muros* (2007). Tra gli altri indipendenti citiamo Robert O. Blechman con il suo approccio minimale al design, come in *The Soldier's Tale* (1984), Nina Paley con le sue animazioni Flash, vedi in *Fetch!* (2001) e *Sita Sing the Blues* (2008), i coniugi Paul e Sandra Fierlinger con la loro scarna linearità e personaggi ordinari immersi nel dramma della vita, come in *Draw from Memory* (1995), *Still Life with Ani-*

mated Dogs (2001) e *A Room Nearby* (2003), e infine Wendy Tilby, con *Tables of Contents* (1986) e *Strings* (1990).

Una caratteristica storica del film d'animazione d'autore è la sua assenza pressoché totale da qualunque mercato e la sua, spesso forzata, assoluta indipendenza. In un contesto simile discernere e selezionare diventa operazione ardua, se non in base a criteri molto personali e opinabili. E' evidente la carenza di un linguaggio che li descriva e si sente il peso della perdurante mancanza di interesse da parte di critici e teorici del cinema e dell'arte nei confronti dell'animazione. Si può quindi tentare una selezione sulla base dei riconoscimenti che l'animazione d'autore riceve nei festival e nei premi internazionali, in un sistema di produzione e fruizione che rimane estraneo ai mercati, fondandosi storicamente su una forte idea di comunità artistica. Una comunità internazionale che trova i suoi spazi di diffusione in festival come Annecy e Zagabria, e ancora Ottawa, Hiroshima e parecchi altri nel mondo, e poi, parzialmente nelle tv tematiche e in internet. Altra caratteristica è la tendenza ad adottare la forma del cortometraggio, per finalità estetiche quasi sempre lontane alla parola e alla narrazione, ma vicino all'immagine, al suono e alla poesia visiva. D'altra parte la spingono verso il cortometraggio le limitate opportunità produttive, la necessità o la volontà dell'auto-finanziamento. Il video musicale e lo spot pubblicitario rimangono sin dalle origini, le uniche soluzioni di produzione di cortometraggio animato destinato a un mercato specifico.

Nota XXI - Il cinema d'animazione giapponese: gli anime

Dalla metà degli anni sessanta, con l'apertura del mercato televisivo ai *cartoon*, il Giappone inizia a produrre una notevole quantità di serie animate e di lungometraggi. L'ispirazione per queste storie arriva da "generi" cinematografici quali l'horror, l'action-movie, la fantascienza e il sentimentale, in un panorama quanto mai sfaccettato, per un interesse dichiarato da subito per le "storie" e molto meno per la caratterizzazione del personaggio.

In occidente la ricerca di un disegno inconsueto risponde alla necessità di distinguersi a tutti i costi nel mercato, altre volte nasce da un'incapacità tecnica o da un certo narcisismo dell'autore, molto dipende poi dal contesto culturale e dalla destinazione dell'opera. Come abbiamo già detto quando si è parlato del *design dei personaggi*, in paesi come la Francia esiste una particolare attenzione all'unicità grafica, che diventa poi un segno distintivo dell'autore e può capitare che uno stile non si adatti davvero alle esigenze della storia. In Giappone invece, all'originalità assoluta si preferisce la variazione sul tema, motivo per cui gli *anime* si assomigliano un pò tutti.

Osamu Tezuka

E' stato un fumettista, animatore, produttore giapponese ed è considerato il "padre dei manga". Uno dei tratti distintivi dell'animazione giapponese, gli "occhioni" dei personaggi, furono inventati proprio da lui basandosi su cartoni animati occidentali dell'epoca come *Betty Boop* di Max Fleischer e *Topolino* di Walt Disney. Per avere un'idea della sua produttività, i suoi lavori comprendono oltre 700 storie e un totale di circa 170.000 tavole. Ha reso popolare l'animazione giapponese fondando nel 1961 lo storico studio Mushi Production. Accanto alla produzione di serie commerciali, Tezuka realizza alcuni lavori più sperimentali come i cortometraggi *Ningyo* (1964), *Sirena* (1964), *Jumping* (1984), *Broken Down Film* (1985), *Push* (1987) e *Muramasa* (1987).

Manga e televisione: nasce l'industria degli anime

La nascita e la produzione degli anime deve la sua fortuna a un mercato dei fumetti (*manga*) molto florido e dinamico, insieme all'avvento della televisione negli anni sessanta. Il primo episodio di *Astro Boy* (193 episodi, 1963-66) di Osamu Tezuka segna la nascita dell'industria dell'animazione giapponese. Prodotta dalla Mushi Production, casa fondata come detto prima dallo stesso Tezuka, *Astro Boy* anticipa di qualche mese un'altra serie seminale *Super Robot 28*, primo anime robotico, capostipite di un filone (detto *mecha*) tra i più rappresentativi dell'animazione giapponese, che avrà il suo apice negli anni '70 con le serie dei super robot di Go Nagai (Mazinga Z, UFO Robot Goldrake, che segna il debutto in Italia degli *anime*, Jeeg Robot d'acciaio, con Kazuo Nakamura come character design, Devilman) e il realismo di Yoshiyuki Tomino (Gundam, Daitan 3, Star Blaser); nel 1973 arriva il robot-gatto *Doraemon* (3 serie per 1709 episodi, ancora in produzione, estratta dal *manga* di Fujiko Fujio, pseudonimo della coppia Hiroshi Fujimoto e Motoo Abiko, pubblicato in 45 libri, 1969-1996). Osamu Tezuka realizza il primo anime a colori, *Jungle tatei, Kimba il leone bianco* (26 episodi, 1966), da cui trasse il lungometraggio *Leo, il re della giungla* (1968). Ispirato allo stesso tipo di fantascienza pop di Astro Boy, nel 1966 arriva in tv il primo lungometraggio *Cyborg 009*, a cui ne seguiranno altri e nel 1968 viene realizzata la serie televisiva. Tratto dal manga di Shotaro Ishinomori, Cyborg 009 è un ex campione sportivo che dopo un incidente viene trasformato in un cyborg, metà uomo e metà macchina. Il personaggio genera un seguito in tutto il mondo, proprio quando l'animazione giapponese inizia a sfidare il monopolio statunitense sui programmi per bambini. In quegli anni, sempre per la Toei Doga, esce la serie tv *Marine Boy* (1968), dove il protagonista riesce a rimanere sott'acqua grazie a degli speciali chewing gum all'ossigeno; questo espediente gli permette di combattere contro i mostri marini e i malvagi con l'aiuto di un delfino e una sirena. Sarà il primo anime a colori, realizzato in 78 episodi, che segnerà la diffusione dell'animazione giapponese di consumo in tutto il mondo. Un successo che verrà consolidato da *Speed Racer, Mach Go Go Go* (52 episodi, 1967-68) di Hiroshi Sasagawa e basato sull'omonimo manga. Nel 1969 inizia la serie animata più longeva al mondo: si tratta di *Sazae-san*, in produzione ancora adesso (siamo a oltre 7.500 mini episodi trasmessi dalla Fuji Television e basata sull'omonima striscia a fumetti di Machiko Hasewaga; racconta una semplice storia di vita domestica in periferia.

All'inizio degli anni '80 la tendenza è quella di raccontare "gesta" sportive (genere *spokon*): nascono serie come *Holly & Benji* (128 episodi, 1983-86, dal manga *Capitan Tsubasa* di Yoichi Takahashi; nel 2018 arriva il reboot *Capitan Tsubasa*, 52 episodi). Tra gli anni '80 e i '90, le serie tv hanno come protagonisti eroi delle arti marziali, giovani maghette e dee provette, come *C'era una volta... Pollon* (1982, 46 episodi), *Ranma ½* (1989, 18+143 episodi), *Dragon Ball Z* (1989), *Sailor Moon* (1991) e *Pokémon* (1997). Le edizioni straniere delle serie giapponesi, comprate a peso nei mercati internazionali e frutto di uno sfruttamento puramente quantitativo del prodotto, con traduzioni approssimative, le colonne sonore rifatte e banalizzate, gli episodi spesso rimontati, proponevano soggetti diversi, temi ambiziosi, eroi e eroine vicini alle problematiche del pubblico adolescente, storie complesse spesso sviluppate come *serial*, dove gli episodi non si auto-concludono e con dei finali lasciati in sospeso.

Rintaro e la rivoluzione realizzativa degli anime

Pioniere dell'animazione giapponese, Rintaro, pseudonimo di Shigeyuki Hayashi, inizia la sua lunga carriera collaborando giovanissimo come intercalatore alla realizzazione del lungometraggio *La legenda del serpente bianco* (1958) *e* lavora poi presso lo studio di Tezuka alle serie di *Astro Boy* e di *Kimba il leone bianco*. Insieme a Tezuka, utilizzando la tecnica della *cel animation* e del procedimento *Xerox*, cambia il sistema di produzione delle serie animate per la televisione, la cosiddetta "animazione limitata":

dai 15 disegni/sec standard di quasi tutte le produzioni di derivazione disneyana, gli animatori giapponesi per motivi di budget si videro costretti a scendere fino a 5, considerando le pose chiave e "risparmiando" nelle pose intermedie, con la conseguenza di un'animazione sicuramente meno fluida. Si stabilì immediatamente uno stile narrativo assolutamente originale, fondato da un lato sul massimo sfruttamento delle tecniche di ripresa (carrellate e panoramiche sui soggetti molto lente) per enfatizzare i momenti *clou*, dall'altro su storie avvincenti ed efficaci. Questo, unito alla elevata produttività degli staff, porta a quella che si può definire come la "rivoluzione" degli *anime*: alla fluidità disneyana dettata da una necessità di tipo narrativo, gli anime contrappongono un linguaggio visivo quasi "statico", in cui è l'immaginazione dello spettatore a completare le ellissi rappresentative e narrative: la necessità di semplificare e ridurre i disegni per produrre un episodio a settimana, non compromette il livello delle opere. Tutto questo va contro quanto affermava Norman McLaren, volendo riprendere un suo pensiero e cercando di fare dei distinguo tra mondi dell'animazione agli opposti, tra lo stile Disney, quello degli *anime* e i diversi processi perseguiti dalle avanguardie, ovvero che "l'animazione non è l'arte dei disegni che si muovono, ma l'arte dei movimenti disegnati."

La serie *Capitan Harlock* (manga di Leiji Matsumoto, 42 episodi, 1978-79) e i lungometraggi *Galaxy Express 999* (1979) e *Metropolis* (manga di Osamu Tezuka, 2001), consacrano Rintaro tra gli autori più importanti del variegato mondo dell'animazione giapponese. Il suo stile mescola riferimenti che spaziano dalla cultura tradizionale giapponese (il teatro Kabuki, il teatro NO, la poesia Haiku) al cinema europeo e americano (wester e noir).

Tra i movimenti di camera e gli effetti più usati che caratterizzano l'animazione giapponese si possono distinguere: il *fix*, ossia il fermo immagine; lo *sliding*, lo scorrimento del disegno; lo *zoom*, in cui la cinepresa si avvicina o si allontana; il *fairing*, una tecnica basata sul posizionamento e la distanza relativa dei disegni per accelerare o rallentare il movimento di un elemento; il *pan*, una panoramica orizzontale; il *tilt*, la panoramica verticale; il *follow*, simile al pan, con la cinepresa che segue l'azione, o un singolo elemento della stessa da ferma (*follow pan*), oppure ancora lo stesso elemento ma fianco a fianco (*tracking*); il *fading*, la dissolvenza al nero o incrociata (su un fotogramma fisso molto curato); il *wipe*, in cui l'immagine successiva spinge quella precedente fuori dall'inquadratura; lo *split screen*, in cui l'inquadratura viene suddivisa in più parti, ciascuna con una visuale diversa della stessa scena; il *backlighting*, in cui al frame viene aggiunto un *cel* nero, tranne che per la parte che si vuole illuminare. Tutte queste tecniche di ripresa sono funzionali a quella che viene definita la "dilatazione temporale" degli *anime*: non ha molto senso parlare del tempo in termini cronometrici, di misura oggettiva, ciò che conta è invece la qualità dell'istante, l'intensità con cui lo si vive. Negli *anime* ci si ritrova spesso dinnanzi a momenti "eterni", in cui il tempo della narrazione coincide con quello dell'emozione, quanto più questa è intensa tanto più l'attimo si estende, fino a porsi fuori dal tempo, in un fermo immagine, in una panoramica, in una dissolvenza. Con uno scopo che certamente non è più quello di economizzare la produzione, quanto quello di aumentare la tensione e la partecipazione emotive.

Non solo serie

Accanto alle produzioni più commerciali, l'animazione giapponese mostra interesse verso lavori più sperimentali, come quelli già citati di Osamu Tezuka, come *Ningyo* o *Jumping*. *Manie-Manie: I racconti del labirinto* (1987) sono tre corti intrecciati fra loro, diretti da importanti registi di anime (Rintaro, Katsuhiro Otomo e Yoshiaki Kawajiri), interessanti soprattutto per l'utilizzo della musica classica occidentale. Kawajiri dirige nello stesso anno *La città delle bestie incantatrici, Yoju toshi*.

La nuova animazione seriale giapponese

Agli inizi degli anni novanta, l'animazione seriale televisiva conosce una vera e propria fase di stanca, anche per la crescita del mercato dei videogiochi da casa. Un'efficace risposta alla crisi di idee è dai più individuata nella serie *Shin seiki Evangelion, Neon*

Genesis Evangelion (26 episodi, 1995) di Hideaki Anno, prodotta dalla Gainax, che ha imposto i canoni della cosiddetta "nuova animazione seriale" giapponese. Si dà spazio a una maggiore autorialità, concentrazione delle risorse in un minor numero di episodi (13, al massimo 26), un'impostazione registica più vicina al cinema dal vero e un ridimensionamento del rapporto di dipendenza dai soggetti dei *manga*. Neon Genesis Evangelion è un anime per la tv irregolare e ambizioso, che tratta di una spettacolare guerra fantascientifica e con trame cupe e psicologiche: dopo che un meteorite ha spazzato via metà della popolazione della Terra, nasce NERV, un progetto di difesa contro gli Angeli che sono all'origine della calamità. NERV prevede l'uso di giganteschi organismi robotici, gli Evangelion, "pilotabili" soltanto da adolescenti nati dopo il disastro. La serie, conclusa nel 1997, ha un primo finale nei due lungometraggi *Neon Genesis Evangelion: Death & Rebirth* (1997), *Neon Genesis Evangelion: The End of Evangelion* (1997) e un'altro ancora nel remake *Rebuild of Evangelion* (tetralogia, 2007, 2009, 2012, 2021). Altre opere degne di nota che escono in quegli anni, di nuovi e "vecchi" animatori, citiamo di Katsujiro Otomo, Tensai Okamura, Koji Morimoto *Memories* (1995), di Satoshi Kon *Perfect Blue* (1997), dove le barriere tra reale e fantasia sono frantumate, come nella sua serie tv *Paranoia Agent* (2004), e ancora *Sennen joyu, Millenium Actress* (2001) e *Paprika* (2006), dei fratelli Wachowski *The Animatrix* (1999-2003, nove episodi diretti da registi giapponesi di anime) e di Shin'ichirō Watanabe *Cowboy Bebop* (1998) e *Samurai Champloo* (2004). E' una nuova stagione per il cinema d'animazione giapponese che porterà i suoi risultati in film come *Tekkonkinkreet* (2006) di Michael Arias, *Suchimuboi, Steamboy* (2004) di Otomo e *Mind Game* (2004) di Masaaki Yuasa, dal fumetto di Robin Nishi che narra di un giovane che viene ucciso mentre cerca di proteggere una ragazza da alcuni gangster e animato con un caleidoscopio di tecniche, il fotomontaggio e una grafica da videogioco; e ancora *Summer Wars* (2009) di Mamoru Hosoda, in cui gli avatar delle persone si connettono e comunicano; *Oltre le nuvole, il luogo promessoci* (2004), *Cinque centimetri al secondo* (2007), *I bambini che inseguono le stelle* (2011) e *Il tuo nome* (2016), dove i due protagonisti un giorno si svegliano l'una del corpo dell'altro, tutti di Makoto Shinkai; *Colorful* (2010) e *Miss Hokusai* (2015) di Keiichi Hara, che aveva lavorato per serie tv come Doraemon e Shin Chan. O ancora la serie tv tratta da *Il Conte di Montecristo, Gankutsuo* (24 episodi, 2004) di Mahiro Maeda per lo studio Gonzo: l'innovazione principale e più evidente di questo anime sta nella tecnica, in cui su ogni vestito appaiono delle trame e disegni che si muovono in maniera irregolare rispetto alle movenze del personaggio, con *texture* digitali, *computer animation* e sfondi spesso animati in 3D.

Isao Takahata

Nel suo film di debutto, *La grande avventura del piccolo principe Vialian* (1968), si possono già notare molte delle qualità e dello stile che sarebbero poi diventati il segno distintivo dello Studio Ghibli, la società successivamente fondata dal regista insieme al suo giovane collaboratore Hayao Miyazaki, che partecipa al film. Prodotto dalla Toei Doga, il lungometraggio si distingue, oltre che per la storia, per la resa degli scenari naturali e degli animali. Tra gli altri suoi lavori da citare *Goshu il violoncellista* (1982), *Una tomba per le lucciole* (1988) e *La storia della Principessa Splendente* (2013).

Hayako Miyazaki

Figlio di un dirigente di una fabbrica di timoni per aerei da guerra, Miyazaki subisce sin dall'infanzia il fascino del volo. In molti suoi lavori compaiono infatti personaggi e macchine volanti: dal castello di *Lupin III: Il castello di Cagliostro* (1979), al drago di *Nausicaa* (1984), alla bambina che vola di *Laputa* (1986); il maiale è ricorrente in molti suoi film e altra matrice è quella ecologista. Tra i primi lavori importanti, le serie realizzate per la televisione *Heidi* (1974, diretta da Isao Takahata, il futuro socio dello stesso Miyazaki per la fondazione dello studio Ghibli), *Marco* (1976) e *Anna dal capelli rossi* (1979), tutte prodotte dalla Nippon Animation, che gli affida i progetti come direttore artistico e in particolare l'organizzazione delle scene. La stessa casa d'animazione produce *Conan, il ragazzo del futuro* (26 episodi,

1976), ambientata in un contesto post-apocalittico, ma questa volta Miyazaki è il regista e il *character designer* insieme a Yasuo Otsuka, nonché curatore delle scenografie e degli storyboard. Sono lavori che, pur non distaccandosi dallo standard delle serie per l'infanzia, spiccano per la bellezza dei disegni.

Il suo primo lungometraggio sarà *Lupin III: Il Castello di Cagliostro* (1979), un thriller d'animazione e un teso film d'azione, con un'ambientazione europea molto simile a quelle che si ritroveranno nelle opere successive. Nel 1982 inizia la pubblicazione del manga *Nausicaa della valle del vento* disegnato da Miyazaki stesso, da cui verrà estratto il lungometraggio prodotto nel 1984 dallo studio Topgraft e da Takahata. Il film è caratterizzato da splendidi sfondi naturali, un *character design* pulito e un'animazione fluida che diverrà tipica della sua produzione, mentre la principessa Nausicaa è il modello a cui faranno riferimento tutte le successive sue eroine. Il grande successo al botteghino convince Miyazaki e Takahata a fare il grande salto e fondare lo studio Ghibli. *Laputa, Castello nel cielo* (1986) sarà il primo lungometraggio dello studio. *Il mio vicino Totoro* (1988) riesce a veicolare, dalla prospettiva di un bambino, un mondo in cui anche le cose semplici sono fantastiche, anche se il film non teme gli aspetti più realistici e affronta argomenti tristi. La storia narra di due sorelline che si trasferiscono in campagna e scoprono che la loro casa e il bosco che la circonda contengono creature fantastiche. Il film esce in contemporanea a *Una tomba per le lucciole* di Takahata, un film intenso e drammatico ambientato alla fine della seconda guerra mondiale.

Dopo *Kiki, Consegne a domicilio* (1989), in risposta alle streghette dai "poteri magici facili" che erano protagoniste di numerose serie giapponesi e dopo la ruggente avventura di *Porco Rosso* (1992), la storia di un pilota di idrovolante dal volto di maiale che fa il cacciatore di taglie nei cielo del Mar Adriatico, con la *La principessa Mononoke* (1997), primo tentativo di animazione mista al computer dello studio Ghibli, Miyazaki si dedica a un film più adulto, dalle tematiche più serie e ambientaliste. *La città incantata* (2001) continua con le tematiche sensibili all'ambiente e contiene molte allegorie alla società moderna, come la creatura ricoperta di rifiuti e liquami e mefitici che va a farsi un bagno alle terme (l'inquinamento), o i genitori che mangiano avidamente senza sosta, per essere trasformati in maiali e rinchiusi insieme ad altre bestie, trasformati dall'ingordigia e dall'accidia (l'avidità moderna e il consumismo). Tra gli altri lavori citiamo *Il castello errante di Howl* (2004), *Ponyo sulla scogliera* (2008) e *Si alza il vento* (2013), che riprendono tutti le sue tematiche.

Mamoru Oshii

Lavora per la Tatsunoko e si fa conoscere per la serie *Lamù, la ragazza dello spazio* (suoi 129 su 195 episodi, 1981-83), un'aliena in costume tigrato, in cui si notano già i suoi temi ricorrenti: il mondo inteso come compenetrazione indistinta tra sogno e realtà, l'alternarsi tra lunghi momenti di "vuoto" e improvvisi scoppi dinamici, lo sguardo soggettivo su una realtà intesa come un insieme complesso di simboli. La sua opera successiva, *L'uovo dell'angelo* (1985), porta ai limiti estremi la visione onirica dell'autore. Oshi raggiunge poi il successo di critica con il seminale *anime* televisivo *Patlabor* (1989), una serie drammatica ambientata nel futuro in cui la vita quotidiana, i problemi e le emozioni dei personaggi hanno un ruolo preponderante. Ma il suo lavoro più interessante rimane *Ghost in the Shell* (1995), che va male e diventa nel tempo un autentico cult cyberpunk, citato dalle Wachowcki come loro fonte di ispirazione per *Matrix* (1999); il film narra di un super computer governativo sperimentale, il Signore dei Pupazzi, che smette improvvisamente di funzionare e assume funzioni militari per favorire i suoi scopi, infettando la rete come un virus. La protagonista, un cyborg il cui solo cervello è umano, è la chiave per fermarlo. Il lungometraggio dà origine a serie e spin-off per la tv, e al sequel *Ghost in the Shell 2: Innocence* (2004), non più basato sul manga di Masamune Shirow, ma su una storia originale e segna un ulteriore progressione nel combinare la computer grafica tridimensionale "fotorealistica" con i disegni 2D in stile anime tradizionale.

Katsuhiro Otomo

Lo stile innovativo di Otomo ha influenzato la scena mondiale del fumetto e, successivamente, del cinema d'animazione. Inizia come illustratore nel 1973 per poi specializzarsi come scrittore di soggetti. La storia che gli regala la celebrità fuori dal Giappone è *Akira* (1982 manga, 1988 anime): dopo la terza guerra mondiale, che ha distrutto Tokyo, nel 2019 l'intera città di Neo Tokyo è preda del caos e in balìa di Akira, l'energia distruttiva pronta a risvegliarsi. Il film sorprende per le idee innovative e per la perfezione tecnica utilizzata. Otomo scriverà poi la sceneggiatura di *Metropolis* (2001) diretto da Rintano, spostandosi dal cyberpunk allo steampunk: la storia è ambientata in un mondo retrofuturistico dove gli umani e i robot vivono insieme, ma non in armonia. Nel 2004 scrive e dirige *Steamboy*, la storia di un ragazzo che lotta per impedire che una sfera dai poteri magici venga usata per scopi malvagi. Come in altri suoi *anime*, anche qui i personaggi sembrano eclissarsi di fronte all'incredibile bombardamento visivo dei dettagli tecnologici.

In conclusione ribadiamo la differenza sostanziale tra gli *anime*, che sono narrativamente ellittici e ammettono momenti di silenzio, di quiete e di calma, e l'animazione commerciale occidentale che tende ad essere frenetica, laddove l'animazione giapponese mantiene un equilibrio tra azione e stasi. Purtroppo dei segnali negativi nella produzione nipponica sono apparsi nella seconda metà degli anni duemila, dovuti ai bassi stipendi, le lunghe ore di lavoro, la cattiva gestione dei giovani talenti e il continuo appalto a paesi dalla "bassa qualità" della mano d'opera, come Corea del Sud, Thailandia, Cina, India e Vietnam.

Nota XXII - Percorsi di fine secolo

In Cina

Negli anni '80 il fenomeno della televisione in Cina iniziò ad esplodere, tanto da far concorrenza al cinema; i film animati entrarono nelle case di milioni di famiglie, in gran parte produzioni giapponesi e americane. Dal 1995 l'economia pianificata e il monopolio statale furono rimpiazzati dal mercato, si dovette prestare più attenzione alle nuove tecnologie e all'ambito dei *media* e della comunicazione. Il concetto stesso di animazione cambiò, abbandonando l'atteggiamento didascalico del passato e si ampliò, allargandosi alla televisione, pubblicità e design di siti web, videogiochi ed effetti speciali per i film "dal vero". Con l'introduzione della computer grafica, spararirono i vecchi formati di animazione (*cut-out*, pupazzi, ombre cinesi): in *Qin chi ming yue, La luna splendente dell'era dei Chin* (2007) passato e presente si uniscono, recuperando la tradizionale pittura cinese con inchiostro, come in *Pan Tian-Shou* (2003) diretto da Joe Chang. Con l'animazione Flash in teoria tutti potevano cimentarsi nei film d'animazione, cineamatori, studenti, insegnati, e apparvero corti di buona qualità, come *Qiangdao de tiantang, Il paradiso dei banditi* (2004) di Jiang Jian-qiu, lavori che arricchirono di stili e tematiche la nuova animazione cinese. Lo Shangai Film Studio era ancora la più grande casa di produzione del paese, prima del CCTV Animation e delle altre case di produzione (negli anni '10 esistevano ben 40.000 *studios* impegnati a produrre animazione, giochi e arte digitale).

Europa orientale

Negli anni '80, dopo decenni di sovvenzioni governative per realizzare lavori che si rifacevano alla tradizione popolare, o didattici destinati all'educazione, la pressione ideologica e censoria si allevia e si manifesta un forte interesse per l'animazione come espressione di anticonformismo culturale, accelerato poi dalla profonda crisi economica degli anni '90. Privati dei fondi statali però molti studi, messi in balia del libero mercato, sospesero la loro attività, mentre altri furono impegnati in co-produzioni con servizi di mano d'opera a basso costo; soltanto per alcuni come Svankmajer in Cecoslovacchia, Pojar in Canada, il boom della produzione americana degli anni '90 aveva rappresentato uno sbocco professionale.

Europa occidentale

Storicamente alimentata dalla pubblicità, mentre il cinema e la televisione sono in prevalenza occupati dal prodotto americano e giapponese, di un'industria europea dell'animazione si è iniziato a parlare solo negli anni '90, nell'ambito delle iniziative europee a favore della produzione audiovisiva e delle attività di collaborazione fra i paesi dell'Unione, con un duplice obiettivo: lo sviluppo economico e occupazionale, e l'affermazione dei valori e delle identità culturali europee. Nel 1990 viene lanciato il programma MEDIA, dove l'animazione trova un posto di rilievo, destinata al pubblico delle nuove generazioni europee; si era considerata l'animazione come uno dei prodotti audiovisivi più adattabili ad un pubblico internazionale, quindi facilmente e durevolmente esportabile. La nuova industria richiede quindi la formazione di artisti e di tecnici, i maggiori produttori di cortometraggi sono proprio le scuole, in particolare quelle collocate in Francia, in Belgio, in Germania e in Gran Bretagna, che diventano palestre ideali per i giovani esordienti, ovvero i futuri professionisti nella produzione di serie tv o di lungometraggi, che solo raramente però copriranno dei ruoli autoriali.

Negli anni '60 la comunità internazionale degli animatori indipendenti si era riunita nell'ASIFA, associazione interazione del film d'animazione di cui Norman McLaren e altri indipendenti, tra cui John Halas e Raul Servais, ne furono i presidenti; riuniti gli animatori e operatori di più di sessanta paesi, nasce il festival di Annecy. Forte della vocazione nazionale al fumetto e di una tenace politica di incentivo alla produzione audiovisiva, dalla dagli anni '90 la Francia diventa il maggior produttore europeo d'animazione per la televisione e ricostruisce anche il rapporto fra una colta tradizione e il suo nuovo mercato. Nel 2003 escono due lungometraggi: *La prophétie des grenouilles* di Jacques-Rémy Girerd e *Les triplettes de Belleville* di Sylvian Chomet. In gran Bretagna l'animazione riceve il suo impulso dal vivace mondo della pubblicità, dalla vitale tradizione della letteratura illustrata per l'infanzia e dall'intrattenimento educativo della televisione. Iniziative istituzionali, come quelle del British Film Institut, o la politica produttiva di Channel Four, hanno prodotto tra la metà degli anni '80 e la fine del secolo una congiuntura davvero favorevole per l'animazione indipendente, che ha espresso personalità di produttori, di promotori e di autori. Si producono film che ripropongono la tradizione della letteratura per l'infanzia, toccando anche il grande pubblico, come in *The Snowman* (1982), dal libro illustrato di Raymond Briggs e *Granpa* (1991) dal libro di John Burningham, diretti entrambi da Dianne Jackson, e poi ancora *Father Christmas* (1991) e *The Bear* (1999), tratti ancora dai libri di Raymond Briggs, fino al più "adulto" *Quando soffia il vento* (1988) di Jimmy T. Murakami: la storia, tratta ancora da un libro di Briggs, descrive gli ultimi giorni di una coppia di pensionati nella compagna inglese, intenti a seguire le patetiche istruzioni governative atte ad affrontare l'imminente esplosione della bomba atomica: restano bidimensionali i disegni dei personaggi, innocenti e ingenui simboli di una società in balia dei potenti, ma sono tridimensionali gli ambienti esterni alla casa, per un contrastato realismo. La scelta della tecnica tridimensionale caratterizza una parte importante di tutta la produzione prima indipendente, poi industriale, sviluppatasi dagli anni '80 in Gran Bretagna. Il successo delle plastiline della Aardman, i lavori dei fratelli Quay e la tecnica di Dave Borthwick, un mix di *ready made* e *pixillation*, ne fanno il paese di riferimento in Europa per la produzione in stop-motion di pupazzi animati. Tra gli altri autori citiamo Paul Bush e Simon Pummel. Dal punto di vista dell'industrializzazione invece, non ha superato le difficoltà della frammentazione fra tanti piccoli studi, soffrendo con il tempo di una "fuga di talenti", che sono migrati verso le grandi produzioni statunitensi.

In Germania sono numerosi i canali destinati all'infanzia, ma diversamente che in Francia e in Gran Bretagna, si tende più all'acquisto che alla produzione, orientandosi nella co-produzione con un apporto soprattutto finanziario e distributivo. Modello per quelli anni è *Werner mangia la mia polvere* (1996) di Michael Schaack, tratto da un noto fumetto e che avrà due sequel. La produzione ha però un forte carattere di sperimentazione tecnica, di innovazione dell'esperienza visiva, come in *Clocks* (1995) e *Smash* (1997) di Kirsten Winter.

In Italia la chiusura di *Carosello*, che prevedeva vere e proprie serie completamente narrative, fece crollare l'interesse dei pubblicitari per l'animazione. Della produzione di film d'intrattenimento non si parlava neppure poiché, come in gran parte dell'Europa, la televisione italiana acquistava i suoi *cartoon* all'estero e neppure la RAI produsse il lavoro degli animatori italiani. L'unica eccezione produttiva fu la società milanese Rever, erede della storica Pagot Film, che tuttavia si orientò a prodotti televisivi e a un'intensa collaborazione con i produttori giapponesi. Tra gli autori di quelli anni, Pierluigi De Mas fu tra i pochi a produrre negli anni '80 videoclip musicali e brevi serie televisive, come *Tofffsy* (1974), *Lalla nell'isola di Tulla* (1985) e *Cocco Bill* (2001-2004). Solo negli anni '90 la RAI e il programma MEDIA cominciarono a essere più determinanti per uno sviluppo del cinema d'animazione anche in Italia, passando da un sistema di piccoli studi artigianali a società in grado di gestire produzioni di tipo industriale; prova ne è la sit-com *Spaghetti Family* (2003), ideata da Bruno Bozzetto per la Animation Band di Giuseppe Laganà e prodotta dalla RAI. Quello che continua però a mancare all'animazione italiana è un rapporto solido e fruttuoso fra la nascente industria e la ricerca, la sperimentazione.

MTV

Inizialmente acronimo di *Music Television*, MTV è un canale televisivo a pagamento statunitense con sede a New York lanciato il 1° agosto 1981. L'intento principale del canale era quello di trasmettere quella che si chiamava "la rotazione" di video musicali introdotti da VJ. Dagli anni 2000, il canale inizia a trasmettere molti reality show (*Jersey Shore*) e serie televisive, coltivando il target adolescenziale e giovani adulti. MTV inoltre lancia, per il mercato americano, innumerevoli canali a tema, alcuni dei quali sono in seguito diventati indipendenti. L'influenza che MTV ha avuto sul suo pubblico, come le questioni relative alla censura e all'attivismo sociale, sono state sempre oggetto di dibattito.

Con la diffusione dei videoclip musicali gran parte del bagaglio visivo e tematico dell'animazione sperimentale è diventato un genere di consumo, con un suo pubblico piuttosto ampio. Il videoclip concede inoltre la possibilità di evitare il contesto narrativo, il che ha reso possibile il consolidarsi, e a volte l'esistenza, di artisti che altrimenti non avrebbero mai potuto proporsi a un pubblico vero, senza dimenticare che la visualizzazione di un brano musicale sembra stare da sempre nel DNA di ogni animazione, sperimentale e non, soprattutto dagli *Studien 1-14* (1929) di Oskar Fischinger in avanti. Astrazione, *pixillation*, elaborazioni grafiche in 2D e 3D, sono tutte tecniche presenti nei videoclip musicali. Si passa dagli omaggi al cinema delle origini, come in *Don't Be Light* (2001) degli Air (chiaro riferimento a Winsor Mc Cay e Viking Eggeling), alla *pixillation* di Stephen Johnson in *Sledgehammer* (1986) di Peter Gabriel, di Derek Jarman in *The Queen is Dead* (1987) degli Smiths e della coppia Jarvis Cocker e Martin Wallace in On (1999) di *Aphex Twin*. Sono molti i videoclip realizzati con la tecnica del digitale, da *Musique Non Stop* (1982) dei Kraftwerk realizzato da Rebecca Allen a *Hunter* (1997) di Biork diretto da Paul White. Nel video degli A-ha, *Take on me* (1985) c'è un ritorno alla tecnica del rotoscopio, con cui il cantante del gruppo prende vita dalle pagine di un fumetto con l'animazione di Michael Patterson. Nel 1998 arriva il gruppo *cartoon* Gorillaz, creati da Damon Albarn e dal fumettista Jamie Hewlett

(*Tank Girl*, 1988), dalla sensibilità anticonformista punk e hip hop, con una musica che suona come un mix di stili urbani.

Importanti registi e creativi si sono cimentati nella produzione di videoclip musicali. Il collettivo inglese Shynola, formato da Gideon Baws, Chris Harding e Richard Kenworthy, realizza video quali *Go With The Flow*, per i Queens Of The Stone Age, *Strawberry Swing* per i Coldplay, *Pyramid Song* per i Radiohead, *Good Song* per i Blur, *E-Pro* per Beck, *Otherwise* per i Mocheeba. Michel Gondry usa gli effetti d'animazione non digitale, tra cui la *pixillation* e altri metodi a fotogramma singolo, come nei video *Human Behavior* per Bjork, influenzato da Jurij Norštejn, *Walkie Talkie Man* degli Steriogram, *Fell In Love With A Girl* e *The Hardest Button to Button* entrambi dei White Stripes. Gondry sviluppa la tecnica del *bullet time*, usata da molti film tra cui *Matrix* (1999), in cui un gruppo di fotocamere riprende contemporaneamente lo stesso soggetto da diverse angolazioni, come in *Army of Me* per Bjork e *Like a Rolling Stone* per i Rolling Stone. Tim Hope ha un'approccio "lo-fi" all'animazione al computer, in netto contrasto con quasi tutta la CGI che è alla continua ricerca di un totale realismo, come in *Trouble* e *Don't Panic* per i Coldplay; Hope è anche l'autore del pluripremiato *The Wolfman* (1999), dove scannerizza semplici fumetti in 3D, per un approccio "casalingo" come quello di Oliver Postgate e un'animazione che ricorda Terry Gilliam; racconta di un uomo che recita una poesia d'amore alla luna, trasformandosi in un mostro che poi tenta di mangiare l'universo. Steve Catts con la sua animazione Flash si fa ispirare dai Fleischer in *Are You Lost In The World Like Me* (2016) per Moby & The Void Pacific Choir sulla dipendenza degli smartphone.

Jan Svankmajer

Svankmajer si distingue per la sua personale tecnica dello stop-motion e per la capacità di creare immagini surreali, da incubo e in qualche modo buffe. La poetica dei suoi film è caratterizzata da suoni esasperati e d'effetto, da sequenze molto accelerate e dalla presenza "ossessiva" del cibo: in tutte le scene c'è sempre qualcuno che mangia. Vanno citati i lungometraggi *Alice* (1988),

Faust (1994), *Cospiratori del piacere* (1996) e *Otesánek* (2000). Tra i cortometraggi *Možnosti dialogu* (1982), che mostra teste simili a quelle di Arcimboldo che si riducono l'una l'altra fino a diventare tutte uguali, un uomo e una donna d'argilla che si uniscono, poi litigano e si riducono a una frenetica poltiglia bollente e due teste di argilla più anziane che tirano fuori vari oggetti dalle loro lingue (spazzolini e dentifrici, scarpe e lacci, ecc.), prima cooperando, più equivocando e infine lottando. La tecnica della *pixillation* è usata come una sorta di continuità rispetto all'uso delle marionette. Svankmajer trova spazio su televisioni come MTV, soprattutto nella produzione degli intervalli (*interstitial*) del palinsesto che, quando non sono da lui realizzati, a lui devono molto per ispirazione, sia dal punto di vista tecnico sia stilistico.

L'animazione post-moderna: tra realismo e surrealismo

L'opera di Svankmajer ha influenzato molti artisti e ha creato un'estetica che sarà variamente copiata e omaggiata. Tra questi spiccano i fratelli gemelli Timothy e Stephen Quay. I loro film sono connotati da una narrativa assai ostica e poco comunicativa; pur non essendo film astratti, più che frammenti narrativi, i Quay incasellano quadri in movimento che suggeriscono atmosfere infantili e inquietanti, con azioni e accadimenti dominati dall'irrazionale e dal caos. Come il loro "maestro", anch'essi sono autori di numerosi intervalli di MTV. *The Street of Crocodyle* (1986), uno tra i lavori più significati, mostra come la tecnica dello *stop-motion* è usata non soltanto per animare oggetti o pupazzi, ma anche e soprattutto per comporre dei movimenti di macchina. Viti, budella, lampadine, bambole di cera, cucchiaini, vecchie incisioni, teschi, plastica, materie molli, metalli, manichini: gli oggetti animati dei Quay non rappresentano, ma svelano una dimensione onirica che con la realtà non ha alcun rapporto intellegibile. Una specie di metafisica degli oggetti, espressa tra surrealismo ed espressionismo, nell'affiorare continuo e imaginifico di reminiscenze letterarie e artistiche. Dave Borthwick, che aveva iniziato a fare animazione per piccole produzioni musicali, nel suo *The Secret Adventures of Tom Thumb* (1993) invece di animare costosi pupazzi, si serve di *ready made* - giocattoli, pupazzetti e vario materiale di recupero - insieme all'animazione di persone in carne e ossa, usando la tecnica della *pixillation*.

Ci sono due film usciti nel 1997, *Rubicon* dell'israeliano Gil Alkabetz e *Rusalka* del russo Alexander Petrov, premiati in diversi festival internazionali, che indicano le due strade del cinema d'animazione di quegli anni. Il primo, dal tono surrealista, è una rivisitazione della celebre storia del lupo-capra-cavoli realizzato con la tecnica del disegno su acetato; il secondo, più realista, narra di un giovane seminarista che si innamora di una sirena e realizzato con una tecnica assai laboriosa, quello della pittura su vetro, con un ritmo e un taglio delle inquadrature che richiamano il cinema dal vero. L'animazione dimostra ancora una volta che il vero realismo non è nell'iconografia (la *cel animation* è quasi sinonimo di realismo nell'animazione, quando la pittura su pellicola lo è dell'astrattismo), ma nei contenuti; di Petrov va citato anche *Il vecchio e il mare* (1999), realizzato sempre con la tecnica a olio su vetro. Lo stile fortemente grezzo, sgradevole, brutale ed espressionista dell'inglese Phil Mulloy, le sue metafore, le immagini al limite della pornografia, raggiungono una forte presa sul reale, quasi insopportabile nella sua crudezza; tra i suoi lavori citiamo *Cowboys* (1991), *The Sound of Music* (1992), *The Chain* (1998), *Ten Commandments* (1994), *Season's Greetings* (1999), *Intolerance* (2000) e *The Christies* (2006).

Vi sono autori, come Raimund Krumme, che giocano sull'ambiguità della natura bidimensionale del disegno animato, dove lo spazio è qualcosa di continuamente rovesciabile, manipolabile, ingannevole e a farne le spese sono i malcapitati personaggi alle prese con prospettive infinite e mutevoli, come in *Funanbolo, Seiltänzer* (1986) e *Incroci, Kreuzung* (1991). In *Flatworld* (1997) di Daniel Greaves i livelli bidimensionale e tridimensionale si mescolano, i personaggi sono sagome piatte, disegnate e ritagliate, che vivono in un mondo fatto di modellini. Fino ad arrivare alla "molteplicità stilistica" nei lavori di Marv Newland, veri giochi surrealistici alla maniera del *cadavre exquis;* in *Anijam* (1984) e *Pink Komkommer* (1991), alcuni animatori di diversa formazione artistica sono chiamati a realizzare una sequenza di pochi secondi senza conoscere nulla di quello che faranno gli altri, se non la parte finale della sequenza precedente, oltre a essere l'autore del classico "lo-fi" anarchico *Bambi Meets Godzilla* (1969). Fra i numerosi giovani passati dallo studio di Newland fondato a Vancouver, il Rocketship International, Danny Antonucci realizza la serie tv *Ed, Edd n'Eddy* per Cartoon Network.

Un artista metamorfico è Zbigniew Rybczynski, che ha saputo sconfinare dal cinema sperimentale allo spot, dall'animazione al videoclip (Propaganda, P. Machinery, 1985); dal caos quotidiano in *New Book, Nowa Ksiazka* (1975) all'affollarsi infinito in una stanza con il ripetersi ossessivo dei movimenti di chi la occupa in *Tango* (1980), dalle porte che si aprono e segnano le diverse tappe della vita in *Imagine* (1987), alla scalinata infinita da salire in *L'orchestre* (1990), o da scendere in *Step* (1987). In *Oh No I Can't Stop!* (1975) la *pixillation* viene usata non per animare oggetti o persone, ma per muovere la macchina da presa, in cui ogni fotogramma corrisponde ad una posizione diversa della ripresa insieme alla registrazione *step by step*: la cinepresa viene programmata per filmare un fotogramma ogni numero di secondi si voglia, circa uno ogni cinque secondi, con un effetto di accelerazione innaturale delle parti che compongono l'immagine. Proprio questo cortometraggio ha subito un nobile "plagio" da parte di Francis Ford Coppola per il suo *Dracula* (1992) in alcune soggettive del vampiro. *Tango*, che ha ricevuto un premio Oscar, dal punto di vista tecnico è una combinazione di *pixillation* e di mascherini: gli attori sono ripresi a passo uno separatamente, su un fondo neutro, poi sovrapposti con appunto dei mascherini, uno per volta sull'immagine della stanza. Il gioco è che tutti i personaggi si sfiorano, ma non interagiscono fra loro, soprattutto non devono compiere la loro azione nello stesso punto della stanza.

David Anderson è riuscito a produrre opere complesse, sfoggiando una qualità fotografica ed una perfezione di effetti rara; la tecnica principale è la *pixillation,* spesso unita alla registrazione *step by step. Deadsy (Deadtime Stories For Bigfolk)* (1989) sovrappone diverse figure nello stesso quadro, per quello che verrà chiamato compositing, creando la sensazione di uno spazio astratto, dominato dal buio e da suoni inquietanti, dal quale possono spuntare da un momento all'altro figure, colori, forme. Altro suo lavoro di rilievo è *Door* (1990).

Probabilmente se le visioni offerte dalla *pixillation* e dalla registrazione *step by step* non avessero avuto un successo così ampio nell'industria cinematografica, nessuno avrebbe pensato di realizzare dei lungometraggi utilizzando queste tecniche; è il caso di *Koyaanisqatsi* (1982) di Godfrey Reggio. Il titolo è la trascrizione di una parola nel linguaggio hopi e significa "vita che si distrugge". La musica di Philip Glass ha contribuito non poco al successo commerciale del film, tutto giocato sullo scontro fra la natura e gli ambienti urbani, o meglio su come l'uomo tenda a distruggere l'ambiente in cui vive. Un altro lungometraggio realizzato con queste tecniche è *The Last of England* (1988) di Derek Jarman, un'opera frammentata di apocalittica visione, tra personaggi ricorrenti durante il film come i soldati, il barbone, il giovane solitario, la sposa, e nello sfondo la presenza ossessiva di fabbriche abbandonate. Peter Callas recupera invece la tecnica del *collage* e la traspone in digitale; i suoi video sembrano della grafica illustrata dinamica, dove ogni forma contiene un piccolo movimento breve e ossessivo, che si ripete in *loop* ogni volta dall'inizio. Tra i suoi lavori citiamo *Nights' High Noon* (1988), *Neo Geo: An American Purchase* (1990) e *Lost In Translation* (1999).

Una tecnica che stabilisce un parallelismo piuttosto netto con la tradizione del cinema astratto delle origini è il *paint-box*, che ha interessato artisti che partono dall'immagine statica per renderla dinamica con il proprio stile, forme e colori. Il video che ne risulta diventa un ibrido fra analogico e digitale, utilizzando il *frame per frame* e facendo interventi di carattere pittorico su immagini già registrate. Eve Ramboz si cimenta in questa tecnica per realizzare *L'escamoteur* (1990), un enigmatico viaggio visivo tra i dipinti di Bosch. Christian Boustani, utilizza una tecnica mista per inserire attori reali in sfondi che derivano da dipinti preesistenti e animati digitalmente; *Cites anterieurs: Bruges* (1995) è un omaggio alla pittura fiamminga e a Jan Van Eyck. Anche Alan Escalle usa la tecnica mista, immagini elaborate, *paint-box* e computer grafica, per realizzare *Le conte du monde flottant* (2001).

Run Wrake realizza una serie di cortometraggi dove si avvertono le influenze di Len Lye, Oskar Fischinger e Jan Svankmajer. Già i suoi primi film, *Jukebox* (1994) e *What is That* (2000) utilizzano la narrazione in modi non tradizionali. *Rabbit* (2005) è un classico del surrealismo digitale, che utilizza illustrazioni di vecchi album di figurine degli anni '50, trovati da un rigattiere, combinate agli sfondi e all'animazione realizzata a mano. Siri Melchior nel 2002 realizza *The Dog Who Was a Cat Inside*, dallo stile geometrico essenziale da sembrare un cortometraggio modernista anni '50 dello studio UPA e realizzato in grafica 3D: narra di un cane che impara a entrare in contatto con il suo lato interiore. In questi anni, in casa National Film Board of Canada vanno citati *Bob's Birthday* (1994) di Alison Snowden e David Fine, diventata una serie co-prodotta con Channel 4, con un disegno semplice e suoportata da dialoghi dallo stile *sit-com*; *Sunrise over Tianmen Square* (1998) di Shuhi-Bo Wang, un collage di immagini, fotografie, simboli e ricordi, e *The Villages of Idiots* (2000) di Eugene Fedorenko e Rose Newlove.

Oltre a un rinnovamento degli stili e di diverse intuizioni in tema di animazione, questi sono anche gli anni, come abbiamo visto con il *paint-box* e la registrazione *step by step* con movimento di camera, dell'invenzione di nuove tecniche. Bob Sabiston, dopo aver sviluppato software al MIT, nel 1997 realizza Rotoshop, un rotoscopio in forma digitale, che permette di dipingere sopra alle immagini riprese in *live action* e di interpolare automaticamente le immagini intermedie (le *intercalazioni*), creando una sequenza animata fluida e omogenea; Sabiston utilizza il software per la produzione di 25 *interstitial* per MTV. Tra i suoi lavori citiamo *God's Little Monkey* (1994) e *Grinning Evil Death* (1990). Con la nuova tecnica del Rotoshop realizza il premiato *Snack and Drink* (1999) e con Richard Linklater *Walking Life* (2001).

Nota XXIII - Nuovi processi di produzione per nuove tecniche, tra tradizione e innovazione tecnologica

Concept art: è un'illustrazione che mostra lo sviluppo grafico del personaggio secondo una precisa idea progettuale. Sono disegni promozionali, utilizzati per presentarli a clienti e investitori. Possiede tutte le informazioni che qualifica i personaggi: i dettagli, i colori e anche le luci e le ombre, in modo da intercettare particolari contrasti. In generale si tratta di sviluppi realizzati in digitale, come il *photo bashing*, una tecnica che utilizza elementi fotografici ed effetti di texture per arricchire l'immagine o sovrapporre parti di foto per creare un nuova composizione. Il confine tra fotografia, disegno e pittura non esiste e tutto passa attraverso la tecnologia digitale.

L'animazione digitale

L'animazione si ottiene da sequenze di immagini con variazioni coerenti del contenuto, a una velocità tale da rendere l'occhio non più in grado di distinguerle come singole immagini, creando l'illusione del movimento. Se nell'animazione analogica si parla di *pose o disegni chiave* e di *intercalazioni*, con i software di animazione digitale, si parla di *key framing* e *tweening*.

Il *key frame* (*fotogramma chiave*) è il fotogramma che definisce lo stato iniziale, finale o mediano, di un'animazione computerizzata. Una volta stabiliti i *key frame* è possibile creare i fotogrammi intermedi, operazione definita *tweening* (o *intercalazione*). Nell'animazione classica, i *key frame* sono generalmente disegnati dagli artisti principali e il lavoro di disegnare i fotogrammi intermedi viene affidato ai loro assistenti; nell'animazione al computer, stabiliti i *keyframe*, le operazioni di *tweening* vengono svolte automaticamente dai software. Questa tecnica, denominata *key framing* è impiegata per transizioni riferite non soltanto al movimento, ma anche alla forma e al colore.

Il *compositing* è la pratica per cui il computer può acquisire e disporre su diversi livelli (*layers*) i contributi visivi provenienti da diverse fonti (disegni, scenografie in *green screen*, foto, video, ecc.; si rimuovono i *rig*, i supporti che tengono in posizione un pupazzo, se parliamo di animazione dei pupazzi in stop-motion), per poi comporre il *frame* con svariate tecniche e modalità. I *software* in seguito, con una ripresa virtuale, gestiscono la successione dei *frames*, i movimenti di camera, gli effetti visivi. Nella produzione di disegno animato, il *compositing* ha sostituito le riprese in verticale effettuate al banco d'animazione.

Sviluppi dell'animazione digitale

Questa tecnica cominciò a diffondersi negli anni '60, quando il computer fu inizialmente usato per realizzare gli effetti speciali dei film dal vero, le sigle televisive e per animare pupazzi bidimensionali. Tra le varie tecniche della CGI (acronimo di Computer Generated Imagery) vediamo l'animazione 2D e quella 3D.

Animazione 2D. Comprende il disegno animato tradizionale, il *cut-out* su carta e quello digitale, la *motion graphic* e il *rotoscopio*; immagini che sono poi modificate al computer e animate usando grafica bitmap o grafica vettoriale. La lavorazione al computer segue in linea generale gli stessi *step* del flusso di produzione applicato alle varie tecniche manuali (*layout*, animazione *rought*, *clean-up* e intercalazione, *animatic, ink & paint*). Si parte da una storia e da una ricerca grafica, per arrivare allo *storyboard* e a un *videoboard*; le fasi di lavoro si influenzano a vicenda finché non si arriva alle approvazioni definitive con la stesura della *bibbia tecnica*, lo strumento di riferimento per gli animatori e gli scenografi film per una catena produttiva (*pipeline*) che si sviluppa in:

- pre-produzione: sceneggiatura, storyboard (concept art e image board), videoboard (suono provvisorio), design personaggi e scenografie, videoboard corretto;

- produzione = costruzione scenografie, eventuali pupazzi, layout, fotografia e animazione con le voci definitive;
- post-produzione = compositing, montaggio e master.

La pre-produzione

Sviluppato un progetto e trovati i soldi, il passo successivo è quello di organizzare una squadra di lavoro, dotandola delle istruzioni necessarie. Occorrono i "libretti delle istruzioni", ovvero la bibbia tecnica e le procedure.

La Bibbia tecnica. Praticamente "gemella" della *bibbia grafica* dell'animazione tradizionale, è un voluminoso documento che contiene tutti i riferimenti grafici necessari per realizzare personaggi in 2D, in 3D, pupazzi (reali o virtuali), animazioni e scenografie. Più un personaggio è importante, più occorre fornire informazioni, a partire dal *turnaround*, cioè la sua visione sui vari lati. In questo documento ci sono le posture del corpo, delle mani e le espressioni facciali; inoltre, ogni volta che in uno *storyboard* compare un oggetto importante ci vuole almeno un disegno che lo definisca. Le bibbie presentano delle differenze a seconda della tecnica di animazione prevista: ad esempio, ai fini della modellazione, lo stop-motion dei pupazzi predilige che le gambe e le braccia dei personaggi siano un po' divaricate, mentre la CGI richiede braccia stese orizzontalmente.

Le procedure. Metodo e ordine sono vitali nel lavoro individuale, tanto più in quello di gruppo: dalla nomenclatura dei file alla suddivisione in cartelle, dai formati video fino al modo di organizzare il lavoro su software complessi come Maya, Toon Boom o After Effects, è fondamentale sapere chi ha fatto cosa, mantenere traccia delle varie fasi di lavoro e dei relativi commenti. I materiali sono così organizzati, in maniera tale che anche l'ultimo arrivato riesca a trovare intuitivamente quello che cerca.

La produzione

Il produttore è colui che mette insieme la macchina produttiva e indica una linea editoriale, la direzione che il film deve prendere. E' sostanzialmente un imprenditore che crede fermamente in un progetto, un leader che raduna e organizza talenti, che sa spronarli e proteggerli. Per *service* si intende l'esecutore, più o meno parziale, di un lavoro commissionato da altri: il cliente paga e gestisce i diritti dell'operazione, il *service* viene pagato per eseguirla, diversamente dalla produzione che investe in proprio, rischia e gestisce però i diritti di sfruttamento dell'opera, con tutti gli eventuali guadagni; per licenza (*licencing*) si intende la cessione di un diritto di sfruttamento, che viene sempre associato a una proprietà intellettuale.

Il reparto di produzione è quindi composto dal produttore, che trova i finanziamenti, e dagli eventuali co-produttori; questi gestiscono i diritti di sfruttamento attraverso accordi che riflettono la quantità di partecipazione nel progetto; il produttore associato interviene economicamente ma non ha potere decisionale sui diritti; il produttore esecutivo organizza e gestisce il gruppo di lavoro, coadiuvato dai line producer e dai segretari di produzione; i runner sono impiegati per ogni piccola evenienza. Nei casi di autoproduzioni e di piccoli progetti, poche persone coprono un po' tutti questi ruoli, non solo le mansioni creative.

Il modello italiano. La prassi vuole che uno sceneggiatore presenti un copione a un produttore; questo, convinto della bontà del testo, ne fa lo spoglio e stima il budget, per capire i soldi necessari per realizzare il film. la formula del *tax credit* è un'agevolazione fiscale che lo Stato prevede per i privati che investono nel cinema; un investitore privato può essere anche un distributore, oppure un'emittente televisiva. Particolarmente interessanti sono i finanziamenti pubblici: i MEDIA sono i finanziamenti europei, ma ci sono quelli nazionali, regionali, talvolta comunali. Non ultimo si trovano finanziamenti anche fuori dalle leggi che sostengono il cinema, come quelli legati alle nuove imprese, alla riqualificazione di un territorio o al sostegno del sociale; un sito utile per i bandi di questo tipo è https://www.italyformovies.it.

Il budget comprende le "entrate", un piano di finanziamento e un elenco di spese; i costi sopra la linea comprendono l'acquisizione dei diritti, lo sviluppo, il regista, quelli sotto la linea sono legati alla pre-produzione, produzione e post-produzione. Alla fine vengono aggiunti i margini di guadagno (*fee*), che saranno almeno del 7%, 10% per gli imprevisti (*contingency*), i costi finanziari, le assicurazioni e i costi per la promozione del film.

Il modello americano. Lo *slate* funding, rivolto alle imprese di produzione indipendenti, prevede la realizzazione di lavori diversi, per genere e target, da realizzare l'uno dopo l'altro; il rischio d'investimento viene diversificato e il produttore, garantendo continuità lavorativa alle maestranze, può abbassare i costi. Il *crowdfunding* non è un modo efficace per trovare soldi, ma è un ottimo sistema per pagare una campagna di comunicazione.

Infine la produzione potrebbe essere influenzata dalle prospettive cross-mediali o trans-mediali che si danno al prodotto:
- si parla di *cross-medialità* quando uno stesso contenuto, per non sostenersi economicamente su un unico mezzo di comunicazione, viaggia su più mezzi (film, spettacolo teatrale, romanzo, social network, videogioco), adattandosi ad essi;
- si parla di *trans-medialità* quando più storie, in diverse forme e su diversi media, compongono un medesimo universo.

Disegni animati. Chi lavora su carta è dotato di una lavagna luminosa, possibilmente inclinabile e rotabile, di fogli per animazione (carta da 60 gr.), bucati con un'apposita macchina foratrice e di una reggetta (*peg bar*) per allineare i fogli sfruttando quei buchi. Chi lavora in digitale, TVPaint e OpenToonz hanno un approccio tradizionale, mentre Toon Boom Harmony e Moho sono pensati per animare in *cut-out* digitale. Se si anima su carta, per verificare il risultato dell'animazione si fa un *pencil test*: si impilano i fogli sulla reggete sotto una webcam collegata a MonkeyJam o Pencil 2D e si fotografano a uno a uno; il disegno su carta mantiene comunque un fascino e una freschezza del segno.

Layout. Per ogni inquadratura viene definita la composizione della scena, la prospettiva, tutti gli elementi della scenografia, il movimento dei personaggi nello spazio, le interazioni con esso, nonché gli eventuali movimenti di macchina. Sugli elementi di scenografia dei *layout* gli scenografi realizzeranno i fondali e gli animatori cominceranno ad animare.

Animazione. Come visto più volte, si comincia col definire le *pose chiavi*, dapprima schizzate (*rought*) e poi a linee chiuse: oltre ad essere una questione di stile, questa definizione consente a mani diverse di uniformarsi e rende rapida una colorazione. Si passa poi alle intercalazioni (*inbetween*), ai disegni di collegamento tra le *pose chiavi*. L'*ink & paint* è la fase della coloritura (un tempo i *cel* venivano colorati sul retro, in digitale si usa lo strumento secchiello); nella *multiplane camera*, i *cel* venivano fotografati sotto una cinepresa *posta* in verticale e il piano di lavoro era multistrato, tra livelli di animazione e elementi scenografici; con il digitale, anche se si lavora con la carta, questa fase viene effettuata al computer (*compositing*), con After Effect oppure all'interno di software di animazione (Toon Boom, OpenToonz, Blender). Ogni inquadratura prende la sua forma definitiva con l'aggiunta di movimenti di camera, di effetti luce, di ombra e di quello che serve. Una volta *renderizzata* ed esportata, ogni scena andrà ad aggiornare l'*animatic* sul programma di montaggio, fino a che l'intero film non viene completato.

Motion graphic. Sono le animazioni di grafiche, come cartelli, disegni, ritagli di fotografie, realizzate con software che sfruttano un disegno vettoriale, come Animate, Toon Boom o After Effect. E' il modo più economico per realizzare animazioni 2D. Ricordiamo sempre che il cinema d'animazione non riprende la realtà, ma la filtra e la interpreta attraverso la sensibilità dell'autore, con riferimenti alla pittura e alla grafica del proprio tempo o a quella del passato. Anche se lo sviluppo storico e produttivo dell'animazione l'ha portata a essere soprattutto attività di gruppo, essa rimane fondamentalmente un'attività d'autore, come opera di un solo artista che vi riflette il proprio talento e il personale senso del movimento, nello spazio e nel tempo.

Per *flash animation* si intende un file creato mediante *Adobe Flash*, tecnica che si era diffusa agli inizi degli anni 2000 nel web, sia per la realizzazione di siti, sia per la produzione di serie online a basso costo, come *Happy Tree Friends* (1999), *Queer Duck* (2000) e *Gary the Rat* (2003), o per corti come quelli di Steve Cutts, montati poi su After Effect, come *MAN, Happiness, In the Fall, The Turning Post*. Suo erede è il software *Adobe Animate*.

Lo stop-motion

Si lavora in una stanza completamente oscurabile, dove le luci sono artificiali. Nei teatri di posa di solito i muri sono neri, per evitare rimbalzi indesiderati della luce. Il set è allestito su di un grande tavolo, alto a sufficienza per evitare di far curvare troppo gli animatori sugli oggetti, con il rischio di avere facilmente mal di schiena. Il tavolo è anche molto solido, indeformabile e pesante, per garantire che non si sposti tutte le volte che lo si urta; il soffitto è attrezzato con barre di ferro per poterci agganciare delle luci (lenti fresnel, che direzionano i fotoni). Una luce diretta risulta in genere troppo dura e occorre ammorbidirla, filtrandola con una gelatina (è un filtro che si mette davanti alla luce per regolarne l'intensità, la qualità e il colore), oppure facendola rimbalzare contro una superficie bianca (come dei pannelli di polistirolo). Viene utilizzato anche il *color check*, una tabella colori di riferimento (bianco in primis), da fotografare sul set e avere come riferimento in post-produzione.

Come attrezzatura si utilizza un cavalletto con braccio snodabile (*clamp*); una reflex che consenta il *liveview*, ovvero la visione in tempo reale da un computer, dotata di obiettivi meglio fissi e luminosi, e lenti macro per i dettagli sui personaggi; un software che permetta il controllo dei parametri di scatto della reflex, la riproduzione in tempo reale dei fotogrammi scattati più quello su cui si sta lavorando (è l'unico modo per capire se il movimento avrà l'andamento giusto, una volta messi in fila gli scatti) e la possibilità di fare dei disegni sul schermo, per controllare avanzamenti e traiettorie. Si usa StopMotion Pro o Dragon Frame.

I pupazzi. Il bello dello stop-motion è che per ottenere un personaggio basta prendere un oggetto qualsiasi, mettergli due occhi e fargli fare un battito di palpebre (*blink*); possiamo anche trasformare la funzione di oggetti quotidiani, bastano solo le idee. C'è poi la plastilina (molto usata la Newplast Plasticine), da lavorare a 23° C, ideale per personaggi o oggetti che si trasformano. In tutte le modalità, i personaggi sono dotati di uno scheletro interno (*armature*), per creare gli incastri tra parti da assemblare (testa, mani e piedi), o per collegare il bacino a un *rig*, un braccio snodato che si avvita al pavimento e che consente all'occorrenza di tenere il pupazzo sollevato da terra per fare salti e corse. I piedi del pupazzo devono consentire di farlo stare in equilibrio durante l'animazione, anche su un piede solo; la soluzione migliore è avere le punte dei piedi del pupazzo con fori e barre filettate per fissarle al tavolo di legno. Se non si usa la plastilina, si possono costruire pupazzi legando e sagomando allo scheletro della gommapiuma, siliconi, lattici o schiume, e predisponendo dei calchi. Si considera l'animabilità dei pupazzi già in fase di design dei personaggi, non solo come articolazione, ma anche come dimensione poiché queste influiranno sulle scenografie. E infine, considerando che i pupazzi prima o poi si rompono, bisogna prevedere la possibilità di aggiustarli o sostituirli.

Le scenografie. Può essere il mondo esistente, oppure uno ricreato in scala, come una casa per le bambole. E' importante progettare scenografie apribili e smontabili, per consentire di piazzare la macchina fotografica dove serve e lo storyboard tiene conto dei limiti produttivi delle scenografie, come per i campi lunghi dove viene solitamente inserito uno sfondo in post-produzione (*matte painting*), dietro il personaggio ripreso in *cromakey*.

I momenti di macchina. In genere si lavora sul set con la macchina fotografica su cavalletto, mantenendo un'inquadratura più larga del necessario, per realizzare in post-produzione i movimenti di camera (uno scatto di circa 5000 pixel di larghezza basta per un master in 4K, ovvero 4096 px). Questo sistema permette di poter aggiustare il *timing* dell'animazione in post-produzione.

L'animazione 3D

Per CGI (acronimo di Computer Generated Imagery) si intende, come già detto, la grafica realizzata con strumenti digitali e nel caso dell'animazione 3D si intende un filmato realizzato in uno spazio tridimensionale. Vi rientrano non solo film d'animazione, ma anche la realtà virtuale, i videogiochi, i film ad effetti speciali (visual effects o VFX),il nuovo rotoscopio e la *motion capture*.

Le forme nascono come modelli tridimensionali composti da poligoni, per poi essere manipolate da un animatore attraverso il *rigging*, un sistema che permette il movimento del personaggio; quindi il solido viene rivestito con delle *texture* e ambientato in una scenografia realizzata con la tecnica del *matte painting*, la pittura di sfondi, anch'essa creata in 3D e alla fine il tutto viene infine illuminato, con effetti di luce per dare la giusta profondità sia ai personaggi, sia all'ambiente. In 3D, una volta "plasmato" il personaggio, la sperimentazione dei punti di ripresa è praticamente infinita, lo stesso per muoverli o correggerli. L'insidia del 3D è il lasciarsi affascinare dalla potenza della tecnologia.

La *pipeline* è simile alle precedenti, differisce dallo stop-motion e dall'animazione in 2D nella fase di produzione, per complessità e strumentazione tecnica. Le fasi grosso modo rimangono: costruzione dei personaggi (modellazione, *rigging, skinning*), layout, effetti e fotografia. L'animazione viene realizzata con una procedura simile a quella del disegno animato: si realizzano le *pose chiavi*, poi quelle *intermedie* e infine le *intercalazioni*, che sono gestite in modo semiautomatico con le curve di accelerazione delle parti del corpo. Il vantaggio dell'animazione digitale è la possibilità di correggere e affinare costantemente pose e *timing*. Nel movimento sono necessarie tante sfumature, per rendere "caldi" i personaggi: nel 3D la "precisione matematica" li rende freddi e apatici. La GCI di qualità non è più economica, lo è per il riutilizzo di librerie digitali di movimenti, pose e scenografie.

Il *rendering* è, in estrema sintesi, il processo di calcolo che provvede a generare i fotogrammi finali e i canali necessari ai *compositor* per gestire in post-produzione ogni aspetto dell'immagine: riflessioni, illuminazione, colore, contrasti, elementi che vengono tenuti separati per consentire un'ulteriore manipolazione in fase di *compositing* sotto le indicazioni di supervisori e registi.

Un discorso a parte va dedicato ai software *3D real time*, tutti Unreal Engine e Unity (le cosiddette piattaforme *middleware*), che riescono a importare e gestire in tempo reale i contenuti provenienti da altri software, consentendo di superare la linearità delle pipeline tradizionali, rendendo di fatto simultanee tutte le fasi della produzione. Un'altra frontiera della produzione 3D è quella destinata a unificare l'animazione e le riprese dal vivo. Per il *Re Leone* (2019), ad esempio, prima è stato creato in 3D tutto l'animato del film, poi è stato inserito un software *3D real time* usato come base di un set di produzione virtuale, per riprendere *sovrapponendole* le medesime sequenze in analogico, molto più credibili a livello di realismo. Probabilmente sarà l'animazione che ci attende nei prossimi anni.

Motion capture. Questa tecnica permette, grazie a tute dotate di sensori e a uno spazio monitorato da ricevitori e telecamere, di registrare i movimenti realizzati da attori reali, comprese tutte le espressioni facciali. Questi movimenti vengono poi adattati sui modelli digitali che avranno un'espressività più realistica e precisa, rispetto ad un'animazione manuale realizzata con il *rigging*. Questa tecnica viene utilizzata per gli effetti speciali nei film live-action, più raramente nelle animazioni dei videogiochi e quasi mai nei lungometraggi animati.

La tecnica mista. E' quella che prevede la convivenza di personaggi animati in un mondo reale, o la presenza di attori in un mondo disegnato. Si dall'Alice di Walt Disney, dove la giovane attrice si muoveva su dei fondali disegnati e a fianco di vari personaggi anche loro animati, fino a Roger Rabbit dove la sovraimpressione di un personaggio disegnato su una scena dal vero avviene con l'utilizzo di una mascherina nera con la sagoma del personaggio animato, inserito poi al computer. Ma per *tecnica mista* possiamo intendere qualsiasi film d'animazione realizzato utilizzando tecniche diverse, come lo schermo di spilli e i pupazzi, nelle collaborazioni tra Jacques Drouin e Bretislav Pojar in *Nightangel* (1986), oppure l'animazione al computer e il disegno animato, come in tanti recenti lungometraggi. Ogni tecnica può raggiungere, o quasi, uno stesso risultato, non allo stesso prezzo: si tratta di scegliere la tecnica più efficace e sostenibile in base a quello che si vuole raccontare. Va comunque sempre ricordato che, nonostante i software siano sempre più sofisticati e in grado di sostituire le lunghe e laboriose lavorazioni manuali, ogni fase è sempre guidata dalla creatività umana.

La post-produzione

E' tutto quello che avviene dopo l'animazione, ovvero il *compositing* e il montaggio, già impostati in fase di *videoboard*, e il master finale. Per il montaggio lineare si usano software come Premiere Pro, Final Cut, Avid, Edius o Vegas; anche Toon Boom e Blender prevedono il modulo di montaggio. In ogni programma ci sono almeno tre finestre nell'interfaccia: nel *browser* si importano animazioni, video, immagini, musiche e suoni; la *timeline*, è divisa in tracce orizzontali per il video e l'audio; il *monitor* mostra il lavoro in *progress*; altre finestre sono per gli effetti e l'audio.

Il *compositing* varia parecchio se si lavora con l'animazione 2D, 3D o stop-motion. I software più usati sono Adobe After Effects, Blackmagic Fusion, Natron (che è open source) e Nuke; anche Toon Boom Harmony, Blender e OpenToonz hanno il modulo di *compositing*. Nella gran parte dei casi il lavoro di *compositing*, come già visto, consiste nell'assemblare i diversi livelli che vanno a costituire una scena, ma che sono stati creati separatamente.

Per *final cut* si intende il montaggio definitivo e normalmente si disciplina per i lungometraggi; chi ha il diritto di *final cut* ha l'ultima parola sulle scelte creative, come la presenza di un'inquadratura, di un dialogo, o dell'ordine delle scene in fase di montaggio. Se non previsto nell'accordo, il *final cut* risiede in mano a chi investe nel budget di produzione.

La sonorizzazione. Per dare vita a un risultato compatto, l'audio va pensato organicamente tra musiche, rumori e voci, come stretto partner della componente visiva. Una musica può essere *diegetica*, interna alla storia raccontata, o *extradiegetica*, di commento, che fa da supporto alle immagini e ci aiuta ad entrare nella storia e nelle emozioni dei personaggi. Riguardo i diritti delle musiche, per quelle sotto licenza Creative Commons l'utilizzo è gratuito, va citato l'autore e non devono essere usate per fini commerciali; essa non necessitano di liberatoria. Tranne alcune eccezioni, nell'animazione tutti i rumori vanno ricreati; il *cartoon* si è tanto distinto in questa ricerca, che nei decenni ha prodotto dei suoni tipici, di cui si è a volte abusato, e che enfatizzano le entrate e le uscite di scena dei personaggi, gli impatti, le scivolate e altro ancora. Occorre un registratore e un microfono per catturare i rumori, per poi modificarli; un altro sistema per ottenere dei rumori è il sintetizzatore digitale, manipolando suoni esistenti e "disegnandoli" digitalmente, che non esistono in natura e che possono rivelarsi molto espressivi. Per le voci provvisorie, che servono a calibrare le durate delle scene e che si trovano nel *videoboard*, ci si affida a un bravo attore. Le voci, come per i film "dal vivo", possono essere dei dialoghi o delle voci narranti; un'ulteriore tipologia di voci, raramente considerate nei film "dal vivo", sono le espressioni vocali non verbali, dove al posto delle parole i personaggi esprimono dei suoni particolari. Saranno la mimica, la gestualità corporea e il tono della voce a farci intendere le "parole". Molti personaggi dell'animazione, soprattutto d'intrattenimento, come è il caso di Paperino o dei Minions, impiegano questa modalità, facendone un elemento fortemente caratterizzante.

Michel Chion, nel suo seminale testo *L'audio-vision. Son et image au cinéma* (1990), parlando di sonorizzazione del cinema d'animazione cita i musicologi Francois Delalande e Bernadette Céleste, sull'attribuzione da parte dei bambini durante i loro giochi con pupazzi o altri giocattoli, di effetti sonori fatti con la bocca. Queste vocalizzazioni labiali servono ad accompagnare e sottolineare i movimenti di personaggi, macchinine e altro, e tendono ad evocare il movimento degli stessi, più che imitare il suono che potrebbe scaturire dall'oggetto rappresentato dal giocattolo. "Come non notare", sottolinea Chion, "che questo tipo di rapporto tra suono e spostamento è lo stesso utilizzato dal cinema d'animazione, in particolare dai cartoon?".

Per sottolineare quanta importanza ha la musica in questo tipo di cinema, ricordiamo l'importante lavoro svolto dalla Disney per la realizzazione del suo primo cortometraggio sonoro *Steamboat Willie* (1928), dove grazie al nuovo sistema Cinephone pone le basi della sincronizzazione del sonoro. E' da questa esperienza che nasce il *mickey-mousing*, il procedimento perseguito da Disney negli anni a seguire, un esempio su tutti le *Silly Symphonies*, e adottato in tante produzioni d'animazione e "dal vivo": l'intento era quello di costruire in perfetto sincrono musicale l'intera azione visiva, in una sovrapposizione musica-immagini volta a punteggiare con colpi musicali, strumentali e ritmici, ogni movimento dei personaggi. Ogni suono sembra così, lontano dall'essere una ridondanza del visivo, generare delle continue conferme e rassicurazioni nel mondo dei *cartoon*, proprio come i suoni emessi dai bambini durante i loro giochi.

Realizzato il doppiaggio, con un software dedicato si interviene per il controllo dell'audio, dai riverberi alla riduzione del rumore. Si prova la colonna sonora (musica, rumori e voci) su diversi dispositivi, come tablet, piccole casse da ufficio, in auto, per testarne l'efficacia ed effettuare le opportune modifiche.

Gli aspetti legali

Del diritto d'autore si distinguono i *diritti morali* (uniscono diritto di paternità, dell'integrità dell'opera e all'inedito), inalienabili e senza limiti temporali, e i *diritti di sfruttamento economico* (sono temporalmente regolati, trasmissibili e licenziabili). Le idee in quanto tali non sono tutelabili, perché non hanno una forma; il contenuto minimo per le opere audiovisive, riconosciuto come tutelabile, è il *concept*. Se un produttore vuole realizzare un film tratto da un opera già esistente (letteraria, teatrale, fumetto, o di altro tipo), egli deve acquistarne il diritto di sfruttamento esclusivo, diritto che cessa dopo settant'anni dalla morte dell'autore. Un autore invece può gestire la durata della concessione, ciò dipenderà dalla sua forza contrattuale. Il *contratto di opzione* vincola produttore e autore al verificarsi di determinate condizioni: ad esempio, a fronte di una cifra di denaro, l'autore garantisce di non cedere ad altri i diritti dell'opera, mentre il produttore si impegna a cercare i soldi necessari per la realizzazione del film.

L'attuale legge italiana riconosce la paternità dell'opera solo a chi firma la direzione artistica, ovvero la regia, il soggetto, la sceneggiatura e le musiche. A loro soltanto spetta l'equo compenso ricevuto dalla SIAE. Un buon contratto serve a mettere d'accordo le parti, a farle lavorare in serenità ed evitare dispute e recriminazioni future. Quando si coinvolge un collaboratore, si definiscono aspetti come la quantità e la qualità del lavoro da effettuare, tempi di consegna, numero di correzioni in almeno due, il compenso, tempi e modalità di pagamento, cessione di eventuali diritti d'autore, cosa accade se il lavoratore non rispetta i patti e cosa accade se il committente non rispetta i patti. Prevedere penali per il mancato rispetto dei patti potrebbe portare ansia, ma di contro incoraggia entrambe le parti a prendere l'impegno sul serio. Un'altro accordo potrebbe riguardare il patto di riservatezza, utile affinché il collaboratore non divulghi informazioni sul progetto, mentre si è in fase di lavorazione.

La distribuzione e la promozione

Festival. Esistono numerose piattaforme online (FilmFreeway, FestHome, Shortfilmdepot e Click for festivals. Per trovare molti festival italiani, il sito più completo è *cinemabreve.org*).

Considerazioni pedagogiche

Ogni *cartoon* porta con sé valori e una visione del mondo, dunque è sempre educativo e politico, si tratta di capire se la sua esistenza sia positiva o no, per chi e perché. La dichiarazione dei diritti del bambino riconosce due principi: la protezione e lo sviluppo armonioso, però con un significato che varia nella storia e nelle culture. Quanto un *cartoon* deve proteggere e rassicurare un bambino? E quanto invece deve stimolare e responsabilizzare? Il mercato distingue quattro macro categorie: prescolare, bambini (*kids*), preadolescenti (*tween*) e adolescenti, che grosso modo sono in linea con le categorie scolastiche (materna, elementari, medie e superiori). Più si sale con l'età e più i personaggi possono diventare sfaccettati, il mondo può farsi ambiguo e contraddittorio. Il mercato poi distingue prodotti unisex da altri più chiaramente rivolti a un sesso. Se le categorie sono inevitabili, ogni bambino è comunque unico perché è una persona diversa e ogni esperienza risuonerà in lui o in lei diversamente dagli altri. L'ideale sarebbe quello di muoversi con grande sapienza tra sentimenti rassicuranti e stimoli a una responsabilità più adulta. Già negli anni '70 Bruno Bettelheim lamentava il fatto che troppi genitori preferivano proteggere i propri bambini dalle emozioni negative. Immaginarsi adulti nel gioco e nelle storie è invece un formidabile stimolo alla crescita psicologica e non offrire appigli in questo senso contribuisce a mantenere la condizione dell'infanzia, con il rischio di ritrovarsi in maniera pericolosa, in una condizione di immaturità.

Nota XXIV - L'egemonia Disney nella produzione dei lungometraggi

Le avventure del principe Achmed (1926) di Lotte Reiniger è il primo lungometraggio d'animazione che ci sia pervenuto.

Biancaneve e i sette nani (1937). Tutti i personaggi umani del film (eccetto i sette nani) furono stilizzati e animati in larga parte con la tecnica del *rotoscopio*, con la quale si andava a ricalcare fotogramma per fotogramma una pellicola in cui erano stati filmati degli attori in carne ed ossa, intenti a recitare la parte del personaggio da animare. Molti erano però gli animatori che disapprovavano questa tecnica, considerandola d'ostacolo alla produzione di una caratterizzazione efficace del personaggio: Art Babbitt non se ne servì per nessuna delle animazioni della regina a lui affidate. Le live action riprese con la tecnica del *rotoscopio* non erano pensate per essere utilizzate nella produzione finale, ma come studio per i movimenti, gli equilibri, i pesi e i gesti dei personaggi. Ciò nonostante, alcune scene con Biancaneve e il Principe vennero tracciate direttamente dalle suddette riprese in live action; Walt Disney notò un dettaglio a suo parere fastidioso: "il Principe trema leggermente nel momento di chinarsi sulla bara di vetro." Riparare questo difetto sarebbe costato migliaia di dollari e così arriva perentoria la risposta del fratello Roy, "Lascialo tremare!". Altra caratteristica del lungometraggio era il medioevo vagheggiato da Disney, che guardava a un neogotico stilizzato e semplificato, in un'atmosfera da incubo con gli alberi nodosi che paiono animarsi e diventare enormi mani minacciose che si fanno più maturi di quelli presenti in una *Silly Symphony* del 1932, *Flowers and Trees*, e ricordano i disegni dell'illustratore di fiabe Arthur Rankham.

Pinocchio (1940) fu una conquista rivoluzionaria nel settore degli effetti animati, dando movimento realistico a veicoli, macchinari ed elementi naturali come pioggia, fulmini, neve, fumo, ombre e acqua, verso una tendenza all'imitazione della realtà voluta da Disney fin dai tempi di Biancaneve. Una grande novità, visto che gli animatori fino a quel momento venivano impiegati soprattutto nei dettagli e nei movimenti dei personaggi e non nei fondali. Oskar Fischinger contribuì agli effetti della bacchetta della Fata Azzurra. L'animatore Sandy Strother curò gli effetti dell'acqua e grazie ai suoi significativi risultati, *Pinocchio* è spesso considerato come il capolavoro tecnico di Disney. Nel 1911 il romanzo di Collodi viene illustrato da Attilio Mussino e Disney riprende l'Omino di burro per dare l'aspetto del cocchiere, ma con una faccia più demoniaca; Pinocchio invece diventa un bambino, per giustificare i suoi errori di pura ingenuità; ritorna l'ambientazione bavarese già vista in parte nel neogotico stilizzato di *Biancaneve*, dove Geppetto diventa un abile intagliatore di legno, fabbricatore di giocattoli e di orologi a cucù.

Fantasia (1940). Walt Disney si interessa all'animazione astratta, soprattutto dopo aver visto il lavoro di Len Lye, *A Color Box* (1935). Alla fine del 1938 assume Oskar Fischinger, ma dopo tre tentativi di animazioni astratte, i due non trovarono l'intesa: mentre Fischinger cercava di allargare l'orizzonte delle esperienze visive del pubblico, Disney puntava semplicemente a "illustrare" la musica. Fishinger lasciò lo studio prematuramente, nell'ottobre 1939. Il personaggio di Topolino, a 12 anni dalla sua nascita, viene ridisegnato appositamente per il film. In quegli anni, un altro grande artista che si aggira negli studi Disney è Salvador Dalì per la realizzazione di *Destino*, ma il progetto non va in porto a causa dei danni economici causati dalla guerra; nel 1999 il nipote di Walt, Roy Edward Disney scopre gli storyboard realizzati da John Hench e lo realizza nel 2003.

Dumbo (1941). Il film doveva essere semplice ed economico, lontano dalla sontuosità dei tre precedenti lungometraggi. Il design appare infatti poco complesso, gli sfondi sono meno dettagliati e un certo numero di *cel* vennero "riciclati" nell'animazione dei personaggi. Per gli sfondi venne utilizzata la pittura ad acquarello, come era stato per *Biancaneve*; per i successivi film verrà utilizzata la tecnica della pittura a olio e tempera, fino a *Lilo & Stitch* (2002), che riprenderà l'acquarello per realizzare i fondali. Durante la produzione di *Dumbo*, Herbert Sorrell, il capo del sindacato Screen Cartoonists Guild, chiese a Walt Disney di fare una sottoscrizione per migliorare le condizioni di lavoro, ma questi si rifiutò dicendo che l'avrebbe messa ai voti. Il 29 maggio 1941 gran parte del personale dello studio entra in sciopero, un avvenimento di cui il film fa un velato riferimento nella scena in cui i clown, che risultano essere le caricature degli animatori stessi, vanno a "chiedere un buon aumento al principale". Lo sciopero durò cinque settimane e annullò per un pò di tempo quell'atmosfera "familiare" e il clima cameratesco dello studio.

Bambi (1942). Il film possiede uno stile grafico "meravigliosamente stilizzato": la lotta di Bambi nel bosco è rappresentata con colori cupi e ombre molto nette; l'arrivo dell'autunno e della primavera sono sottolineati da colori caldi e da riprese lente e allegre. Fu utilizzata la *multiplane camera* per riprendere scene dalla elevata profondità, come quella iniziale ambientata nella foresta. Furono sviluppati dalla sezioni inchiostri decine di nuove colorazioni, poi adottate con successo anche nei film successivi. Disney voleva che "la bellezza della natura fosse sparsa nel film, intensificata da un sentimento di realismo."

Saludos Amigos (1942). Il mediometraggio include sequenze documentarie *live-action*, delle città moderne dell'America Latina con grattacieli e residenti vestiti alla moda. E' stato il primo film a episodi dello studio Disney.

I tre caballeros (1944). Film a episodi.
Musica maestro (1946). Film a episodi.
Bongo e i tre avventurieri (1947). Film a episodi.
Lo scrigno delle sette perle (1948). Film a episodi.
Le avventure di Ichabod e Mr. Toad (1949). Film a episodi.
    altri lungometraggi:
    I fratelli Dinamite (1949), Nino e Toni Pagot
    La rosa di Bagdad (1949), Anton Giulio Domeneghini

Cenerentola (1950). Ispirato come *Biancaneve* a una favola europea, fu il primo grande successo dal 1937, dopo anni di risultati mediocri al botteghino a causa di produzioni più economiche, realizzate sull'assemblaggio di cortometraggi (i film a episodi precedenti a *Cenerentola*), realizzati durante la seconda guerra mondiale. *Cenerentola* fu il primo film Disney ad avere le sue canzoni pubblicate e coperte da copyright della neonata Walt Disney Music Company. *Bibbidi-Bobbidi-Bu* fu un singolo per quattro volte, con versioni importanti cantante da Perry Como e dalle Fontane Sisters. La cantante Ilene Woods batté altre 309 ragazze per la parte di Cenerentola. Gli animatori ambientarono la storia in un indefinito fine XIX sec., tra Londra e Parigi, e la arricchirono di ulteriori elementi narrativi derivati direttamente dalla tradizione favolistica inglese; come i topini che aiutano Cenerentola a cucire il vestito per il gran ballo, azione del tutto assente nella favola di Perrault; questo inserto prende lo spunto dalla novella di Beatrix Potter, *The Tailor of Gloucester* (1903), illustrata dalla stessa scrittrice; altra trovata fu la carrozza ricavata da una zucca, invenzione di Mary Blair.

Alice nel Paese delle Meraviglie (1951). Forte caratterizzazione musicale.
Le avventure di Peter Pan (1953). Forte caratterizzazione musicale.
    altro lungometraggio:
    La fattoria degli animali (1955), Joy Batchelor e John Halas

Lilli e il vagabondo (1955). Forte caratterizzazione musicale. Come si era fatto con il cervo in *Bambi*, gli animatori studiarono molti cani di razze diverse per catturarne il movimento. Sebbene la scena degli spaghetti sia oggi la più nota del film, Walt Disney era disposto a tagliarla, pensando che non fosse romantica e che sarebbe sembrata sciocca. Frank Thomas, animò la scena da solo senza alcuna scenografia. Alla fine Disney rimase colpito dal lavoro di Thomas, di come avesse "romanticizzato" la scena e la mantenne. *Lilli e il vagabondo* è stato il primo film d'animazione realizzato in CinemaScope.
    altro lungometraggio:
    La diabolica invenzione (1958), Karel Zeman

La bella addormentata nel bosco (1959). Il film è l'ultimo lungometraggio della Disney in cui si utilizzano i rodovetri (*cel animation*) inchiostrati a mano. A partire dal film successivo, *La carica dei 101*, viene adottato l'uso della xerografia per trasferire i disegni degli animatori dalla carta direttamente alla celluloide. Una curiosità: Chuck Jones, mentre era alla Warner Bros. Cartoons, durante una pausa dei suoi studi di animazione, lavorò al film per quattro mesi, ma non venne accreditato.

La carica dei 101 (1961). Dopo il fallimento al botteghino de *La bella addormentata nel bosco*, Ub Iwerks introduce il procedimento Xerox che permetteva di fotocopiare direttamente sulle *cel* i disegni degli animatori, risparmiando sulla costosa procedura di inchiostrazione (lo studio non era più in grado di permettersi il costoso processo di inchiostrazione e chiuse il reparto, con una conseguente riduzione del personale da oltre 500 a meno di 100), facilitando il disegno di sfondi e contorni, tale da consentire di replicare il numero di personaggi animati, come i 101 dalmata. A Walt Disney non piacque l'aspetto artistico del film, sentì che si stava perdendo l'elemento fantastico dei suoi film d'animazione. L'ultimo lungometraggio a impiegare questo procedimento sarà *La Sirenetta* (1989).

La spada nella roccia (1963). Procedimento Xerox.
Mary Poppins (1964). Animazione e cinema dal vero.
Il libro della giungla (1967). Uscirà qualche mese dopo la morte di Walt Disney. Procedimento Xerox.
Gli Aristogatti (1970). Procedimento Xerox.
    altri lungometraggi:
    West and soda (1965), Bruno Bozzetto
    Yellow Submarine (1968), George Dunning
    Friz il gatto (1972), Ralph Bakshi
    Il pianeta selvaggio (1973), René Laloux e Roland Topor

Robin Hood (1973). Al film venne assegnato un piccolo budget e gli animatori riutilizzarono scene da precedenti lungometraggi. Questo è evidente soprattutto nella scena di canto e danza "Il Re Fasullo d'Inghilterra", dove vengono riciclate le scene di danza da *Il libro della giungla*, *Gli Aristogatti* e *Biancaneve e i sette nani*. Per le animazioni di Little John e Sir Biss vennero riciclate quelle di Baloo e Kaa de *Il libro della giungla*. Inoltre i due personaggi sono molto simili, sia nell'aspetto fisico che nel carattere, ai loro "alter ego" della giungla. La scena dove Lady Cocca stringe la proboscide dell'elefante che tenta di dare l'allarme è uguale a una scena de *Il libro della giungla*, e i due pachidermi riproducono il medesimo suono e la stessa espressione. In altre scene vengono riutilizzate musiche e suoni da *Gli Aristogatti*, *La bella addormentata nel bosco* e *Cenerentola*. Infine, per ridurre ulteriormente i costi, il film riutilizza più volte le stesse animazioni: per alcune azioni dei rinoceronti, degli amici di Saetta e dello Sceriffo di Nottingham.

Le avventure di Winnie the Pooh (1977). Film a episodi.
Le avventure di Bianca e Bernie (1977).
Red e Toby nemiciamici (1981).
    altri lungometraggi:
    La collina dei conigli (1978), Martin Rosen
    Brisby e il segreto di Nimh (1982), Don Bluth
    Asterix e la pozione magica (1986), Pino Van Lamsweerde

Taron e la pentola magica (1985). È il primo film Disney che non prevede canzoni, né come sottofondo, né cantate dai personaggi ed il primo film d'animazione in cui è utilizzata la computer grafica (CGI), anche se in poche scene: per animare le bolle, la barca con la quale scappano i protagonisti, la sfera galleggiante di luce che accompagna Ailin e la pentola magica stessa. Per gli effetti di nebbia e di fumo, l'animatore Don Paul ha invece utilizzato riprese dal vivo con le nebbie prodotte con ghiaccio secco. Per il suo stile, troppo marcatamente horror per essere un film d'animazione per bambini, è il lungometraggio della Disney che ha avuto minor successo di critica e pubblico. Il film non piace, neppure in casa, e rischia di "affondare" gli studios stessi. Nello staff è presente Jeffrey Katzenberg, che taglierà molte delle scene prodotte, e un giovanissimo art director, Tim Burton.

Basil l'investigatopo (1986). Come in *Taron*, prodotto in contemporanea, anche in *Basil* fu utilizzata la nascente tecnica della CGI, come nella scena per animare gli interni del Big Ben. Il film risulta un buon successo economico, sufficiente da convincere la direzione dell'azienda a non chiudere il reparto animazione che da tempo era in forte perdita e rischiava di essere smantellato. Per queste ragioni il film si può considerare come il punto di transizione tra la "vecchia" generazione e quella del cosiddetto Rinascimento Disney.

Fievel sbarca in America (1986) e *Alla ricerca della valle incantata* (1988) di Don Bluth, ex animatore della Disney, sono prodotti il primo da Spielberg, il secondo dallo stesso insieme a Goerge Lucas. Nel 1988 la Disney chiede a Spielberg di co-produrre *Chi ha incastrato Roger Rabbit*, film che combina attori in carne e ossa e personaggi di animazione (animati da Richard Williams), e offre un'opportunità unica di vedere insieme i personaggi di cartoni animati di vari studi (Disney, Warner Bros., fratelli Fleischer e altri). Il film di Robert Zemeciks riesce a risolvere l'opposizione tra l'essenza surreale dell'animazione con il rigore logico-causale della narrazione del *live action*. Il grandissimo successo di *Roger Rabbit* porta energie fresche non solo in casa Disney, ma in tutte le produzioni di lungometraggi animati, gli anime giapponesi esplodono in tutto il mondo, l'industria dei videogiochi apre un nuovo mercato e la televisione ha il suo prodotto trainante ne *I Simpsons* (1989), influenzando tutta una sfilza di serie tv "adulte" che affolleranno i palinsesti. Creata dal fumettista Matt Groening, si tratta di una sitcom animata da prima serata, che permette al talentuoso team di sceneggiatori la libertà di svincolarsi da ogni tono moralizzante, riempiendola di comicità irriverente: ogni fotogramma della serie è pieno di gag, cattiverie, parodie, satira e riferimenti culturali. La misura della sua "invasione" culturale è data anche dalle continue re-interpretazioni da parte di altri animatori, come quelle realizzata da Bill Plympton e Sylvain Chomet.

Nota XXV - Le serie tv americane diventano adulte

In seguito al grande successo ottenuto dalla serie tv *I Simpsons*, in onda su Fox (706 episodi in 32 stagioni, ancora in corso), una delle più lunghe serie animate mai realizzate, negli anni '90 è un proliferare di nuovi show d'autore e un ritorno dell'animazione televisiva. Il gusto di un *cartoon* più "adulto" era stato anticipato qualche anno prima da Ralph Bakshi con il revival del personaggio anni '40 Mighty *Mouse in Super Mouse, The New Adventures of Mighty Mouse* (19 episodi su CBS, 1987). Tra i registi della serie c'era John Kricfalusi che nel 1991 realizza la serie tv *Ren and Stimpy* (52 episodi su Nickeloden), dallo humor violento, con molta comicità giovanile e qualche battuta spinta. Kricfalusi recupera la lezione dei *cartoons* della Warner, dalle pose estreme e dinamiche, e dell'animazione limitata. Organizza il gruppo di lavoro, prepara lo storyboard e anima gli episodi, diversamente dal metodo industriale, ma la sua sorte sarà simile a quella di *Super Mouse*: la serie viene cancellata per supposti riferimenti alle droghe. Nel 2003 Kricfalusi realizza *Ren and Stimpy Adult Party Cartoon* (6 episodi su Spike TV); ancora più volgare della precedente, la serie viene rimossa dopo tre episodi a causa dell'accoglienza negativa sia da parte dei fan, sia della critica. Nel 1991 debutta un'altra serie "adulta", *Rugrats* (172 episodi su Nickelodeon) dove Igor Kovalyov recupera quello stile "nero" e un po' rozzo del russo Priit Pärn. Un altro animatore che aveva lavorato a *Super Mouse* è Bruce Timm, che nel 1992 rilancia il personaggio di *Batman*, inserendolo in un'ambientazione dark ispirata ai noir degli anni '40 (85 episodi su Fox); ancora Timm realizzerà *Superman* (54 episodi su Kids' WB, 1996), *Batman, Cavaliere della notte* (24 episodi su Kids' WB,1997), *Batman of the Future* (52 episodi su The WB, 1999) e *Justice League* (39 episodi su Cartoon Network, 2003) e produrrà *Teen Titans* (65 episodi su Cartoon Network).

La serie cult *Beavis & Butt-Head* (222 episodi, 1993-97, 2011, su MTV) sarà determinante nell'ascesa delle serie animate d'autore: due rozzi adolescenti seduti sul divano di casa fanno commenti stupidi e sgangherati mentre guardano la tv. Mike Judge, l'ideatore dei due personaggi, nel 1996 realizza il film spin-off *Beavis & Butt-Head alla conquista dell'America*, in cui i due vanno alla ricerca della televisione rubata e incontrano tutta una serie di personaggi eccentrici. Judge valorizza e celebra lo straordinario nell'ordinaria vita di periferia, doppia i suoi personaggi animati e ne conserva sempre un reale affetto, ignari protagonisti di una vita moderna sempre più assurda. Animerà altre serie tv, come *King of the Hill* e *The Goode Family*. Altra serie che fa parte degli irriverenti show d'animazione è *South Park* di Matt Stone e Trey Parker (309 episodi, 1997, in corso, Comedy Central); Stan, Kyle, Eric e Kenny sono quattro scolaretti della piccola città del Colorado, protagonisti di eventi spesso surreali, che tendono a far satira su qualcosa di realmente accaduto. Realizzata all'inizio in *cut-out*, in seguito in 2D al computer, i disegni a ritagli e l'humor surreale e anarchico provengono dal classico della tv britannica *Monty Python's Flying Circus* con le animazioni di Terry Gilliam. Nel 1999 arriva il lungometraggio *South Park: il film* e anche tre nuove serie tv: *Futurama* (140 episodi, fino al 2013) di Matt Groening, l'autore de *I Simpson*, *I Griffin* (363 episodi, in corso) di Seth McFarlane e *SpongeBob* (278 episodi, in corso) di Stephen Hillenburg. La serie inglese *Modern Toss* (13 episodi, 2006-08) è un'adattamento del surreale fumetto *Mick Bunnage e Jon Link*: personaggi ricorrenti sono i due astronauti litigiosi, l'antisociale Alan, Driver-By Abuser che urla le sue opinioni mentre guida lo scooter; l'atmosfera ricorda l'animazione semplificata dell'UPA, combinando scene comiche in *live action* con surreali *sketch* doppiati da alcuni grandi comici inglesi. Gennadij Tartakovskij realizza serie tv come *Le superchicche* (1998, 22 episodi), *Samurai Jack* (62 episodi, 2001), che richiama i samurai giapponesi, film di kung-fu e i corti dell'UPA, *Star Wars: Clone Wars* (25 episodi, 2003), fino ai tre lungometraggi di *Hotel Transilvania* (2012, 2015, 2018).

Nota XXVI - L'età digitale

Il "sesto periodo" inizia nel 1991 e accompagna la globalizzazione economica, nonché l'esplosione delle serie tv, l'avanzata di paesi come Giappone, Corea, Cina e India, e il consolidarsi di un'elitaria animazione d'autore.

Lo sviluppo del computer Whirlwind comincia nel 1944 presso il Massachusetts Institute of Tecnology (MIT), fino alla dimostrazione avvenuta nel 1951; si tratta di una pietra miliare in campo informatico, essendo in grado di operare in tempo reale e di mostrare i risultati su un terminale video non più grande di un oscilloscopio; verranno prodotti dal MIT computer con tubi catodici, come quelli comunemente usati per gli schermi televisivi. La computer grafica diventa possibile nel 1963: Ivan Sutherland per la sua tesi di dottorato sviluppa *Sketchpad*, detto Robot Disegnatore, un rivoluzionario software eseguibile sul Linco-In TX-2 del MIT. E' la svolta per la computer grafica e un precursore dei software per il disegno assistito (CAD).

Il primo film realizzato con l'ausilio di un computer è stato prodotto nel laboratorio della Bell Telephone da E. E. Zajac nel 1963: si tratta di una serie di movimenti rotatori analizzati fase per fase. Kenneth C. Knowlton con il suo sistema di immagine a mosaico, *Beflix-Knowlton system*, realizza in collaborazione con Stan Vanderbeek, *Man and his world*. I cinquant'anni che separano la *Symphonie Diagonale* (1924) di Eggeling da *Pixillation* (1970) di Lillian Schwartz, luminosa e futurista opera pop, tracciano il percorso compiuto dal cinema d'animazione di ricerca e sperimentale da una fase artigianale e manuale ad una fase altamente tecnologica; costituiscono il filo rosso che sottende, anche se in maniera indiretta, al cinema d'animazione inteso come mezzo di analisi del movimento e della creazione del ritmo visivo secondo precise regole compositive.

I pionieri dell'animazione digitale

Ed Catmull, influenzato dal programma *Sketchpad* del suo docente Ivan Sutherland, sperimenta la computer grafica e rende possibile generare in animazione parti della figura umana, come la mano "ricostruita" in *Fred Parke* (1972) e come in *Futureworld* (1976), uno dei primi film destinati al pubblico in CGI. Catmull diverrà una figura centrale della Pixar Animation e in seguito presidente degli studi Pixar/Walt Disney. Il *SuperPaint* di Richard Shoup è un software che usa un'interfaccia grafica, per operare in maniera tradizionale con pennelli, tavolozze e gomme per cancellare. Alvy Ray Smith inventa l'*Alpha Channel*, un sistema di trasparenza che permette agli elementi di essere sovrapposti, collabora con Ed Emshwiller per *Sunstone* (1979) e sarà uno dei co-fondatori della Pixar. Nel 1986 Daniel Langlois, ex animatore del NFB, sviluppa *Softimage*, un programma che diventa uno standard nell'animazione al computer e la scelta favorita per i personaggi. Nel 1990 Autodesk fa uscire sul mercato la prima versione del 3D Studio, poi chiamato *3DS Max* e in seguito *Maya*. La maggior parte dei *software* "ragiona" in modalità cinematografica, consentendo all'utente di mettere in sequenza una serie di immagini *fisse*: la fase di *renderizzazione*, in cui una serie di frame diventa una sequenza in movimento, ci restituisce l'idea di un flusso fatto di entità discrete.

Artista e ingegnere, Larry Cuba collabora con J. Whitney per seguire la programmazione per *Arabesque* (1975) e realizza le animazioni al computer per *Guerre Stellari* (1977) di George Lucas, esperienze che gli fanno maturare una conoscenza approfondita della tecnologia, assieme a una raffinata sensibilità estetica. Le immagini astratte dei suoi lavori al computer, come *3/78, Objects and Transformations* (1978), *Two Spaces* (1979) e *Calculated Movements* (1984), sono composte da punti bianchi luminosi che si trasformano ritmicamente e rese in modo preciso.

Programmatore, artista e animatore, Yoichiro Kawaguchi è un pioniere nell'ideare i software, come *Growth Model*, capaci di espandere le immagini in modo organico, in ambientazioni psichedeliche, colori brillanti popolate da ombre metalliche e forme che si sviluppano, proliferano o svaniscono di continuo, come in *Tendrill* (1981), *Morphogenesis* (1984), *Ocean* (1986) e *Flora* (1989). Nicole Stenger esplora in *Angelic Meeting* (1989) lo spazio illusionistico degli ambienti virtuali. Karl Sims ha sviluppato un software in grado di generare mutazioni random, che crea immagini organiche, come in *Particle Dreams* (1988) e *Panspermia* (1990). Sullo stesso piano lavora William Latham, ricercatore presso l'IBM, anche lui alla ricerca di tracce di vita all'interno dei dati del computer (rilascerà una versione interattiva di consumo del suo software *Organic Art*). L'astrazione digitale scopre la terza dimensione e soprattutto la superficie materiale delle forme, quale quelle metalliche, come in The *Evolution of Form* (1986) e *Biogenesis* (1993). Sulla stessa scia Michel Bret crea ambienti cangianti e poliformi, teatri della mutazione delle forme che assumono aspetti vegetali, marini o gassosi, come in *Elo Rap* (1992). Vibeke Sorensen è stata coinvolta dal San Diego Center alla progettazione di un sistema di animazione interattivo stereoscopico, sistema che ha poi impiegato per *Maya* (1993). Ed Emshwiller, dopo aver combinato l'animazione al computer con il *live-action*, vedasi *Scape-Mates* (1972), nel 1979 realizza *Sunstone*, un video 3D generato al computer, considerato una pietra miliare nella storia della computer grafica, un lavoro intriso di misticismo e tecnologia. Negli ultimi anni molti artisti del video, fra tutti Bill Viola e June Paik, hanno aggiunto al loro vocabolario visivo l'animazione digitale. Realtà virtuale, multimedia interattivi, installazioni, sono le nuove espressioni che vengono sviluppate e utilizzate da una nuova ondata di artisti-tecnici.

Il superamento delle avanguardie

La curiosità dell'artista verso l'immagine digitale è rivolta non più al singolo fotogramma, ma una nuova unità compositiva: il singolo pixel, minima frazione digitale della immagine. La computer grafica delle origini, fra gli anni '50 e '60, era caratterizzata dall'osmosi fra la ricerca artistica e quella informatica, dall'evoluzione degli strumenti spinta da artisti, animatori e ingegneri, i cui ruoli si intrecciano nell'utilizzo dei "primitivi" strumenti e nell'indefinita natura delle loro potenzialità. Negli anni '70, sulla strada di John Whitney che usa il computer come "un nuovo tipo di pianoforte", di Vanderbeek, di Schwartz e dei tanti artisti che programmano l'immagine a partire dal pixel per riprendere il filo dell'arte astratta e cinetica, incontriamo nuovi artisti che cercano nel computer lo strumento chiave del loro fare artistico. Ma si profila anche un'altra strada: la ricerca sugli strumenti di creazione dell'immagine digitale con obiettivi di rappresentazione più realistica o verosimile. Charles Csuri, maestro della computer art, o Peter Foldes, indagano l'immagine digitale per nuove possibilità di rappresentazione e di narrazione visiva, come in *Particle Dreams* (1988) di Charles Csuri e Carl Smith, realizzato con un software di evoluzione autonoma delle particelle, o l'altro loro lavoro *Panspermia* (1990), che mostra l'evoluzione di vegetali tanto fantastici, quanto coerenti a principi biologici, per poi realizzare animazioni ed effetti speciali in computer grafica per il cinema. Yoiochiro Kwaguchi visualizza una natura che si genera secondo leggi proprie, facendo del computer un mezzo per la creazione mondi organici, in continua metamorfosi secondo modelli matematici, come in *Eggy* (1990) e *Mutations* (1993). La Robert Abel & Associated realizza per la tv britannica e *Sexy Robot* (1984). *Locomotion* (1988) di Steve Goldberg è il lavoro che segna l'ingresso della Pacific Data Images, società di *computer animation*, acquisita più tardi dalla DreamWorks. nel campo del *cartoon* digitale.

La frequente scelta di oggetti come protagonisti di storie in 3D, nei primi anni della nuova tecnologia, derivava dalla difficoltà di rappresentare in maniera soddisfacente la figura umana, i suoi movimenti e le sue imperfezioni; un pò come era accaduto negli anni '30, quando Walt Disney e i Fleischer, cominciarono ad animare figure umane solo con l'arrivo di una nuova tecnologia, ossia il rotoscopio. Un primo tentativo di rappresentazione del corpo umano era stato fatto in *Tony De Peltrie* (1984), un "esperimento" prodotto dal centro di calcolo di Montreal: Tony fu il primo volto virtuale a trasmettere le sue emozioni. Altro tentativo era stato *Bingo* (1999) di Chris Landreth, realizzato per la Alias Wavefront. Bill Kroyer si forma alla Disney come responsabile delle animazioni grafiche di *Tron* (1982), fonda nel 1986 insieme alla moglie la Kroyer Film, con l'obiettivo di integrare pratiche e stili di produzione dell'animazione tradizionale con l'uso del computer. Con *Technological Threat* (1988) mette in scena una piccola metafora della crisi dell'animazione disegnata a mano di fronte alle nuove tecnologie, abbinando il disegno tradizionale alla grafica computerizzata in 3D. L'indicazione di Kroyer è comunque quella per un uso discreto della tecnologia. In Francia la Fantome di George Lacroix, che lavora sull'animazione 3D, realizza la prima serie in 3D per la televisione, *Yes fables geometriques* (1989-92), per raccontare le fiabe di Esopo ai più piccoli; seguì una serie ancora più ambiziosa, *Insektors* (1993), saga di scarafaggi e altri invertebrati.

Rinascimento Disney e successiva ricaduta

Questi sono stati anche gli anni del cosiddetto *Rinascimento Disney*, un'espressione nata per indicare non soltanto un passaggio della produzione Disney, tornata alla prosperità economica, ma soprattuto un periodo (1989-99) in cui i personaggi e le storie dei lungometraggi hanno lasciato una importante traccia culturale e spirituale nel pubblico degli ultimi decenni, ancora percepibile.

Oliver & Company (1988). Grande successo in CGI, che convince la Disney a programmare le uscite nella sale a cadenza annuale.
altri lungometraggi:
Una tomba per le lucciole (1988), Isao Takahata
Akira (1989), Katsuhiro Otomo

La sirenetta (1989). Alla sua produzione vengono dedicate molte più risorse di qualsiasi altro film d'animazione Disney degli anni precedenti; soprattutto per la sua ambientazione subacquea si perfezionano gli effetti speciali animati, come non si era fatto dai tempi di *Pinocchio* e *Fantasia*, entrambi del 1940. E' stato l'ultimo film Disney a utilizzare il tradizionale metodo di animazione, con i *cels* dipinte a mano. Il successivo film, *Bianca e Bernie nella terra dei canguri*, utilizza già un sistema digitale di colorazione e combinazione di disegni digitalizzati, sviluppato per la Disney dalla Pixar, chiamato CAPS (Computer Animation Production System), che elimina la necessità di *cels*, della multiplane camera e di molti effetti ottici. La *computer-generated imagery* (CGI) viene utilizzata per creare alcune delle navi distrutte nella battaglia finale, una scala dietro a un'inquadratura di Ariel nel castello di Eric, e la carrozza con cui Eric e Ariel viaggiano quando lei rimbalza su un burrone.

Bianca e Bernie nella terra dei canguri (1990). Come appena detto, è il primo lungometraggio a usare completamente il nuovo processo CAPS (Computer Animation Production System), sistema di produzione computerizzato per rendere digitali l'inchiostrazione, la pittura e il *compositing*, abbandonando l'ormai obsoleta *cel animation*. I disegni vengono inchiostrati e dipinti da artisti digitali e poi combinati con gli sfondi digitalizzati da un software che permette il movimento della MDP, gli effetti *multipiano* e altre tecniche. Il film utilizza elementi in CGI, come il campo di fiori nella sequenza dei titoli di testa, il camion di McLeach, le inquadrature prospettiche di Wilbur che vola sopra New York e il teatro dell'opera di Sydney.

La Bella e la Bestia (1991). Per volere del CEO della Disney Michael Eisner, il film diventò, dopo *La carica dei 101* e *La spada nella roccia*, il terzo lungometraggio d'animazione Disney a utilizzare uno sceneggiatore. Un film d'animazione è tradizionalmente sviluppato in storyboard piuttosto che in forma di script. Linda Woolverton scrisse la bozza della storia prima che iniziasse la realizzazione degli storyboard, e lavorò con lo story team per organizzare e sviluppare il film. Per le scene più complesse, come per la splendida scena del ballo, vengono usati sfondi tridimensionali realizzati al computer dal neonato studio Pixar. Le canzoni sono scritte in modo che diano sviluppo alla trama, e difatti il film diventerà un musical teatrale. Sarà il primo film animato ad ottenere la candidatura all'Oscar come Miglior Film.

Aladdin (1992). Consolidamento del procedimento digitale CAPS e CGI; in stile musical. Il personaggio del Genio, doppiato da Robin Williams a cui viene concesso di improvvisare, finisce per rubare la scena al protagonista. Il film non solo punta sulla musica, ma comincia quella che diventerà poi una prassi per tutte le grandi produzioni di animazione, cioè l'investimento sulle voci dei personaggi. Anche le versioni nazionali saranno doppiate da attori altrettanto noti e prestigiosi nei diversi paesi di distribuzione. Il film è innovativo anche nella grafica, più veloce e stilizzata, come veloce è la narrazione, ricca di molte gag, di ammiccamenti al nuovo cinema d'avventura hollywoodiano, per destare l'interesse di un pubblico più adulto. Con le stesso spirito verrà realizzato *Hercules* (1997).

Il re leone (1994). Procedimento digitale CAPS e CGI. Musical. Ultimo film supervisionato da Jeffrey Katzenberg. Nessun personaggio umano è presente in questa tragedia dai toni shakespeariani; un'altra caratteristica sta nella bellezza degli spazi, i più ampi che l'animazione avesse mai saputo suggerire.

Pocahontas (1995). Procedimento CAPS e CGI. Musical.
Il gobbo di Notre Dame (1996). Procedim. CAPS e CGI. Musical.
Hercules (1997). Procedimento CAPS e CGI. Musical.
Mulan (1998). Procedimento CAPS e CGI. Musical.
Tarzan (1999). Procedimento CAPS e CGI.Musical.
Fantasia 2000 (1999). Procedimento CAPS e CGI. Musical.
    altri lungometraggi: ritorno alle origini dell'animazione, con lo stop-motion e animazione in 2D:
Nightmare before Christmas (1993), Henry Selik, scritto e diretto da Tim Burton, puppet animation
Wallace & Gromit (1994), studio Aardman Animation in claymation, serie di sette cortometraggi
Galline in fuga (2000), Aardman Animation, in collaborazione con DreamWorks. Claymation.
Appuntamento a Belleville (2003) e *L'illusionista* (2010), Sylvain Chomet
Coraline e la porta magica (2009), Henry Selik, prodotto da Tim Burton

Persepolis (2007), Vincent Parronaud e Marjane Sarapi
Valzer con Bashir (2008), Ari Folman,
rotoscopio e animazione Flash
Fantastic Mr. Fox (2009), Wes Anderson
Shaun, vita da pecora (2015), studio Aardman Animation

altri lungometraggi, con procedimento CAPS e CGI:
Balto (1995), Simon Wells, prodotto da Steven Spielberg
Space Jam (1996), Joe Pytka, Warner Bros.,
personaggi reali e cartoon
Anastasia (1997), Don Bluth e Gary Goldman. P.
Il gigante di ferro (1999), Brad Bird

Kirikù e a strega Karabà (1998), Michel Ocelot. Produzione franco-belga-canadese. Con l'avvento del digitale, l'animazione francese cambia radicalmente; l'impulso del governo e il numero crescente di scuole specializzate sospinsero il paese fino a diventare tra i più grandi produttori d'animazione al mondo, dietro agli Stati Uniti e al Giappone. Fu proprio Kirikù ad aprire la difficile strada della produzione di un lungometraggio, lontano dai soliti circuiti, consentendo la realizzazione di opere importanti come *Appuntamento a Belleville* e *L'illusionista* di Sylvain Chomet e *Persepolis* di Vincent Paronnaud e Marjane Satrapi.

altri lungometraggi:
La freccia azzurra (1996), Enzo D'Alò,
dal romanzo di Gianni Rodari, Lanterna Magica
La Gabbianella e il gatto (1998), Enzò D'Alò,
dal romanzo di Luis Sepulveda, Lanterna Magica

Dopo le dimissioni di Jeffrey Katzenberg e la conseguente nascita dei Dreamworks Animation Studios, per la Disney inizia una parabola discendente. Nel 1995 esce *Pocahontas*, concepito dallo stesso Katzeneberg poco prima di lasciare la Disney, e nello stesso anno esce *Toy Story*, distribuito dalla Disney ma realizzato dalla Pixar. Nel 1996 esce *Il gobbo di Notre Dame*, che incassa meno di *Pocahontas*. La parabola discendente continua con *Hercules*, vista anche la concorrenza di *Anastasia* di Don Bluth. Al calo degli incassi si unisce un notevole incremento dei costi complessivi di ogni film (si passa dai 45 milioni di dollari de *Il re leone* agli 80 milioni di *Hercules*). La situazione si risolleva parzialmente con *Mulan, Tarzan* e *Fantasia 2000*.

I nuovi autori: i "pre-disneyani"

L'invasione digitale nelle nuove produzioni del cinema d'animazione, dai cortometraggi alle durate più lunghe, ha prodotto come reazione un recupero dell'animazione pura, "dell'arte dei movimenti disegnati" come dichiarava McLaren, perfezionando tutte le tecniche dell'origini, disegni con piena inquadratura, stop-motion, *cut-out, pixillation, claymation*, per una affermazione della "libertà" di scelte stilistiche e narrative, che soltanto una dimensione artigianale può dare, procedura che aveva caratterizzato i primi lavori d'animazione. Si parte quindi dall'animazione tradizionale, per cercare nuove strade tecniche, stilistiche e di contenuto. L'*humus* è quello del fumetto *underground*: l'opacità artistica e commerciale del *cartoon* negli anni '70 suscitava pensieri radicali sulla fine dei sistema industriale e sull'avvento di una nuova animazione più libera, personale e autoprodotta.

Bill Plympton disegna a mano ogni fotogramma della maggior parte dei propri film animati e senza l'aiuto di nessuno. Nei suoi lavori è presente il frequente utilizzo della violenza e delle tematiche sessuali, trattati in pura maniera *cartoons* e portati a un tale grado di esagerazione da diventare surreali. Una carriera esemplare di animatore indipendente la sua, che inizia pubblicando illustrazioni e suoi fumetti per testate importanti, come *Plympton* (1975), una striscia di contenuto politico e vignette ancora oggi pubblicate su quotidiani come *New York Times* e *The Village Voice*. *Boomtown* (1983) è il suo primo film animato, realizzato su una canzone di Jules Feiffer. Con il successivo *Your Face* (1987), premio Oscar, Plympton inizia una lunga produzione di cortometraggi caratterizzati da *humor* nero, *gag* costruite sulla continua metamorfosi di una linea caricaturale, amore/odio per il cattivo gusto americano, un pizzico di satira politica, la ricerca sul rapporto fra disegno e musica, come *25 Ways to Quit Smoking*

(1987), sul vizio del fumo, *How to Kiss* (1988), *The Wise Man* (1990), *Push Comes to Shove* (1991), dove due ometti continuano a farsi dispetti sempre più violenti e surreali, senza perdere la loro impassibilità, *The Exciting Life of a Tree* (1998), la storia vista dalla prospettiva di un albero, *Eat* (2001) e *Guard Dog* (2004). Riesce anche a realizzare, autofinanziandosi, ben tre lungometraggi: *The Tune* (1994), *I Married a Strange Person!* (1997) e *Mutant Aliens* (2002), tutti distribuiti nelle sale americane.

Priit Pärn adotta uno stile caratterizzato da umorismo nero, surrealismo giocoso e un un po' rozzo, che segna le distanze sia da quello disneyano e sia quello della Soyuzmultfilm; le sue orme sono state seguite da nuovi registi estoni, in particolare Ülo Pikkov e Priit Tender. Negli anni '80 l'animazione del blocco sovietico gode di una rinnovata libertà e Pärn si forma sotto l'ala di Rein Raamat, estone anche lui, da cui prende comunque le distanze già con i suoi primi lavori, Is the *Earth Round?* (1977) e *Triangle* (1982); nel pluripremiato capolavoro *Breakfast on the Grass* (1987), si intrecciano quattro storie che esplorano la vita quotidiana in Russia. Tra gli altri cortometraggi citiamo *Hotel E* (1992), riflessione sulla libertà individuale, sia all'est sia all'ovest. Il suo stile contaminerà anche l'industria statunitense, con la serie tv *Rugrats* (1991) dell'ucraino Igor Kovalyov.

Un'animatrice che ha usato la stessa tecnica, dei disegni fatti a mano, che ha raccolto parecchi riconoscimenti in festival di settore come quello di Annecy in cui si è aggiudicata tre premi, è l'inglese Joanna Quinn. *Girls Night Out* (1987) è il suo primo lavoro che mostra subito il potenziale della Quinn, disegnato nel suo tipico stile disinvolto e complesso, e con uno humor decisamente licenzioso e fisico; narra di una donna di nome Beryl che esce con le colleghe operaie per vivere una folle notte di divertimenti. Tra gli altri lavori *Body Beatutiful* (1991), *Elles* (1992), *Britannia* (1993), forse il lavoro più riuscito, *Famous Fred* (1998), *Dreams and Desires - Family Ties* (2006), *Affairs of the Art* (2020).

Frédéric Back sarà legato per quasi tutta la sua lunga carriera alla Société Radio Canada, l'emittente nazionale canadese che produrrà i suoi film. Il suo lavoro esprime una poetica ecologista fiduciosa nell'uomo, trasmessa da un delicato e ingenuo talento di pittore, ispirata da una sensibile osservazione della natura. *Abracadabra* (1970) è una fiaba, *Inon ou la conquete du feu* (1971) e *La creation des oiseaux* (1972) sono due leggende eschimesi, *Illusion?* (1974) tratta dell'ottusa illusione del progresso industriale, *Taratata* (1977) è una parata vista con gli occhi del bambino, *Crac!* (1980), premio Oscar, è la parabola di una sedia a dondolo. In ognuno dei suoi film, Back si rivolge ai bambini e agli adulti dal cuore puro. Come nel mediometraggio, premio Oscar, *L'uomo che piantava gli alberi* (1987), realizzato con matita e pastelli, e il successivo *Mighty River, Le fleuve aux grandes eaux* (1994).

Mark Baker realizza nel 1988 *The Hill Farm*, praticamente da solo in tre anni di lavoro, utilizzando tecniche d'animazione prettamente tradizionali; l'ambientazione e i personaggi sono semplici, ma disegnati e animati in maniera assai accurata: il film narra come nell'arco di tre giorni, delle persone differenti vivano lo stesso paesaggio collinare in maniera diversa. Nel cortometraggio troviamo il medesimo paesaggio collinare che Baker userà nel 2004 per la serie tv *Peppa Pig* (368 episodi, in corso), realizzata insieme a Neville Astley. Altri suoi lavori degni di citazione sono *The Village* e *Jolly Roger*.

Barry J.C. Purves è un animatore di marionette e regista teatrale, principalmente per l'Altrincham Garrick Playhouse di Manchester. Tra i suoi lavori *Next: The Infinite Variety Show* (1989), per Channel 4, in cui vediamo Shakespeare mentre cerca di proporre le sue commedie a un regista indifferente, *Oh, Mr. Toad* (1990), *Screenplay* (1992), nello stile del teatro kabuki, racconta un amore impossibile, *Rigoletto* (1993), *Achilles* (1995), *Rupert Bear, Follow the Magic...* (2006) e *Tchaikovsky* (2011). Il lavoro di Purves, che non ama gli animaletti graziosi e le storielle edificanti, occupa uno spazio poco frequentato, quello che sta fra l'animazione e le arti della perfomance, recitazione teatrale e balletto; nei limiti tecnici Purves trova la via per una creatività unica, inattuale, agli antipodi dalla velocità del montaggio e dagli effetti speciali.

Pedro Serrazina realizza *Estória do Gato e da Lua* (1995) e *Olhos do Farol* (2010). Michael Dudok de Wit anima disegni realizzati con inchiostro e acquerello, come in *Father and Daughter* (2000).

Don Hertzfeld lavora con semplicissimi disegni su carta e vecchi banchi d'animazione, senza per questo tirare una linea di demarcazione tra metodi tradizionali e tecnologie digitali; egli ritiene che tutte le tecnologie e i metodi sviluppati nel '900 costituiscano una stimolante gamma di strumenti. E' il cinema indipendente a condurlo verso l'animazione, che considera un modo per realizzare film a basso costo, in piena libertà e senza una grande squadra. *Rejected* (2000) e *Everything Will Be OK* (2006) vengono candidati all'Oscar. Altro lavoro interessante è *I Am So Proud of You* (2008).

Kunio Kato realizza *La Maison en Petits Cubes* (2008), vincendo l'Oscar; usando sfondi illustrati e un character tozzo e originale, il film contiene un messaggio ecologico: un vecchio vive da solo in una città sommersa dalle acque e per sopravvivere si costruisce una stanza sopra l'altra, ma il recupero della sua pipa caduta verso l'abisso si trasforma in un viaggio nel suo passato.

Jonathan Hodgson, recuperando una sua passione per l'arte *naif*, mescola un approccio rudimentale al disegno, che ricordano i causali e primitivi scarabocchi dei bambini, a un'animazione dal sapiente uso del colore, della densità e della prospettiva, per generare quello che lui definisce una "brutta animazione"; come in *The Man with Beautiful Eyes* (2000), ispirato a una poesia di Bukowski, dove una tecnica mista combina vernice, inchiostro e *collage*. Tra gli altri lavori *Night Club* (1984) e *Camuflage* (2001).

Piotr Dumala utilizza una delle tecniche chiamate "animazione distruttiva", in cui l'immagine viene cancellata e poi ridisegnata per creare il fotogramma successivo nella sequenza. Willam Kentridge è un altro artista che lavora in questo modo "distruttivo". Dumala incide, graffia e dipinge immagini su una tavola di gesso coperta da uno strato di colla. I temi richiamano il mondo dello scrittore Franz Kafka. Tra i suoi lavori *A Gente Spirit*,

Lagodna (1985), *Franz Kafka* (1992), *Crime and Punishment* (2000). Jerzy Kucia mescola filmati, animazioni e sequenze astratte in lavori pervasi da una vena oscura, come in *Krag, The Ring* (1978), *Refleksy* (1979) e *Tuning the Instruments* (2000).

In Italia

L'indifferenza degli spettatori e dell'opinione pubblica, la fragilità degli imprenditori, la pochezza dei funzionari televisivi insieme alla la chiusura del contenitore pubblicitario *Carosello*, contribuirono in maniera drammatica a interrompere lo sviluppo dell'animazione italiana, spingendo due generazioni di artisti ad arrendersi prima ancora di cominciare oppure, in alternativa, a emigrare. L'apporto più originale arriva dagli indipendenti, con la *corrente neopittorica*: in comune un'incessante metamorfosi delle forme, contorni che si sfumano e figure che si espandono, come in Le criminel (1993), *Essere morti o essere vivi è la stessa cosa* (2000), *La piccola Russia* (2003) di Gianluigi Toccafondo, *Quasi niente* (1997) di Ursula Ferrara, *La funambola* (2002) di Roberto Catani, o poi nei lavori di Simone Massi, Massimo Ottoni, Magda Guidi, Mara Cerri, Elena Chiesa e Andrea Pierri. Virginia Mori, nota per le sue creazioni con penna Biro, realizza *Il gioco del silenzio* (2010) e *Hair Cut* (2015). Vincenzo Gioanola disegna e incide i suoi film direttamente sulla pellicola, sempre in cerca della musica visiva; tra i suoi lavori *Roulette* (1985) e *Fight da faida* (1994).

Negli anni '90, il motore principale dell'animazione italiana è stata la tv pubblica RAI, che finanzia numerose serie d'animazione, spesso in coproduzione con le reti nazionali di altri paesi (*Barbarossa, Sandokan - La tigre della Malesia, La Pimpa, Lupo Alberto*) e viene creata una direzione specifica, la RAI Cartoon, all'interno di RAI Fiction. Dal punto di vista commerciale merita una menzione la serie tv *Winx Club* della casa di produzione Rainbow fondata da Iginio Straffi, diventata poi una serie di più lungometraggi (*Winx Club - Il segreto del regno perduto, 2007, Winx Club 3D - Magica avventura, 2010 e Winx Club - Il mistero degli abissi, 2014).*

La casa torinese Lanterna Magica realizza i lungometraggi *La freccia azzurra* (1996) e due anni dopo *La gabbanella e il gatto* entrambi di Enzo D'Alò; altri film, che però non raccolsero i medesimi consensi, sono *Momo alla conquista del tempo* (2001), dal libro di Michael Ende, di D'Alò, *Aida degli alberi* (2001) di Giudo Manuli, *Johan Padan a la discoverta de le Americhe* (2002) di Giulio Cingoli, *Opopomoz* (2003) di D'Alò e *Totò sapore, o la magica storia della pizza* (2003) di Maurizio Forestieri, già autore del corto *Orpheus* (1986). Negli stessi anni si realizzano serie tv, con fortune alterne, tra cui *Pinocchio* (2008) ancora di Enzo D'Alò, *Gino il pollo perso nella rete* (2006) di Andrea Zingoni, *Le avventure di Neve & Gliz* (2005) di Maurizio Nichetti, *Matt & Manson* (2009) di Gregory Panaccione. Altri tentativi sulla lunga durata sono *Il Generale e i Fratellini d'Italia* (2011) di Enrico Carlesi, *L'arte della felicità* (2013), *La Gatta Cenerentola* (2017) di Alessandro Rak, *Razmataz* (2000) del cantautore Paolo Conte e *La famosa invasione degli orsi in Sicilia* (2019) di Lorenzo Mattioli. Michele Bernardi, che aveva lavorato alle serie tv *La Pimpa* di Altan e *La Linea* di Cavandoli, realizza i corti *Testa* (2010) e *Djuma* (2012), utilizzando spesso il rotoscopio. Nel 1999 inizia a Bologna l'attività dell'Opificio Ciclope, che realizza corti tra l'astratto e il narrativo. Tra i lavori più interessanti di quegli anni citiamo *Un'amore* (1999) di Laura Federici, *For a Tango* (2004) di Gabriele Zucchelli, *La materia* (1999) e *Pene e cruditè* (2014) di Mario Addis.

Brad Bird

Prodigio dell'animazione, inizia presto a lavorare come animatore alla Disney negli stessi anni di Tim Burton. Dopo aver cercato di realizzare un suo progetto (*The Spirit*), Bird lavora alla serie tv *Storie incredibili* (1985) prodotta da Steven Spielberg, come regista e sceneggiatore. Tra i vari episodi scrive la sceneggiatura di *Miracolo sull'8a strada* che colpirà così tanto Spielberg da decidere di non usarla per la serie, ma di farne un film. Nel 1989 è nello staff della serie *I Simpsons* (suo il personaggio di Krusty il Clown) e nel 1993 in quello di *Family Dog* prodotta da Steven Spielberg e Tim Burton. L'occasione pare arrivare dalla Warner con il lungometraggio dal gusto retrò *Il gigante di ferro* (1999), ma al botteghino risulterà un flop. Nel 2004 riesce a farsi produrre dalla Pixar *Gli incredibili*, premio Oscar al miglior film d'animazione; dopo quel successo Bird lavora stabile alla Pixar e realizza opere come il corto *Jack-Jack Attack* (2005) e *Ratatoille* (2007).

Henry Selick

Nel 1993 esce il primo lungometraggio del nuovo maestro dello stop-motion, Henry Selick. *Nightmare Before Christmas*, realizzato insieme a Tim Burton, è un lavoro influenzato dall'inquietante opera in stop-motion di Starewicz, in particolare *The Night Before Christmas* (1913), dallo speciale tv natalizio *Come il Grinch rubò il Natale* (1966) di Chuck Jones e probabilmente anche dal folle, gotico, *Mad Monster Party* (1967) della Rankin/Bass Productions, mentre Burton recupera l'esperienza fatta con il suo corto *Vincent* (1982). Nel film Jack Skeletron, il re delle zucche nella città di Halloween, è annoiato e ruba il Natale; la sceneggiatura risente di una certa complessità e della mancanza di slanci emotivi e coinvolgenti, ma ottiene ugualmente un grande successo. Le riprese seguono sofisticati movimenti di macchina controllati dal computer, con il riferimento alle tecniche d'animazione per le espressioni facciali e il *lip-synch* (labiale) utilizzate da George Pal negli anni '40 per i suoi *Puppetoons*. Selick realizza dopo *James e la pesca gigante* (1993) dal racconto di Roald Dahl, e *Coraline e la porta magica* (2009), mentre Burton dirige *La sposa cadavere* (2005).

Sylvain Chomet

Chomet porta avanti l'animazione 2D e dopo aver pubblicato alcuni fumetti, realizza *La vieille dame et les pigeons* (1998). Il primo lungometraggio, *Appuntamento a Belleville* (2003), è influenzato dalle commedie di Jacques Tati, per la quasi assenza di dialoghi; gli sfondi hanno l'aspetto stilizzato dei film Disney degli anni '60, la recitazione è smorzata, in controtendenza all'animazione hollywoodiana. La narrazione poetica ricorda i lavori di Miyazaki e di Mark Baker; molta dell'animazione digitale è realizzata con linee imprecise, imitando le imperfezioni dei disegni realizzati a mano. Il successivo *L'illusionista* (2010) narra di un prestigiatore che giunge al termine della sua carriera nel momento in cui nasce il rock'n'roll e il varietà muore.

Il nuovo avanza: Pixar e Dreamworks

L'animazione, un tempo arte "attrazionale" per eccellenza, con l'avvento del digitale sembra farsi erede della migliore tradizione narrativa della Hollywood classica, la cui lezione i recenti film dal vero, sembrano aver dimenticato. *Toy Story* (1995), *Shrek* (2001) o *Monster & Co.* (2001), hanno una struttura drammaturgica complessa e raffinata, che manca alla maggior parte dei film di genere. Certo, in *Shrek* ad esempio, troviamo momenti di pura "attrazione", come nella scena in cui Fiona, la principessa, si batte contro la banda di Monsieur Hood, dove la storia si arresta e dà spazio a un numero di ballo e lotta, a metà tra il musical e il genere kung-fu. La natura di questo mutamento è, probabilmente, da ritrovarsi nella natura dell'immagine digitale, o almeno nell'uso che le grandi case cinematografiche ne hanno fatto finora, rivolto tutto per riprodurre in maniera più fedele possibile la realtà fenomenica. Una volontà avvalorata dal procedimento di ingaggiare attori famosi per recitare le battute del personaggi dei lungometraggi digitali, che in sempre più casi oltre alla voce prestano anche le loro sembianze, come nel caso di Fiona/Cameron Diaz o Z-Ant/Woody Allen. Altra rivoluzione in arrivo è il 3D: la prima serie tv in CGI 3D è la canadese *Re-Boot*, realizzata nel 1994, ma il vero evento arriva l'anno dopo.

Nel 1995, dopo lunghi anni di sperimentazioni e di lavorazione, *Toy Story, il mondo dei giocattoli* esce nelle sale, creato e prodotto dalla Pixar, sotto la guida di John Lasseter, e distribuito da Disney. I cortometraggi della Pixar avevano già mostrato quante e quali fossero le possibilità della *computer animation* 3D e avevano già individuato la strada per aggirarne i limiti espressivi. Lasseter costruì al computer il primo lungometraggio interamente realizzato in animazione digitale 3D senza bisogno di personaggi umani, affidando a Woody, un cowboy fuori moda, e a Buzz Lightyear, un'astronauta a pila, tutta la narrazione alla quale parteciperanno altri giocattoli amati dal pubblico, dalla bambolina in costume al porcellino salvadanaio, dal dinosauro ai soldatini di plastica verde. Scelte dovute ai limiti dell'animazione CGI dell'epoca: nel '95 animare personaggi umani o animali era ancora poco convincente e i giocattoli erano perfetti per questo tipo d'animazione dallo stile "plasticoso". La storia di *Toy Story* ammicca a vari generi, come western, avventura, fantascienza e horror, citandoli in modo divertito. Dopo questo lavoro si realizza una moltitudine di film completamente in grafica 3D, cosa che porta alla nascita di un nuovo genere di film di animazione.

Pixar Animation Studios

La compagnia nasce nel 1979 inizialmente come una divisione della *Lucasfilm* di George Lucas, per essere poi acquisita nel 1986 da Steve Jobs (*Apple Computer*), che la rinominò *Pixar Animation Studios*. All'inizio i progetti hardware della società non ebbero molto successo, mentre i cortometraggi e lo sviluppo di software per la computer grafica si dimostrarono una strada più produttiva. A partire dal 2006 la Pixar passa alla The Walt Disney Company. Jobs rimane membro del team esecutivo. John Lasseter, due volte vincitore dell'Oscar, regista ed animatore, diventa il supervisore di tutti i progetti dello studio.

All'inizio degli anni ottanta la *Lucasfilm* contatta un ex animatore della Disney, John Lasseter, per sviluppare l'animazione in computer grafica. Questi, nel realizzare dei personaggi animati si trovò subito di fronte ad un grosso problema: si potevano utilizzare soltanto semplici forme geometriche (cilindri, sfere), che però non gli consentivano di dare loro la minima espressività. Sottopose il problema ai tecnici della Pixar, che in risposta crearono la *forma a goccia*. In questo modo, muovendo le due semisfere l'una rispetto all'altra, l'oggetto si piegava. Lasseter utilizzò queste forme per realizzare un robottino e le zampe di un'ape. Nasce così nel 1984 *The Adventures of André and Wally B.*, il primo cortometraggio in CGI ad avere una vera e propria trama e dei personaggi. Il corto ha un grandissimo successo e la *Computer Division* della *Lucasfilm* viene acquistata da Steve Jobs, diventando la *Pixar*. Non si trattava ancora di uno studio di animazione;

lo scopo era vendere hardware e sviluppare software; i corti animati in CGI servivano a pubblicizzare i prodotti. Nel 1986 Lasseter crea il personaggio di *Luxo Junior* ispirandosi alla lampada appoggiata sulla sua scrivania, che diventerà successivamente il logo della Pixar. Con *Luxo Junior* l'uso del digitale comincia a essere accettato fuori dalla comunità della computer grafica. Lasseter dimostra con i suoi cortometraggi e con numerose conferenze che la tradizione dei *cartoons* americani e la vitalità dei suoi personaggi, non solo è compatibile con le immagini digitali, ma può trarne nuove ispirazioni. I principi dell'animazione tradizionale che danno forza, vitalità, espressività, verosimiglianza al disegno animato e le imprenscindibili regole disneyane sono applicabili e vanno applicati anche alla *computer animation*. E i corti di Lasseter lo esprimono, uno dopo l'altro, programmaticamente come d'altronde faceva Walt Disney con le nuove tecniche, sviluppando la loro funzione di test per le performance dei software, sempre più raffinate, sempre più duttili e complesse, come in *Red Dream* (1987), *Tin Toy* (1988), il primo esperimento di animare un corpo umano in un film a soggetto: compare un bambino che terrorizza dei giocattoli; il cortometraggio vinse l'Oscar; *Knick Knack* (1989), *Geri's Game* (1997) di Ian Pinkava, *For the Birds* (2000) di Ralph Eggleston.

Visti i successi, sia di tipo tecnico e sia di gradimento del pubblico, Steve Jobs vede le nuove potenzialità e riorganizza l'azienda, concentrando l'attività nel cinema d'animazione. Pixar e Walt Disney Pictures firmano un'accordo di co-produzione di 10 anni per 5 film; il risultato fu che i lungometraggi della Pixar ottennero molto più successo di quelli d'animazione propri della Disney. L'accordo includeva oltre a *Toy Story*; *A Bug's Life* (1998), per i quale viene realizzata una minicamera a misura d'insetto per osservare il mondo così come si suppone sia percepito dai piccoli animali, restituendolo attraverso l'animazione; *Toy Story 2* (1999), *Woody e Buzz alla riscossa*, (1999); *Monster & Co.* (2001); *Alla ricerca di Nem*, (2003) di Andrew Stanton, fino a *Gli incredibili* (2004) di Brad Bird.

Il CEO della Disney, Michael Eisner, e quello della Pixar, Steve Jobs, entrano in contrasto per il fatto che il primo considerava *Toy Story 2* fuori dall'accordo dei cinque film, in quanto inizialmente non destinato alla distribuzione cinematografica. La Disney, forte del fatto di detenere i diritti sui personaggi di tutti i film fino ad allora prodotti e su quelli dei rispettivi seguiti, anche senza il coinvolgimento della Pixar, mette in piedi lo studio di animazione digitale Circle 7 Animation, con l'intento di produrre film e serie tv, e assume un folto gruppo di animatori per la produzione *Toy Story 3*. La mossa, tuttavia, si rivela controproducente quando Eisner lascia la Disney nell'ottobre 2005. Nel 2006 la Disney acquista la Pixar, diventando così il più grande studio d'animazione del mondo. Steve Jobs entra nel consiglio di amministrazione della Disney, mentre Lasseter e Ed Catmull, a capo del reparto animazione, fanno chiudere lo studio Circle 7 Animation e tutti i progetti in via di sviluppo, compreso *Toy Story 3*. Dopo l'acquisizione dalla Walt Disney Company escono *Cars, motori ruggenti* (2006), *Ratatouille* (2007), *Wall-E* (2008) di Andrew Stanton, (considerato il miglior film della Pixar, la storia di un robot rimasto bloccato sulla Terra dopo che l'umanità l'ha abbandonata per via dell'inquinamento; due le caratteristiche fondamentali del film: l'assenza di dialoghi fra i robot, e la storia d'amore), *Up* (2009) di Pete Docter e Bob Peterson, *Toy Story 3, La grande fuga* (2010), *Cars 2* (2011), *Ribelle* (2012), *Monster University* (2013), *Inside Out* (2015), *Il viaggio di Arlo* (2015), *Alla ricerca di Dory* (2016), *Cars 3* (2017), *Coco* (2017), *Gli incredibili 2* (2018), anno in cui Lasseter si dimette da direttore creativo, *Toy Story 4* (2019), *Onward, Oltre la magia* (2020), *Soul* (2020), *Luca* (2021).

DreamWorks Animation

Lo studio viene fondato nel 1994 da Steven Spielberg, Jeffrey Katzenberg (precedentemente capo del reparto animazione della Walt Disney e protagonista del cosiddetto *Rinascimento Disney*) e da David Geffen (fondatore della Geffen Records, casa discografica), anche grazie ad un finanziamento da parte di Paul Allen (cofondatore con Bill Gates della Microsoft). DreamWorks Animation rimane indipendente fino al 2016, quando viene acquistata dalla Universal Pictures.

Il primo lungometraggio, realizzato in CGI, sarà *Z la formica (1988)*, uscito nello stesso anno di *Bug's Life* della Pixar, accusati dalla stessa DreamsWorks di aver rubato l'idea di avere come protagonista una formica. Forse per entrambi l'ispirazione va ricercata in *Microcosmos, Il popolo dell'erba* (1996), che tanto interesse aveva suscitato verso il mondo degli insetti. *Il principe d'Egitto* (1998), in animazione tradizionale, narra la vicenda del profeta Mosè, da quando, da bambino, è abbandonato sulle acque del Nilo fino alla fuga dall'Egitto attraverso il Mar Rosso. Il film si rivolge intenzionalmente a un pubblico adulto.

Il terzo film, *Shrek* (2001), segna un netto salto di qualità. Realizzato completamente in CGI, non ha il suo punto di forza solo nell'aspetto tecnico, ma nel continuo gioco parodistico creato dagli sceneggiatori. Il film presenta tutti gli elementi classici della fiaba, ma completamente capovolti: l'eroe è un orco dalle abitudini rivoltanti, mosso sempre da interessi personali, la principessa nasconde segreti imbarazzanti, il principe è un nano. Altra sua "innovazione", imitata da altri film (*Cenerentola e gli 007 nani*, *Donkey Xote* e *Cappuccetto Rosso e gli insoliti sospetti*), è stata quella di incorporare riferimenti alla cultura di massa e di numeri musicali conclusivi.

Tra le successive produzioni della DreamsWorks Animation citiamo *Shark Tale* (2004), *Madagascar* (2005), *La gang del bosco* (2006), *Bee Movie* (2007), *Kung Fu Panda* (2008), *Mostri contro alieni* (2009), il primo film CGI prodotto in stereoscopia, una commedia ispirata al cinema di fantascienza degli anni '50, *Dragon Trainer* (2010) di Dean DeBlois e Chris Sanders, *Megamind* (2010), *Il gatto con gli stivali* (2012), *I Croods* (2013) di Kirk De Micco e Chris Sanders, *Trolls* (2016).

Blue Sky Studios

Gli studi nascono nel 1987 e i primi lavori arrivano dalla pubblicità e MTV (*Joe's Apartment*, 1996). Nel 1998 producono il primo cortometraggio animato, *Bunny* di Chris Wedge (già nella MAGI che collabora con la Disney per *Tron* (1982) e per *Where the Wild Things Are* (1983) di John Lasseter), con cui arriva l'Oscar. Nel 2002 esce il primo lungometraggio, *L'era glaciale* di Wedge. Il film, nonostante non sia stato supportato da grossi mezzi economici, riscuote un enorme successo di pubblico e di critica, per merito di una caratterizzazione dei personaggi non banale e di alcune trovate che si sono impresse nella memoria del pubblico, come le sequenze dello scoiattolo Scrat che insegue di continuo una ghianda. Lo studio realizzerà anche *Robots* (2005), *Rio* (2011), *Epic* (2013), *Snopy & Friends* (2015), *Ferdinand* (2017), *Spie sotto copertura* (2019). Nel 2019 Walt Disney Company acquisisce lo studio, per poi annunciarne la chiusura nell'aprile del 2021, a causa di insostenibilità finanziaria.

…e la Walt Disney Company?

Tra i più recenti lungometraggi citiamo *Lilo & Stitch* (2002) di Dean DeBlois e Chris Sanders, per la scelta degli animatori di utilizzare sfondi dipinti ad acquerello, come nei primi classici Disney, tecnica non più impiegata fin dalla metà degli anni '40. La computer grafica viene usata per l'astronave e per la colorazione digitale dei disegni; piuttosto che dare un senso di profondità a più livelli, si opta per un'immagine piatta, simile a un libro illustrato. *Mucche alla riscossa* (2004) è stato l'ultimo film a usare la tecnica CAPS. *Chicken Little, Amici per le penne* (2005) è stato il primo lavoro Disney interamente in CGI, seguiranno *I Robinson* (2007) ancora in CGI, *Bolt* (2008), che apre quello che viene chiamato il Disney Revival, *La Principessa e il Ranocchio* (2009), ancora in tecnica tradizionale, *Rapunzel* (2010), *Ralph Spaccatutto* (2012), *Frozen* (2013), il film d'animazione con il maggiore incasso nella storia del cinema, insieme al suo sequel, *Big Hero 6* (2014), *Zootropolis* (2016), *Oceania* (2016), *Raya e l'ultimo drago* (2021).

Illumination Entertainment

E' uno studio di animazione in CGI che produce film in completa autonomia per conto della major Universal Studios. Il primo lungometraggio è *Cattivissimo me* (2010). Da citare anche *Hop* (2011), *Minions* (2015), *Pets* (2015), *Sing* (2016), *Il Grinch* (2016) e *Super Mario* (2022).

Skydance Animation

L'azienda ha assunto l'ex CCO della Pixar e dei Walt Disney Animation Studios John Lasseter come capo dell'animazione all'inizio del 2019, sostituendo Damaschke. Ha poi acquisito formalmente Ilion Studios e l'ha rinominata Skydance Animation nel 2020; qualche mese dopo Apple TV+ ha avviato le trattative per rilevare i diritti di distribuzione dei film *Luck* e *Spellbound*, entrambi del 2022.

Bibliografia essenziale

Gianni Rondolino, *Storia del cinema d'animazione*, Einaudi, Torino, 2005 (1974, 2005), con saggio (Ibis) di Chiara Magni, *Il cinema d'animazione verso il 2000*
Giannalberto Bendazzi, *Cartoons. Cento anni di cinema d'animazione*, Marsilio, Venezia, 1992
Giannalberto Bendazzi, *Animazione. Una storia globale*, UTET, Milano, 2017
Giaime Alonge, Alessandro Amaducci, *Passo uno. L'immagine animata dal cinema al digitale*, Torino, Lindau, 2003
Stephen Cavalier, *Storia mondiale del cinema d'animazione*, Atlante, Monteveglio (BO), 2012
Bruno Di Marino (a cura) *Animania. 100 anni di esperimenti nel cinema d'animazione*, Milano, Il Castoro, 1998
Gabriele Lucci, *Animazione. I dizionari del cinema*, Electa, Milano, 2005
Walter Alberti, *Il cinema di animazione 1832-1956*, Edizioni Radio Italiana, Torino, 1957
Piero Zanotto, Fiorello Zangrando, *L'Italia di cartone*, Liviana Editrice, Padova, 1973
Raffaella Scrimitore, *Le origini dell'animazione italiana*, Tunuè, Latina, 2013
Edwin G. Lutz, *What to Draw and How to Draw It: The Ideal Method (Cosa e come disegnare)*, Dodd, Mead & Company, New York, 1913
Edwin G. Lutz, *Animated Cartoons: How they are made, their origin and development (I cartoni animati)*, Charles Scribner's Sons, New York, 1920
Andrew Loomis, *Fun With a Pencil* (1939), reissued from Titan Books, London, 2013
Andrew Loomis, *Figure Drawing for All It's Worth* (1943), reissued from Titan Books, London, 2011
Bob Thomas e studio Walt Disney, *L'arte dei cartoni animati*, Mondadori, Milano, 1960/1967
Richard Williams, *The Animator's Survival Kit*, Faber & Faber, London, 2009

Frank Thomas, Ollie Johnston, *The Illusion of Life*, Disney Animation, Disney Edition, Los Angeles, 1981

Donald W. Graham, *Compositing Pictures, Still and Moving*, Van Nostrand Reinhold, New York, 1982

Sergej M. Ejzenstejn, *Walt Disney*, SE, Milano, 1940

Marco Bussagli, *Disney e l'arte*, Dossier Art n.349, Giunti, Firenze, 2017

Pierpaolo Rovero, *Character design & Co.*, Dino Audino, Roma, 2019

Francesco Filippi, *Fare animazione. Guida per aspiranti professionisti*, Dino Audino, Roma, 2020

Mario Bellina, *Scrivere per l'animazione*, Dino Audino, Roma, 2018

Andrea Balzola, Riccardo Pesce, *Storyboard, arte e tecnica tra lo script e il set*, Audino, Roma, 2009

Michel Chion, *L'audiovisione. Suono e immagine nel cinema*, Lindau, Torino, 1997

Enzo Budassi, *Arte e tecnica del film di animazione*, Edizioni Bizzarri, Roma, 1972

Massimo Maisetti, Nedo Zanotti, *A scuola col cinema d'animazione*, Marsilio Editori, Venezia, 1979

Indice

Nota I - *I principi dell'animazione*, 7
Nota II - *Le origini*, 15
Nota III - *Cinema e spettacolo: ha inizio il cinema delle attrazioni*, 21
Nota IV - *Il disegno animato di serie. Nascita dell'industria*, 35
Nota V - *L'avanguardia europea*, 49
Nota VI - *L'avvento del sonoro*, 59
Nota VII - *Influenze dall'Europa*, 79
Nota VIII - *Il cinema d'animazione in Italia*, 83
Nota IX - *Il rinnovamento americano*, 95
Nota X - *Le tecniche del cinema d'animazione: i disegni animati*, 103
Nota XI - *L'era televisiva: 1958-1985*, 115
Nota XII - *Il cinema d'animazione nei paesi socialisti*, 121
Nota XIII - *L'Europa occidentale del secondo dopo guerra*, 131
Nota XIV - *In Italia, l'animazione negli anni del boom economico*, 145
Nota XV - *La scrittura per il cinema d'animazione*, 153
Nota XVI - *Il cinema d'animazione canadese*, 161
Nota XVII - *Il cinema d'animazione asiatico*, 169
Nota XVIII - *L'animazione nel resto del mondo*, 177
Nota XIX - *La produzione creativa per il cinema d'animazione*, 181
Nota XX - *Le nuove avanguardie*, 201
Nota XXI - *Il cinema d'animazione giapponese: gli anime*, 211
Nota XXII - *Percorsi di fine secolo*, 221
Nota XXIII - *Nuovi processi di produzione per nuove tecniche*, 233
Nota XXIV - *L'egemonia Disney nei lungometraggi*, 249
Nota XXV - *Le serie tv americane diventano adulte*, 257
Nota XXVI - *L'era digitale*, 259

Printed by Amazon Italia Logistica S.r.l.
Torrazza Piemonte (TO), Italy